동아시아 전환기 정치적 갈등과 사상적 모색

이 책은 동아시아역사연구소 총서 26권입니다.

동아시아 전환기 정치적 갈등과 사상적 모색

초판 1쇄 발행   2022년 8월 31일

저 자 ㅣ 김영진 외
발행인 ㅣ 윤관백
발행처 ㅣ **선인**

등록 ㅣ 제5-77호(1998.11.4)
주소 ㅣ 서울시 양천구 남부순환로 48길 1(신월동 163-1) 1층
전화 ㅣ 02)718-6252 / 6257
팩스 ㅣ 02)718-6253
E-mail ㅣ sunin72@chol.com
Homepage ㅣ www.suninbook.com

정가   25,000원
ISBN   979-11-6068-739-2   93900

· 저자와 협의에 의해 인지 생략.
· 잘못된 책은 바꿔 드립니다.

동아시아 전환기
정치적 갈등과 사상적 모색

김영진 외

선인

서문

시대적 전환기에 역사의 흐름은 마치 예정된 결론으로 빨려가듯 주변의 모든 것을 삼켜버리는 것처럼 보인다. 이 거대한 역사의 파고에서 누구도 자유로울 수 없지만, 이 과정에서 남겨진 흔적들은 시대적 전환기 역사적 주체들의 능동적 모습을 일깨워준다. 근대로의 전환 과정에서 한국의 역사를 돌아보면, 조선의 붕괴와 제국주의 열강의 경쟁, 일본에 의한 식민지화와 탈식민 운동의 전개, 아시아ー태평양 전쟁과 해방, 이어진 분단과 전쟁은 역사적 전환기가 결코 순탄치 않은 여정이었음을 보여준다. 본서는 한국사의 역사적 전환기인 조선후기부터 현대까지의 흐름 속에서 돌출된 사건 및 인물들을 통해 사상적·정치적·사회적 변화의 양상을 검토해보고자 기획되었다.

제1부에서는 대내외적인 요인이 중첩되면서 변화의 흐름이 강해졌던 조선후기부터 개항기까지의 시기를 다루었다. 조선사회의 변화는 조선 내부의 문제만이 아니라 동아시아의 사상적·정치적 변화와 밀접

히 관련되어 있었다. 이를 살펴보기 위해서 서인(西人) 관료의 경세학을 검토하고, 제국주의 열강의 각축과 이에 대한 대응이라는 관점에서 거문도사건과 방곡령사건을 다루었다.

조성산은 「인조대 조익과 최유해의 율곡학 변용과 경세학」에서 조익과 최유해를 통해 인조반정 이후 율곡학이 어떻게 변용되어 경세학에 반영되었는지를 분석하였다. 조익과 최유해는 인조반정 이후 국가와 사회의 기강을 재확립하는 맥락에서 이(理)의 의미를 강조하는 방식으로 이기론을 변용하였지만, 이를 강조하는 맥락은 차이가 있었다. 조익은 인심과 도심이 모두 이의 구현이라는 점을 강조하며 인심을 긍정적으로 보았다. 이와 달리 최유해는 이의 규범적이고 당위적인 속성을 부각하였고, 인심이 인욕에 빠지기 쉽다는 점을 지적했다. 이러한 차이는 이들의 경세학으로 이어졌다. 조직이 백석들의 편의를 위해 대동법을 주장하고 호패법에 반대한 반면에, 최유해는 엄한 법을 적용하여 백성을 통제하고자 하였다. 조익과 최익해는 인조반정 이후 율곡학의 변화과정에서 다양한 방향성을 보여주는 중요한 사례였다.

천수진은 「거문도사건을 통해 본 1880년대 조선의 자국인식과 외교정책」에서 그동안 거문도사건 연구에서 외교 주체로서 간과된 조선 정부의 대응 과정을 분석하여 조선 정부의 대응책이 가진 성격을 규명하였다. 조선, 영국, 청에서 생산한 외교문서를 검토한 결과 조선 정부는 거문도사건 처리 과정에서 서양의 국제법이 조선과 같은 '소국'을 보호하기 위한 이상적인 법이 아니라는 점을 명확히 인식하였고, 이를 바탕으로 현실적인 외교 방향을 모색했다고 파악했다. 결과적으로 이 글은 조선 정부의 외교 정책을 소국으로서의 객관적 자기인식을 바탕으로 서양의 조약체제와 동아시아의 조공책봉관계를 모두 활용하고자 했다는 점에서 '소국외교정책'이라고 명명하였다. 이를 통해 조선 정부의 외교 정책이 가진 특수성과 보편성을 동시에 부각하였다.

우신은 「외교사의 각도에서 다시 보는 방곡령(防穀令)사건(1889~1892)」에서 갑신정변 이래 조선, 청, 일본, 러시아의 다자적 국제관계사를 살펴며, 1889년의 방곡령사건이 조청관계에 미친 영향을 재조명하였다. 종래 갑신정변 이후부터 청일전쟁까지의 조청관계를 조선에 대한 청의 일방적 지배로 단순화한 것과 달리 이 글은 조청 양국 정부의 주체적 움직임에 주목했다. 1889년 방곡령사건 이후 청 정부는 일본에 대한 조선 정부의 배상금 협상 과정을 돕는 등 조선과의 관계를 갑신정변 이전으로 회복하여 조선에 대한 종주권을 근대적 조약체제로 재확인하였다. 이러한 청 정부의 종주권 회복이 일방적 과정은 아니며, 조선 정부는 청 정부를 배경으로 일본과의 협상에 나서는 등 각자의 외교적 동기가 존재했음을 강조한다. 결과적으로 방곡령사건 이후 조선 정부가 무력했다는 기존의 견해와 차이를 두면서 조청관계의 재조정이라는 측면을 부각한다.

제2부에서는 사회운동의 성장과 정치적 갈등이 첨예하게 맞물린 한국근현대사에 주목했다. 특히 정치적 갈등과 그 이면의 논리를 통해 전환기 한국근현대사의 다층적 정치지형을 드러내고자 하였다. 이를 위해 식민지 시기 민족운동 내부에서 폭력이 구조화되는 양상과 '지방열' 단체로 지목된 영남친목회 반대운동의 실체를 분석하였고, 그리고 후쿠모토 가즈오의 사례를 통해 코민테른의 권위주의가 형성된 과정을 추적하였다. 마지막으로 이승만 정권기 '공화'라는 담론을 전유하기 위한 정치적 경합 과정을 다루었다.

김영진은 「윤해 저격 사건으로 본 상해지역 민족운동 내부의 갈등」에서 1922년 9월 28일 발생한 『독립신문』 주필 윤해에 대한 저격 사건을 통해 국민대표회 소집을 두고 벌어진 상해지역 민족운동 내부의 갈등 구조에 주목하였다. 윤해 저격 사건은 현재의 임시정부를 유지하려는 세력과 국민대표회를 통해 현재의 임시정부를 바꾸려는 세력 사이의 갈등이 암살이라는 극단적 폭력으로 표출된 사건이었다. 국민대표회 소집을 둘러싸고 벌어진 일련의 갈등은 민충식 습격사건을 계기로 폭력적 상황으로 전환되었고, 이러한 고조된 갈등이 국민대표회 소집을 위해 적극적으로 활동하던 윤해에 대한 암살 시도로 이어졌음을 밝혔다. 그리고 윤해 저격 사건은 국민대표회 소집으로 갈등하던 상해지역 민족운동 내부의 정치 지형을 변화시킨 분기점이 되었다.

임경석은 「1927년 영남친목회 반대운동 연구」에서 1927년 하반기 식민지 조선의 사회적 쟁점이었던 영남친목회 및 지방열 단체에 대한 반대운동에 주목하였다. 영남친목회는 지주, 부르주아와 함께 일부 사회주의자들도 참여했다. 조선공산당 책임비서였던 안광천은 조선총독부의 지방의회 의원 선거를 활용하는 데에 영남친목회가 유용하다고 판단했다. 그렇지만 조선공산당의 다른 사회주의자들은 안광천의 행동이 친일파와 제휴하는 것으로 민족통일전선 신간회를 약화시키는 일이라고 성토하였다. 지방열 반대운동이 전국적으로 확산되었고, 그 결과 1927년 10월에 조선공산당은 둘로 분열되었다. 영남친목회 반대운동과 1927년 하반기 조선공산당 중앙위원회의 분열로 어떻게 이어졌는지를 보여준다.

후지이 다케시는 「'코민테른 권위주의' 성립에 관한 한 시론: 소위 '후쿠모토주의'를 둘러싸고」에서 후쿠모토 가즈오 사상의 특징과 후쿠모토가 코민테른으로부터 부정되는 과정을 통해 '코민테른 권위주의'의 실체를 검토하였다. 후쿠모토는 유럽에서 맑스주의의 쇄신을 대표하는 루카치나 코르쉬와 교류한 경험을 가진 1920년대 중반 일본과 식민지 조선의 사상계에서 맑스주의의 혁신을 대표하는 인물이었지만, 일본공산당의 대변인으로 활동하면서 점차 후쿠모토 사상의 자율성이 제한되었다고 지적한다. 특히 1928년 후쿠모토가 모스크바로 소환되어 코민테른으로부터 '좌편향'이라고 비판받은 이후, 코민테른에 대한 절대적 복종이 강화되었음을 비판하고 있다.

오제연은 「이승만 정권기 '공화' 이해와 정치적 전유」에서 제헌헌법에 집중된 현재의 공화·공화주의 논의를 이승만 정권기까지 확장하여 검토하였다. 1948년 제헌헌법 제정 이후 1960년 4·19혁명 때까지 대한민국에서 '공화'라는 용어는 '군주제 배격과 국민주권 지향', 그리고 '냉전 진영론에 입각한 반공주의적 공화론'이라는 두 가지 용례로 사용되었음을 분석하였다. 전자는 '공화'가 '민주'정체의 지향을 의미한다는 점에서 제헌헌법 제정 이후 한국 사회에서 가장 보편적인 공화 이해라고 평가한다. 이와 달리 후자는 '공화'를 '자유'와 결합하여 민주주의와 공산주의를 구분하는 기준으로 활용되었음을 지적한다. 결과적으로 이승만 정권기 '공화'는 이승만 대통령의 야당 비판이나, 야당 및 여론에서 이승만 정권 비판의 맥락에서 각기 '공화'라는 용어를 전유하며 경쟁하였음을 보여준다.

본서에 수록된 7편의 논문은 한국, 중국, 일본 등에서 활동하는 학자들이 동아시아라는 공간을 배경으로 역사적 전환기에 드러나는 정치적 갈등과 사상적 모색의 구체적 실례를 다루고 있다. 또한 대중적으로 잘 알려진 사건부터 익숙하지 않은 사건 및 인물들이 적절히 섞여 있는 점도 특징이라고 할 수 있다. 본서는 독자들이 이 책이 다루고 있는 역사적 사건과 인물들을 통해 시대적 전환기의 역사상이 가진 다층적 맥락을 접할 수 있기를 기대한다.

차례

· 서문 / 5

제1부 조선후기 사회변동과 조선사회의 대응 / 15

인조대 조익(趙翼)과 최유해(崔有海)의
율곡학(栗谷學) 변용과 경세학 | 조성산 ·· 17

  1. 머리말   17

  2. 율곡(栗谷) 이기론(理氣論)의 변용   21

  3. 인심(人心)에 대한 해석: 인심과 인욕(人欲)의 관계문제   38

  4. 경세학적 맥락과 의미   51

  5. 맺음말   65

거문도사건을 통해 본 1880년대 조선의 자국인식과 외교정책 | 천수진 ······ 69

1. 머리말   69
2. 서양의 조약체제를 이용한 조선 정부의 대응   73
3. '변주'된 사대관계를 이용한 조선 정부의 대응   93
4. 맺음말   106

외교사의 각도에서 다시 보는 방곡령(防穀令)사건(1889~1893) | 우신 ······ 109

1. 머리말   109
2. 방곡령(防穀令)사건 직전의 동북아 정세   115
3. "방곡력(防穀令)사건"과 조 · 청관계의 회복   128
4. 맺음말   142

제2부 한국근현대 속의 갈등과 모색 / 147

윤해 저격 사건으로 본 상해지역 민족운동 내부의 갈등 | 김영진 ············· 149

1. 머리말   149
2. 윤해 저격 사건과 상해의 정치상황   152
3. 갈등의 폭력으로의 전환   157
4. 암살을 선택한 사람들   166
5. 상해 조선인 사회의 반응   170
6. 맺음말   173

1927년 영남친목회 반대운동 연구 | 임경석 ················· **177**

   1. 머리말   177

   2. 영남친목회의 결성   179

   3. 영남친목회 반대운동   185

   4. 지방열단체 반대운동으로의 확산   191

   5. 반대운동의 결과   196

   6. 반대운동의 이면   201

   7. 맺음말   206

'코민테른 권위주의' 성립에 관한 한 시론

: 소위 '후쿠모토주의'를 둘러싸고 | 후지이 다케시 ················· **209**

   1. 머리말: '코민테른 권위주의'와 '후쿠모토주의'   209

   2. 일본 사회주의운동과 후쿠모토 가즈오   213

   3. 코민테른은 '후쿠모토주의'를 어떻게 보았는가   227

   4. 맺음말   235

이승만 정권기 '공화' 이해와 정치적 전유 | 오제연 ················· **237**

   1. 머리말   237

   2. 군주제와 공산주의에 대한 대항담론, '공화'   239

   3. '공화' 담론의 정치적 전유와 경합   247

   4. 맺음말   260

· 출처 / 265

· 찾아보기 / 267

제1부

조선후기 사회변동과 조선사회의 대응

인조대 조익(趙翼)과 최유해(崔有海)의 율곡학(栗谷學) 변용과 경세학

—

조성산

1. 머리말

反正으로 집권한 仁祖代(재위 1623~1649) 초기 집권세력은 光海君 (재위 1608~1623) 시대를 부정적으로 규정짓고, 새로운 정치이념과 경세학을 구축하고자 하였다.[1] 이 시기 정권 담당자들은 반정의 부담감

---

[1] 인조대 정치사에 대해서는 다음 연구들을 참조할 수 있다. 이태진, 『朝鮮後期의 政治와 軍營制 變遷』, 韓國硏究院, 1985, 50~173쪽; 오수창, 「인조대 정치세력의 동향」, 『한국사론』 13, 1985; 오항녕, 「17세기 전반 서인산림의 사상: 김장생·김상헌을 중심으로」, 『역사와 현실』 8, 1992; 이기순, 『인조·효종대 정치사 연구』, 국학자료원, 1998; 지두환, 「仁祖代 後半 親淸派와 反淸派의 對立: 沈器遠·林慶業 獄事를 중심으로」, 『韓國思想과 文化』 9, 2000; 배우성, 「사회경제정책 논의의 정치적 성격」, 『조선 중기 정치와 정책: 인조~현종 시기』, 아카넷, 2003; 김용흠, 『조선후기 정치사 연구 I 인조대 정치론의 분화와 변통론』, 혜안, 2006; 계승범, 「계해정변(인조반정)의 명분과 그 인식의 변화」, 『남명학연구』 26, 2008; 오수창, 「인조반정과 서인정권에 대한 논란」, 『한국 전근대사의 주요 쟁점』, 역사비평사 (오수창, 『조선시대 정치, 틀과 사람들』, 한림대학교 출판부, 2010에 재수록), 2002;

속에서 기존보다 한 단계 더 발전된 새로운 정치이념과 경세이론들을 제시해야 했다. 특히 인조 정권의 중요한 축을 담당하였던 西人 지식인들에게 변화의 무게감은 더욱 컸을 것으로 생각된다. 본 글은 이 시기 서인 지식인들의 성리학과 경세논의를 통하여 기존 정치사상이 어떻게 변화·발전되어 나갔는지를 살펴보고자 한다. 이 시기 경세론의 기조는 크게 보면 두 가지 방향에서 전개되었다고 생각된다. 그 방향성은 인조대 당면한 여러 사회적 문제들을 어떠한 방식으로 개선해나갈 것인가에 따라서 나뉘었다. 첫째는 하루빨리 국가의 기능을 제대로 작동시키기 위하여 적극적이고 엄격한 방식으로 경세 정책을 추진하는 것이었다.[2] 둘째는 전란 이후 허약해진 국가 저변의 제반 상황들을 주시하면서 비교적 완만한 방식으로 경세 정책을 운영하고자 하는 의견이었다. 이 두 가지 경세책의 기조는 모두 당대 현실을 위기상황으로 파악하는 데는 동의하였지만, 그 해결책에 대해서는 의견을 달리하였다.[3]

이희환, 「인조대의 정치적 논쟁과 인조」, 『전북사학』 44, 2014; 오항녕, 「내상(內傷)과 외상(外傷)을 넘어: 인조시대 대내외 정책」, 『한국불교사연구』 4, 2014; 이인복, 「仁祖의 군주관과 국정운영」, 『朝鮮時代史學報』 79, 2016; 이경동, 「仁祖代 經筵의 운영과 성격」, 『朝鮮時代史學報』 90, 2019; 오수창, 「반정, 조선시대 군주 축출의 논리와 성격」, 『한국정치연구』 28-2, 2019; 김한신, 「仁祖代 前半期 왕권과 정치질서 재편 (1623~1636)」, 『한국사학보』 78, 2020.

[2] 기존연구를 통해서 보면, 여기에 가장 적합한 인물로는 李貴(1557~1633)를 들 수 있을 것이다. 이귀는 적극적인 제도개혁론을 주장하였다. 이귀에 대해서는 김용흠, 「延平 李貴의 政治論과 學問觀」, 『한국사상사학』 29, 2007(김용흠, 『조선후기 실학과 다산 정약용』, 혜안, 2020에 재수록), 76~89쪽; 김용흠, 「연평 이귀, 실학과 탕평론의 선구자」, 『내일을 여는 역사』 39, 2010; 박홍규·박설수, 「이귀(李貴)의 제도개혁론과 사공(事功)의 문제」, 『정치사상연구』 20-2, 2014 참조.

[3] 기존 연구는 인조대 개혁논의를 도학적 경세론과 변법적 경세론으로 분류하고 적극적인 개혁론을 변법적 경세론으로, 심성론에 입각한 개량적인 논의를 도학적 경세론으로 규정하였다(김용흠, 앞의 책(2006), 267~342쪽). 인조대 사회경제정책 논의를 안민론과 부국론으로 분류한 시도 또한 흡사한 맥락이라고 생각된다(배우성, 앞의 책(2003), 312~340쪽). 본 글 또한 이러한 논의들과 궤를 같이한다.

그렇다면 왜 이와 같이 의견이 달라졌는가와 관련해서, 본 글은 그 의견들이 기반하였던 이념적 토대를 살펴보고자 한다. 본 글은 서인 지식인들을 중심으로, 구체적으로는 趙翼(1579~1655)과 崔有海(1587~1641)를 통해서 이 시기 이념과 경세 논의의 관계성을 조명하고자 한다. 본 글이 이들을 선정한 이유는 조익과 최유해가 크게 볼 때 李珥(1536~1584)의 栗谷學派에 속하였던 동시대 인물들이었지만,[4] 율곡학을 일부 변용시켰고 또한 각자 개성 있는 경세론을 제시하였던 인물들이기 때문이다. 특히 이들에게서 주목되는 점은 율곡학을 理의 관점에서 비판하고 분석하였다는 점에서 중요한 공통점을 가졌다. 이것은 다른 인물들로부터 찾아보기 힘들다는 점에서 두 사람은 중요한 비교 대상이 될 수 있다. 그러한 점에서 이들의 비교와 대조는 인조대 초기 경세학의 분기와 율곡학의 다양한 방향성이 가졌던 역사적 의의를 살펴보는 데에 도움을 줄 수 있으리라고 생각된다. 이들은 공통점과 대조적인 점들을 동시에 가졌다.

조익은 인조대 경세 관료로서 大同法 시행에도 매우 중요한 공헌을 한 인물이었고, 최유해 또한 경세 관료로서 활약하면서 경학과 경세론에 많은 의견을 내었다. 본 글의 주제와 관련한 조익의 이기심성론과 경세학에 대해서는 적지 않은 논의들이 이루어졌다.[5] 하지만 조익에

하지만 본 글은 율곡학의 이기심성론과의 관계성 속에서 인조대 초기 개혁론의 의미들을 고찰하고자 한다. 특히 적극적인 경세론 속에서도 다양한 목적과 층위들이 존재했음을 말하고자 한다. 이러한 연구 목적 속에서 본 글은 조익과 최유해를 비교 대상으로 삼았다.

4) 조익의 경우, 특정 당색과 학파로 규정하기 어려운 점은 있으나, 그의 「讀栗谷與牛溪論心性情理氣書」를 통하여 그가 율곡학과 밀접한 관련성을 가졌음을 추론해 볼 수 있다. 조익을 서인의 입장에서 논하는 것은 조성을, 「17세기 전반 서인 관료의 사상: 김류·최명길·조익을 중심으로」, 『역사와 현실』 8, 1992; 배우성, 앞의 책(2003), 314~317쪽 참조.

대한 기존 연구들은 그가 율곡학을 어떻게 변화시켰고, 人心에 대해서
어떠한 새로운 문제의식을 형성하였는지에 대해서는 논의가 부족하였
다고 생각된다. 최유해에 대한 연구 또한 그가 어떠한 문제의식 속에
서 율곡학을 변화시켰고, 이것이 어떻게 그의 경세론과 짝하였는지에
대해서는 언급이 부족하였다.6) 양자의 비교와 대조는 인조반정 이후
율곡학이 어떠한 지점에서 발전되고 분화되어 나갔는지를 살펴보는
데에 도움을 줄 수 있으리라고 생각한다. 본 글은 조익과 최유해의 이
기심성론이 갖는 차이와 그것이 어떻게 율곡학을 변용시켜 나갔으며,
그것으로 인해서 발생한 현실 인식과 경세학의 문제들은 어떠하였는
지를 살펴보고자 한다.

---

5) 조익의 이기심성론과 경세론에 대해서는 다음 논문들을 참조할 수 있다. 송석준,
「浦渚 趙翼 經學思想의 哲學的 基礎: 性理說과 陽明學的 性格을 중심으로」, 『동
양철학연구』 6, 1985; 조성을, 앞의 논문(1992); 송석준, 「浦渚 趙翼 儒學思想의
近代精神」, 『儒學研究』 1, 1993; 송석준, 「浦渚 趙翼先生의 哲學思想: 性理說과
陽明學」, 『동방학』 4, 1998; 조남권, 「浦渚 趙翼先生의 생애와 경륜(1)」, 『동방학』
4, 1998; 조남권, 「浦渚 趙翼先生의 생애와 경륜(2)」, 『동방학』 5, 1999; 조남국,
「浦渚 趙翼先生의 經濟思想」, 『동방학』 5, 1999; 정병련, 「浦渚 趙翼의 道學的 政
治思想」, 『동방학』 5, 1999; 김용흠, 「浦渚 趙翼의 學問觀과 經世論의 性格」, 『韓
國 實學의 새로운 摸索』(한국사연구회 편), 경인문화사, 2001; 배우성, 앞의 책
(2003), 314~317쪽; 조성을, 「浦渚 趙翼의 개혁사상」, 『한국실학연구』 14, 2007; 한
정길, 「浦渚 趙翼과 양명학의 연관성 주장에 대한 타당성 검토」, 『한국실학연구』
14, 2007; 이정철, 「조선시대 공물변통론에서 浦渚 趙翼의 위치와 역할」, 『대동문
화연구』 70, 2010; 정두영, 「17세기 西人 내부의 陽明學 이해와 現實主義 政治論」,
『동국사학』 48, 2010, 69~73쪽, 82~83쪽; 김준태, 『浦渚 趙翼의 性理學說과 經世論
에 관한 연구』, 성균관대학교학위논문(박사), 2017. 이 밖에 조익의 성리학과 양
명학과의 관련성에 대한 기존 연구 정리는 한정길, 앞의 논문(2007), 95~103쪽;
정두영, 앞의 논문(2010), 70쪽의 논문을 참조할 수 있다.

6) 최유해에 대해서는 최석기, 「嘿守堂 崔有海의 生涯와 學問性向」, 『漢文學報』 11,
2004a; 최석기, 「嘿守堂 崔有海의 『大學』 解釋과 그 意味」, 『남명학연구』 18,
2004b; 김유곤, 「한국 유학의 『대학』 체재에 대한 이해(1): 『대학장구』와 『고본대
학』의 체재를 개정한 학자를 중심으로」, 『유학사상문화연구』 43, 2011, 187~189
쪽 참조.

2. 율곡(栗谷) 이기론(理氣論)의 변용

인조반정 이후 李珥의 학문적 위상은 제고되었고, 문묘종사 또한 추진되었다. 이것은 아마도 반정 이후 서인들이 이이의 학문적 위상을 높임으로써 자신들의 정치적 정당성을 강화하고자 하는 의도에서 비롯되었던 것으로 보인다.[7] 이러한 가운데 서인 일부에서는 이이 성리학을 수정 보완하려는 노력도 병행되었다. 西人 관료로서 정치에 참여한 이들 가운데 조익과 최유해는 이이의 성리학을 수정 보완하면서 공통되게 理를 강조하였다.

조익은 이이가 理의 역할을 상대적으로 강조하지 않았다는 점에 대하여 의혹을 가졌다.[8] 왜냐하면 기는 영원한 것이 아니고 분별과 시종이 있는 것이기 때문이다.[9] 반면에 주자 성리학에서 氣 속에 있는 理는 영원한 것이었다. 조익은 바로 이 이를 중심으로 새로운 논의를 전개시키고자 하였다. 그는 다음과 같이 말하였다.

"易에 太極이 있으니 이것이 兩儀를 낸다"고 성인이 이미 말씀하

---

7) 이에 대해서는 유새롬, 「17세기 西人의 學統意識과 栗谷年譜의 편찬」, 『한국사론』 52, 2006, 14~39쪽; 정호훈, 「16·17세기 栗谷學派의 형성과 활동」, 『사학연구』 103, 2011, 80~103쪽; 이인복, 앞의 논문(2016), 460~462쪽; 나종현, 『율곡학파 성리설의 전개와 호론 사상의 형성』, 서울대학교학위논문(박사), 2019, 73~79쪽; 이경동, 『조선후기 정치·사상계의 栗谷 李珥 인식 변화 연구』, 고려대학교학위논문(박사), 2019, 97~105쪽 참조.

8) 趙翼, 『浦渚集』 卷22 「讀栗谷與牛溪論心性情理氣書」, "至於其云天地之化 吾心之動 皆氣發而理乘之 無他途也 又云 理無爲而氣有爲 故氣發而理乘 則翼實惑焉 請深究理氣之原而論之."

9) 趙翼, 『浦渚集』 卷22 「讀栗谷與牛溪論心性情理氣書」, "何以謂有分別也 陰陽不同體 五行不同性 天地以位判 萬物以群分 此之謂有分別 何以謂有始終也 凡有形者 其初必自無而有 既自無而有 則又必自有而無 故易曰 原始反終 故知生死之說."

셨다. 그러므로 [율곡선생이 "天地는 만물의 부모이고, 理氣는 천지
의 부모가 된다"고 말했는데, 나는 또한 "理는 또 氣의 부모가 된다"
고 말하겠다.10)

그가 이러한 사유를 한 데에는 易學的 발상이 중요한 영향을 끼쳤다.
그는 역에 태극이 있으니 이것이 음과 양을 낸다고 하면서 理는 氣의
부모가 된다고 하였다. 태극이 모든 사물과 현상의 근원이므로 모든 사
물과 현상, 즉 사단과 칠정, 인심과 도심은 모두 태극, 즉 理로부터 발출
되어 나온다는 것이다. 그는 이이의 논의를 다음과 같이 변경하였다.

대저 음양, 오행, 만물이 생겨날 때에 理가 있지 않은 곳이 없으
니 이것은 진실로 '기가 발하고 이가 타는 것'이다. 그러나 그 근본
을 미루어 보면 이가 곧 기를 낳는 것이니, 이것은 '이가 발하는 것
[理發]'이 아니겠는가! 이가 음양에 있다는 것으로써 본다면 음양이
운행하면 이 또한 따라서 유행하니, 이것은 진실로 '기가 발하고 이
가 타는 것'이다. 하지만 한 번 음이 되게 하고 한 번 양이 되게 하
는 것은 이이니, 이것은 '이가 발하는 것'이 아니겠는가!11)

현상 자체만 놓고 보면 이이처럼 기가 발하고 이가 타는 것[氣發而理
乘]이라고 말할 수 있다. 하지만 그 현상의 근본을 찾아보면 이가 기를
낳는 것이니, 이렇게 본다면 이가 발하여서 이 모든 작용이 일어나는
것이라고 볼 수 있었다.12) 그러한 점에서 조익의 논의는 다소 확대해

---

10) 趙翼, 『浦渚集』 卷22 「讀栗谷與牛溪論心性情理氣書」, "易有太極 是生兩儀 聖人
已言之矣 故先生謂天地萬物之父母 理氣天地之父母 而翼則又謂理又氣之父母也."

11) 趙翼, 『浦渚集』 卷22 「讀栗谷與牛溪論心性情理氣書」, "夫陰陽五行萬物生 而理無
所不在 則是固氣發而理乘也 然推其本 則理卽生氣 此非理發乎 以理之在陰陽者
觀之 則陰陽運行 理亦隨而流行 則是固氣發而理乘也 然其所以一陰而一陽之者
理也 則此非理發乎."

서 말한다면 理一元論이라고 말할 수도 있을 것이다.[13] 조익은 理가 모든 현상을 발생하게 하는 것이 아니라면 많은 모순점들이 생기게 될 것이라고 하였다.

조익은 이이가 단지 '기가 발하고 이가 타는 것'만 있을 뿐이라고 말하였지만, 이가 모든 현상을 발생하게 하는 것이 아니라면 태극이 음양을 낸다는 말, 한번 음이 되고 한번 양이 되게 하는 것이 도라는 말, 하늘의 기틀이 저절로 작동한 것이라는 말, 인의 이치가 발동해서 측은지심이 된다는 것이 모두 잘못된 말이 될 것이라고 하였다. 그는 이이의 논의처럼 기가 발하고 이가 타는 것이라고만 한다면 이는 단지 하나의 허무한 물건에 지나지 않게 될 것이라고 하였다.[14] 그는

---

12) 이에 대해서 기존 연구는 조익은 현상에서는 氣發이지만 始原이라는 측면에서 본다면 理發이라고 보았다고 지적하였고, 본질적으로는 이이와 조익의 생각은 크게 다르지 않다고 하였다(김준태, 앞의 논문(2017), 73~77쪽). 하지만 여기에는 현상과 시원의 두 측면을 넘어서「태극도설」로부터 유래한 역학적 상상력을 더 본질적인 것으로 고려해야 한다. 조익에게 이는 단순히 기의 현상 속에 작용하는 것이 아니라, 기의 세계를 만들어내는 본원적인 존재였다. 조익이 의도한 이이 이기론에 대한 비판을 살펴본다면, 조익의 理發 이해가 갖는 의의는 분명해질 수 있다고 생각된다. 조익은 理一元論이라고 부를 수 있는 것이다. 그러한 점에서 그에게 이는 단순히 기발의 소이라고 표현될 것이 아닌, 기의 세계를 만들어 낸 본원적인 존재였다.

13) 기존 연구는 이발이기발과 기발이이승의 일원적 이중구조 혹은 중층구조로 조익의 이기론을 파악하였다(송석준, 앞의 논문(1985), 37쪽; 송석준, 앞의 논문(1993), 330~334쪽; 송석준, 앞의 논문(1998), 76~81쪽, 106쪽). 하지만 이가 기를 생한다는 점에서 볼 때, 理一元의 관점이 조익에게는 더욱 중요한 것이 아니었나 생각된다. 그러한 점에서 이중구조가 갖는 의미는 크다고 할 수 없으며, 理로부터 발현되는 일원성이 중시되어야 한다.

14) 趙翼,『浦渚集』卷22「讀栗谷與牛溪論心性情理氣書」, "今先生曰 只有氣發理乘而已 非理發也 則是陰陽自生爾 太極生陰陽非也 陰陽自動靜爾 一陰一陽之謂道非也 鳶飛魚躍 氣自飛躍爾 所謂天機自動者非也 怵惕惻隱 氣自怵惕惻隱爾 所謂仁之理發而爲惻隱者非也 如是則是理不過一虛無之物爾 孰謂之妙哉 朱子所謂造化之樞紐 品彙之根柢 亦虛語也 而先生所謂理者氣之主宰者 亦與此自相矛盾矣."

이러한 추론을 통하여 이이의 氣發而理乘之 논의에 대해서 의문점을 가졌다.15)

조익은 모든 현상을 만들어내는 태극이 갖는 본원성에 주목하면서 이이 성리학이 갖는 문제점을 지적하였던 것이다. 이러한 이해는 앞서 언급하였듯이 태극이 모든 것을 만들어낸다는 역학적 이해에서 비롯되었고, 그러한 점에서 周敦頤(1017~1073)의 「太極圖說」에서 태극이 모든 것을 발출한다는 사유와도 연결되었다.16) 하지만 그렇다고 해서 李滉(1501~1570)의 논의를 지지한 것은 아니었다. 그는 이황의 논의를 이원론이라고 비판하고서 태극으로부터 발출되는 일원론을 주장하였다.17)

理를 강조하는 조익과 흡사한 문제의식은 崔有海에게서도 보였다. 그는 이이의 이기론을 다음과 같이 비판적으로 인식하였다.

---

15) 趙翼, 『浦渚集』 卷22 「讀栗谷與牛溪論心性情理氣書」, "如此思之 終似未穩 夫豈以先生之高明 於此有所未達也 竊恐言語之間或失之太快 而不覺其偏耶 抑先生之言自不爲病 而翼愚昧不能喻其旨耶 此翼所以恨不得親質之者也."

16) 그는 다음과 같이 「太極圖說」을 매우 신뢰하였다. 趙翼, 『浦渚集』 卷22 「讀栗谷與牛溪論心性情理氣書」, "夫濂溪太極圖說一篇 實自大易來所未有其言 雖百聖不可易也."

17) 조익은 이황의 理氣互發說에 대해서 비판하였다. 이것은 인간의 마음을 설명하는 데 이원론적 견해를 가져온 것에 대한 비판이라고 할 수 있다. 趙翼, 『浦渚集』 卷22 「讀栗谷與牛溪論心性情理氣書」, "夫退翁先生以四端七情分對而論 則旣失其名義 而互發之說 又似昧乎大本 至以四端爲由中而出 七情爲感外而發 則其失又益甚矣 蓋退翁先生之失 其病根正在於以人性爲有二 故其言曰 論性而猶指出本然之性 氣質之性 論情而獨不可各就所發而分四端七情之所從來乎 此先生所以辨之者也."; 같은 곳 "若退翁先生之說 則以人性爲有本然氣質之異 而從本然之性而發則爲四端 氣質之性而發則爲七情 夫性卽太極也 氣卽陰陽五行也 萬物之生 皆陰陽五行之爲 而其原則同出於太極 故曰 性者萬物之一原 人之情皆氣之發也 而其本則皆性也 今曰 人情有從理而發者 從氣而發者 則是萬物亦有自太極而生者 自陰陽五行而生者也 不亦謬乎."

理가 융성하면 氣가 작용할 수 없고 기가 변고를 부리면 이가 주
재할 수 없으니 [이와 기는] 저절로 循環하고 相勝하는 기틀을 마련
한다. 이것이 율곡의 소위 하나이면서 둘이고 둘이면서 하나라는
것이다. 그러나 이는 실제로는 기에 의하여 주도되는 까닭에 기가
[이를] 閉塞해 버리면 [이는] 마치 소멸되는 것처럼 보이지만 양이
회복할 때에는 지극히 악한 사람 또한 반드시 일단의 善念을 갖게
되고, 혼탁하고 어지러운 세상이라도 또한 聖王의 중흥이 있게 된
다. 기의 하는 바는 비록 잠시나마 거리낌 없다고 하더라도 종국에
는 반드시 이의 명령을 듣게 되니 이것이 理氣의 本體이다. 이것으
로써 추론한다면 사람의 선악과 나라의 치란, 일의 臧否는 모두 이
기에 근본하니 반드시 이의 極善無惡과 기의 流蕩難制에 대해서 깊
이 알아야 한다. 그것으로써 爲善去惡의 뜻을 정하여 마침내 대성
인의 덕업을 완성할 수 있다. 「太極圖說」은 그것을 상세히 논하였
으니 먼저 講究하여 그대의 식견을 열지 않을 수 없다.[18]

　최유해는 이이의 논의가 이가 갖는 의미를 제대로 드러내지 못할 수
있다고 우려한 듯하다. 이가 융성하면 기가 작용할 수 없고 기가 변고
를 부리면 이가 주재하기 어려우니 이것은 이와 기가 서로 이기려 드
는 상황으로, 조익은 이것을 이이가 [이와 기는] 하나이면서 둘이고 둘
이면서 하나라고 말한 것이라고 보았다. 여기에서 문제가 되는 것은
기의 변고로 인하여 이가 주재하지 못하는 상황이었다. 이이의 논의는
기의 가변성에 이의 구현을 맡겨두는 측면이 있었고,[19] 최유해는 이점

---

18) 崔有海, 『嘿守堂集』 卷11 「治國如治病論」, "理之盛也 氣不能用事 氣之變也 理不
　　能主宰 自爲循環相勝之機 此栗谷所謂一而二二而一者也 然理則實主於氣 故氣
　　之閉塞若消滅 而有陽復之時 至惡之人 必有一端之善念 濁亂之世 亦有聖王之中
　　興 氣之所爲 雖肆於暫時 終必聽命於理 此理氣之本體也 以此推之 則人之善惡
　　國之治亂 事之臧否 皆本於理氣 必須深知理之極善無惡 氣之流蕩難制 以定爲善
　　去惡之志 可以終成大聖之德業矣 太極圖說論說其詳 不可不先爲講究 以啓高明
　　之識見也."

을 우려하였던 것으로 보인다. 이이의 논의대로 하면 기가 변고를 부리는 상황에서 이는 무력할 수밖에 없었다. 이에 대한 대응으로 최유해는 아무리 악한 사람이라도 선한 일념을 가지며 아무리 어지러운 세상이라도 성왕의 중흥이 있게 된다는 사실을 통하여 기가 변고를 부리는 상황에서도 이가 분명히 현현하고 있음을 말하고자 하였다. 최유해는「太極圖說」이 이러한 의미를 담지하고 있는 저작이라고 설명하였다.

최유해는 조익처럼「태극도설」을 중요시하여「태극도설」을 해설하는 글을 남겼고,[20]『大學』과 함께「태극도설」을 학문의 중요한 지표로 생각하였다.[21] 최유해가「태극도설」에 주목한 이유는「태극도설」이 태극으로 상징되는 理의 의미를 매우 간명하게 설명한 글이라고 판단하였기 때문이라고 생각된다. 최유해는 孔子의 '易有太極'과 주돈이의「태극도설」은 理를 강조한다는 점에서 같은 의미를 갖는다고 생각하였다.[22] 최유해는 사물이 형성되기 이전, 즉 사물이 발생할 때에는 理를 우위에 두는 사고방식, 즉 理先氣後의 생각을 가졌다.[23] 그러

---

19) 李珥,『栗谷全書』卷9「答成浩原」, "程子曰 人生氣稟 理有善惡 此曉人深切 八字打開處也 其所謂理者 指其乘氣流行之理 而非指理之本然也 本然之理固純善 而乘氣流行 其分萬殊 氣稟有善惡 故理亦有善惡也 夫理之本然 則純善而已 乘氣之際 參差不齊 清淨至貴之物及汚穢至賤之處 理無所不在 而在清淨則理亦清淨 在汚穢則理亦汚穢."

20) 崔有海,『嘿守堂集』卷9「太極圖說解」.

21) 崔有海,『嘿守堂集』卷9「太極圖說解」, "太極大學兩書 若能精治 則天下萬物盡矣 太極則詳於性命之理 大學則詳於學問之事 以太極爲見道之本 以大學爲進修之路 則規摸廣大而本末不遺 節目詳明而義理無窮 天下之書 豈有加於此哉."

22) 崔有海,『嘿守堂集』卷9「太極圖說解」, "易有太極 周子無極之說 言雖小有異 意無不同 蓋易者變易無定之謂也 天地造化 固交變而無窮 不可以一定之則言之也 然於其中 自然有不可易之至理 以爲萬物之主宰 則此乃眞是太極也 周子之意亦自如此 然其無極太極則拈出一理於陰陽之外 不雜二氣者而言之也 易有太極則是乃陰陽變易之中 有太極者也 然則周子所謂太極動而生陽 實與夫子之意符合也 所指雖異 意無不同者也."

한 측면에서 최유해는 사물이 형성되기 이전에는 이기를 분리한 成渾 (1535~1598)의 의견이, 사물이 형성된 이후에는 이기를 합친 李珥의 논의가 적확하다는 의견을 제시하기도 하였다.24) 그가 이와 같은 이선기후의 관념을 확증하는 데에 「태극도설」은 근간에서 중요한 영향을 끼쳤다고 생각된다.

이처럼 태극에 대한 관심은 조익과 공유하는 바였지만, 최유해는 조익과 구분되게 이 理의 성격과 특성을 다음과 같이 더욱 분명히 하고자 하였다.

> 율곡은 말하기를 發하게 하는 것은 理이며 발하는 것은 氣라고 하였다. 이가 아니면 발하는 원인이 없게 되고 기가 아니면 발할 수 없다. 이것은 율곡 학설의 종지이다. 그러나 주자의 말로써 고찰해 보면 또한 합치되지 않는 것이 있다. 대개 주자는 "理는 所以然으로서 스스로 그칠 수 없는 것이며, 所當然으로서 다른 것으로 교체할 수 없는 것이다"라고 말하였다. [주자가 所以然과 所當然을 반드시 함께 들어서 말한 것은 왜인가? 대개 [理를] 體用의 한 근원으로 삼았기 때문이다. 그 體로부터 말한다면 만물 만사는 소이연의 연고 없음이 없다. 그 用으로부터 말한다면 만물 만사는 소당연의 道 아님이 없다. 단지 소이연만을 알고 소당연을 살피지 않는다면, 단지 人極이 서지 못할 뿐만 아니라 악을 이치로 여기는 것이 여기에서

23) 崔有海, 『嘿守堂集』 卷15 「答張持國書」, "以易繫之說推之 則易有太極者 是言理也 天地絪縕者 是言氣也 萬物化生者 是言形也 三者天地萬物之本原 語其次第 則理先氣後而質乃具焉 自其生物而言 則先有理而乃有氣 以成其形 則理氣質三者渾淪爲一 但有分辨." 다음의 글도 이러한 관념을 잘 보여주었다. 崔有海, 『嘿守堂集』 卷10 「啓蒙說」, "動靜無端 陰陽無始 而太極乘乎陰陽之機 乃本然之體也 未分兩儀而太極自有渾然之體矣 兩儀已定之後則太極流行於兩儀之間 實爲兩儀之主宰矣 蓋理一而分殊 故一雖分而爲萬 一理之妙 無處不在 無時瞥息者也 盈天地者只是一理二氣而已."
24) 이에 대해서는 최석기, 앞의 논문(2004a), 163~165쪽 참조.

부터 어긋나지 아니함이 없을 것이다. 악을 이치로 여긴다면 그 나
머지는 말할 것도 없다.[25]

최유해는 이이의 이기론에 대해서 언급하면서, 이이가 理의 성격을
규정하는 데 있어서 다소 소홀한 점이 있었음을 지적하였다. 주희에
의하면, 이는 소이연과 소당연의 의미를 동시에 가지고 있었다. 그 본
체로부터 말한다면, 즉 발생의 측면에서 본다면 만물 만사는 모두 소
이연의 이치를 가졌다. 하지만 그 활용의 측면에서 말한다면 만물 만
사는 소당연의 道 아님이 없었다. 그는 만약 이의 소이연이 갖는 측
면에만 주목한다면 악 또한 인정하게 되는 위험성이 있다고 경고하
였다. 악도 현실적으로 행해지는 것이라면 그것을 발생하게 하는 소
이연의 이치가 있는 것인데, 그것을 이치로서 용인한다면 결국에는
악을 인정하는 결과로 이어질 수 있다는 지적이었다. 이 문제는 최유
해가 理를 소당연의 의미로만 제한하고자 했던 가장 중요한 이유였
다. 張維(1587~1638)와 이 문제에 대해서 깊이 토론한 「理氣問答」은
최유해가 생각한 理의 소이연과 소당연의 성격 문제를 살펴보는 데
중요하다.

장유는 소이연 가운데 소당연이 있는 것이니, 양자는 둘로 나눌 수
없다고 하였다. 소이연을 더욱 본질적이고 중시한 견해로 볼 수 있다.
하지만 최유해가 보기에 이러한 장유의 언급은 위험한 것이었다. 그러

---

25) 崔有海, 『嘿守堂集』 卷15 「與韓士仰論心性情書」, "栗谷日所以發者理也 發之者氣
也 非理則無所發 非氣則不能發 此乃栗谷所見之宗旨 然以朱子之語考之 則亦有
不合者焉 盖朱子曰理者所以然而不自已者也 所當然而不可易者也 所以然所當然
必須兼擧而並言之何也 盖以資體用之一原也 自其體而言之則萬物萬事 莫不有所
以然之故焉 自其用而言之則萬物萬事 莫不有所當然之道焉 徒知所以然而不察所
當然 則非但人極之不立 以惡爲理者 莫非自此而差也 以惡爲理則其餘不足論也."

할 경우, 선과 악의 구분은 모호해질 수 있기 때문이다. 최유해는 소당
연한 것이 진정한 이치이고 소부당연한 것은 진정한 이치가 아니라고
단언하였다. 비록 소부당연한 것에도 또한 그렇게 되는 소이연의 이치
는 있을 수 있다. 하지만 이것은 선한 것이 아니므로 이치로 말해서는
안 되는 것이었다.[26] 최유해는 악에도 그것이 행해지는 이치가 있을
수 있는데 이를 곧바로 [하늘의] 이치라고 해버린다면, 결과적으로 악
을 용인하게 되어버리는 결과를 초래할 수 있음을 우려하였던 것이
다.[27] 그에게 이는 소당연의 것이어야 했고, 그것만이 선이었다.

　다음 논의는 최유해가 왜 소이연의 이치를 그대로 인정하는 것에 대
해서 문제를 제기하였는지를 더욱 구체적으로 말해주었다.

　　癡髥子(張維)는 "… [그대는] 본원의 이치가 아닌 까닭에 이치가
　　아니라고 말했습니다. [하지만] 지금 물이 산에 있거나 튀어서 사람
　　의 머리를 넘어선 경우에도 물이 아니겠습니까?"라고 말하였다.
　　[이에] 黙守子(崔有海)는 "[그것이] 비록 물이 아닌 것은 아닙니다.
　　하지만 물이 흘러서 아래로 내려가는 것이 이치를 따르는 것입니
　　다. 물이 부딪쳐 위로 올라가는 것은 이치의 자연스러운 것이 아닙
　　니다. 인력으로 가능하게 한 형세입니다. 어찌 물의 [진정한] 이치
　　이겠습니까? 사람이 不善을 행하는 것 또한 거슬러서 이치를 따르
　　지 않는 것이 이와 같습니다. 木의 형세는 良工이 다스려서 그 이
　　치의 곡직을 따른다면 정미하게 되고 그 이치를 거슬러서 깎아 내

---

26) 崔有海, 『黙守堂集』卷10「理氣問答」, "癡髥子曰所以然中有所當然 不可離而二之
　　黙守子曰非也 所當然者理也 所不當然者非理也 雖曰不當然之事 亦有所以然之故
　　不可以不分也 蓋天下之善理也 天下之惡非理也 乃氣之所爲也 … 惡雖有所以然
　　非所當然之理也 故謂之非理矣."
27) 그는 악의 가운데 또한 이치가 있다고 하는 것은 괜찮지만 악이 당연의 이치라고
　　한다면 안된다고 하였다(崔有海, 『黙守堂集』卷15「答張持國書」, "惡之中亦有理
　　云則或可 若曰惡是當然之理則不亦甚乎.").

면 정미하게 되지 않습니다. 이치가 어찌 이것과 다르겠습니까? 이
에 주자가 말한 '악은 천리의 반대되는 것이다'는 것으로써 보인 것
입니다."라고 하였다.[28]

장유는 최유해가 본원의 이치가 아니면 이가 아니라고 한 것에 대해
서 의문을 가졌다. 장유는 물이 산에 있거나 물이 튀어서 머리를 넘어
선 경우에도 그것은 엄연히 물이듯이 설사 기의 변고에 의하여 이가
왜곡된 상황이라도 그것은 엄연히 이임을 의심할 수는 없다고 생각하
였던 듯하다. 이에 대해서 최유해는 비록 그것이 물이 아닌 것은 아니
지만 물의 본성은 흘러서 아래로 내려가는 것이니 물이 부딪쳐서 위로
올라오는 것은 진정한 물이 아니라고 하였다. 최유해에게 물은 오직
아래로 향할 때에만 진정한 물로서의 의미를 가졌다. 이것을 이기론으
로 환원해서 설명하면, 理는 소이연이 아닌 소당연한 모습을 보일 때에
만 진정한 이치로서 인정받을 수 있다는 것이었다. 따라서 그가 생각
하기에 악의 진정한 이치는 악이 제거된다는 소당연한 이치였다.[29]
　　이를 통하여 보면, 최유해의 논의는 매우 규범적이고 당위적인 관점
에서 이루어졌다고 할 수 있다. 이처럼 이의 소당연성을 중시하는 것

---

28) 崔有海, 『嘿守堂集』 卷10 「理氣問答」, "癯聱子曰 … 非本原之理 故謂之非理矣 今
夫水之在山過顙者非水耶 嘿守子曰雖莫非水也 然水流而下者順其理也 水激而上
者 非理之自然也 人力之勢也 豈水之理哉 人之爲不善也 亦其逆而不順理也如是
矣 木之勢 良工治之 順其理之曲直則精美 逆其理而剪之則不精 理豈異於此哉 仍
以朱子所謂惡是天理之反者示之."

29) 崔有海, 『嘿守堂集』 卷15 「與張持國書」, "盖石潭則專主明道之所見 嘿庵則乃主伊
川朱子之意 所造似乎不同 而兄所論惡亦有理之意 其原盖出於明道石潭之意否 理
有善惡之說 以吾思之 則非以惡爲當然之事也 惡中亦有當然之理 如桀紂是惡人也
而自有可以殺伐之道 則凡於天下之惡 皆有可治之道 是乃惡之理也 過則改之者
過之理也 惡則絶之者 惡之理也 此雖非理之正 而亦是理之一端也 然則惡之中 亦
有當然之理則可 若曰惡亦是當然可爲之理 則是乃禍天下萬世之言也 極不是而有
害於理義 甚於荀楊萬萬矣."

은 최유해의 사상에서 매우 중요한 특징이었다. 최유해가 생각하기에, 이치는 소당연한 것이므로 그것은 일정한 당위적인 방향성을 가져야 했다. 이 당위적인 영역을 벗어나면 이미 이가 아니며 악의 영역으로 접어드는 것일 수 있었다. 이점은 소이연과 소당연을 구분하지 않고 모두 이치로서 인정하고자 한 장유와는 분명하게 차이를 보이는 지점 이었다.

광해군대에서 인조반정을 거치는 동안 혼란해진 국정상황 속에서 조익, 최유해와 같은 일부 지식인들은 율곡학에서 理를 강조하는 사유 경향을 새롭게 가졌다. 그렇다면 조익과 최유해에게서 보이는 변화는 어떠한 사회적 배경 속에서 이루어졌는가? 그들은 선악을 기의 가변성 에만 맡겨 놓는 방식에 불만을 표시하였다. 그들이 이이의 이기론에 대해서 미진하게 생각한 것은 이점이었다. 임진왜란, 광해군대라는 격 변기를 거치는 과정에서 반정에 성공한 서인 지식인들은 기의 가변성 에 흔들리지 않는 하나의 원칙이 일관되게 존재함을 말해야 했고, 그러 할 때 이이의 사상은 다소 미진하게 느껴졌을 것이다. 즉, 그들에게 조 선의 통치질서는 기의 가변성이라는 우연성에 맡겨져서는 안 되는 지 속적인 것이어야 했다.

그러한 점에서 그들은 율곡학에 어떠한 보완점이 필요하다고 생각 하였을 것이다. 최유해가 앞서 인용문에서 "기가 [이를] 閉塞해 버리면 [이는] 마치 소멸되는 것처럼 보이지만 양이 회복할 때에는 지극히 악 한 사람 또한 반드시 일단의 善念을 갖게 되고, 혼탁하고 어지러운 세 상이라도 또한 聖王의 중흥이 있게 된다"[30]고 말했던 것은 이러한 문 제의식을 잘 보여주었다. 시대와 상관없는 도덕적 지속성을 제시해야

---

[30] 각주 18) 참조.

한다는 당위 의식 속에서 그들은 理의 의미를 강조하고자 하였던 것으로 보인다.31) 理의 강조 속에는 인조반정 이후 그들이 새롭게 전망한 이상적인 목적의식이 강하게 표출되어 있었다.

하지만 理를 강조하는 데에는 다소 차이가 있었다. 조익의 경우, 그것은 자연 발생적인 측면에서 나왔다. 조익은 태극이 발하여 음양이 되는 것과 같이 理는 모든 것을 발생시키는 본원적인 존재였다. 하지만 그러한 논의 속에서 최유해에게서 보이는 것과 같은 소이연·소당연적인 측면에서의 분석은 없었다. 이를 통하여 보면, 조익의 태극 논의에는 소이연과 소당연이 혼합된, 일면 장유와 흡사한 측면이 있지 않았나 생각된다.

사회적 배경과 함께 왜 그들이 태극 문제에 관심 가졌는지에 대한 학술적 배경을 생각하지 않을 수 없다. 우선적으로 생각해 볼 수 있는 것은 成渾의 영향이다.32) 앞서 언급하였듯이 최유해는 사물이 형성되기 이전에는 성혼의 의견이, 이기가 합일되어 사물이 형성된 이후에는 이이의 논의가 적확하다는 의견을 제시한 바 있었다.33) 하지만 조익과 최유해의 학문배경과 그 이기론의 논의과정을 보면, 모든 사물의 궁극적인 연원을 皇極이라고 보는 『皇極經世書』와의 관계성을 더욱 중요하게 고려할 필요가 있다. 조익과 최유해는 모두 理로부터 발출되어 나오는 일원론을 지지하고 있었다.

---

31) 조익의 철학사상을 능동적인 실천성과 적극적인 개혁 의지의 반영이라고 본 연구도 있으며(조성을, 앞의 논문(1992), 68쪽 참조), 이 의견도 인조반정 이후 형성된 이러한 사유 기조와 맞닿아 있었다고 생각된다.

32) 최유해는 이황의 논의에는 반대의 의견을 분명히 하였다. 崔有海, 『嘿守堂集』 卷 15 「與韓士仰論心性情書」, "至於退翁 亦以爲或分或合 蓋以天地之性氣質之性分言之 故有此互發之言 然天地之性 氣質之性 亦不可以分言也."

33) 각주 24) 참조.

『황극경세서』는 황극으로부터 사물이 발출되어 나오는 과정을 서술하였다는 점에서 조익과 최유해가 중요시하였던 「태극도설」과 흡사한 문제의식을 가졌다. 『황극경세서』는 花潭學派를 중심으로 한 북인 지식인들이 가장 신뢰했던 문헌 가운데 하나였다. 실제 인조반정 이후 邵雍(1011~1077) 象數學을 연구한 이들 사이에서 皇極으로 대변되는 一理의 강조가 두드러졌다.[34] 조익과 최유해 또한 이러한 학풍과 관련성을 가졌던 것으로 생각된다.

조익은 직접적으로 화담학파의 학맥을 가졌던 것은 아니었지만, 그 영향권에서 멀리 있지는 않았던 것으로 보인다. 그가 가까이 지냈던 崔鳴吉(1586~1647), 張維 모두 화담학파의 학풍과 일정한 관련성을 가졌다.[35] 최명길은 象數易學에 깊은 조예가 있었고,[36] 장유는 서경덕의 기론에 일정하게 동조하고 있었다.[37] 조익과 洪翼文(?~?)과의 문답 또한 흥미롭다. 홍익문은 화담학과 깊은 관련성을 가졌던 인물로 짐작된다. 그는 사람이 죽어도 정령은 소멸되지 않는다고 생각하였고, 이러한 사유 속에는 화담학의 一氣長存 관념이 내재되어 있었다. 조익은 홍익문의 의견에 대해서 반대하였지만, 그와의 문답에서 『花潭集』을 읽어본 적이 있다고 언급하기도 하였다.[38] 홍익문과의 문답과 그와의 교유는 조익이 이들 학풍과 일정한 관계를 가졌음을 보여준다. 홍익문 이외에도 禹南陽(?~?)에 대해서도 조익은 기록하였는데, 우남양은 서경덕과 종유하였던 인물이었다.[39] 조익은 북인계 화담학파 지식인 韓

34) 조성산, 『조선후기 낙론계 학풍의 형성과 전개』, 지식산업사, 2007, 55~70쪽.
35) 조익, 최명길, 장유와의 교유는 이정철, 앞의 논문(2010), 264~265쪽 참조.
36) 심경호, 「지천 최명길의 문학과 사상에 관하여」, 『한국한문학연구』 42, 2008, 208~213쪽.
37) 지두환, 「谿谷 張維의 生涯와 思想」, 『태동고전연구』 7, 1991, 14쪽.
38) 趙翼, 『浦渚集』 卷15 「答洪生員翼文書」.

百謙(1552~1615)의 동생이었던 韓浚謙(1557~1627)의 신임을 받기도 하였다.[40] 한준겸 이외에도 郭再祐(1552~1617)와 兵事에 대해서 논의하였고,[41] 북인 계보를 가졌던 柳永詢(1552~1630)은 조익과 교유하기도 하였다.[42]

그러한 점에서 볼 때 비록 제한은 있을 수 있지만, 조익은 화담학파의 학풍을 어느 정도 이해하고 있었다고 할 수 있다. 실제 조익의 사단과 칠정 논의는 화담학과 밀접한 연관을 가진 북인계 韓百謙·柳馨遠(1622~1673)과 유사한 일면을 보였다.[43] 한백겸과 유형원은 사단과 칠정은 모두 하나의 근원을 갖는 것으로 이해하였고,[44] 理一元論的인 견해를 가졌다.[45] 이러한 사단칠정 논의는 주로 북인학풍과 밀접한 관련성을 갖는 이들에게서 잘 보였다.[46]

특히 이 문제와 관련하여 조익과 張顯光(1554~1637) 문인과의 교유도 주목할 필요가 있다. 조익은 장인 玄德良(1544~1610)이 仁同縣監으로 부임하는 1604년(선조 37) 전후에[47] 장현광의 문인 鄭四震(1567~1616)

---

40) 이정철, 앞의 논문(2010), 264쪽.

41) 趙翼, 『浦渚集』 「浦渚年譜」 卷1, 18세, "嘗與郭再祐論兵."

42) 趙翼, 『浦渚集』 「浦渚年譜」 卷1, 46세, "柳監司永詢 相往還." 柳永詢의 북인 계보에 대해서는 『北譜』(대동문화연구원, 2016) 93쪽 참조.

43) 한백겸, 유형원의 북인 가계에 대해서는 정호훈, 『朝鮮後期 政治思想 研究: 17세기 北人系 南人을 중심으로』, 혜안, 2004, 101~110쪽 참조.

44) 韓百謙, 『久菴遺稿』 上, 「四端七情說」, "蓋人之一身 酬酢萬變 只有七情 非七情之外別有四端 只就七情中不雜於形氣者而拈出此四端 如惻隱本不離愛而行 然尋其苗脈 自有不可亂者."; 김낙진, 「柳馨遠의 性理 思想」, 『동양철학』 4, 1993, 221~222쪽 참조.

45) 조성을, 「근기학인近畿學人의 퇴계학(退溪學) 수용과 실학(實學): 한백겸(韓百謙)과 유형원(柳馨遠)을 중심으로」, 『국학연구』 21, 2012 참조.

46) 이에 대해서는 조성산, 「18세기 艮翁 李獻慶의 理勢論과 心性論」, 『동방학지』 194, 2021, 169~173쪽 참조.

과 교유하였고,[48] 아마도 그를 통하여 장현광도 만났을 것으로 생각된
5다.[49] 조익이 자신의 고유한 이기심성론을 피력한 「讀栗谷與牛溪論
心性情理氣書」가 1605년(선조 38), 1606년(선조 39) 전후에 작성되는 것
으로 보아서,[50] 이 시기의 지적 경험은 조익에게 중요한 영향을 끼치지
않았나 생각된다. 장현광은 소옹 상수학에 대해서 조예가 깊었으며,[51]
이기론과 사단칠정 논의에 있어서도 한백겸과 매우 흡사한 입장을 가
졌다.[52] 이러한 사실들은 조익의 이기론이 화담학파의 그것과 유사한
학문적 연원을 가지고 있었음을 보여준다고 생각된다.

　최유해 또한 소옹의 『황극경세서』를 해석하는 「皇極經世說」라는 글
을 남겼다.[53] 이를 통하여 그가 『황극경세서』에 조예가 깊었음을 알
수 있다. 그는 이 글에서 元會運世를 말하며 우주와 자연을 통괄하는
理를 말하기도 하였다.[54] 최유해는 상대적으로 조익보다 북인계 학맥

---

47) 『宣祖實錄』 卷179, 宣祖 37年 潤9月 20日(丁酉).

48) 張顯光, 『旅軒先生全書 下』, 仁同張氏南山派宗親會, 1983, 559쪽.

49) 趙翼, 『浦渚集』 卷15 「與鄭生員四震書」, "卽先問嶺南之士之賢者 卽盛稱仁同張先
生學問德義之盛 非近世諸儒所能望而及 而吾足下實師事之 翼由是得聞足下之高
義 眞翼之生平所願從游者也."

50) 趙翼, 『浦渚集』 卷22 「讀栗谷與牛溪論心性情理氣書」, "此文似作於乙巳丙午間 今
殆四十年矣."

51) 장현광의 소옹 상수학적 학문성향에 대해서는 문중양, 「16·17세기 조선 우주론
의 상수학적 성격: 서경덕(1489~1546)과 장현광(1554~1637)을 중심으로」, 『역사와
현실』 34, 1999, 111~117쪽; 조장연, 「장현광 역학의 원천에 관한 고찰」, 『한국철
학논집』 15, 2004, 208~216쪽 참조.

52) 이에 대해서는 김낙진, 「張顯光의 理一元論과 善惡의 문제」, 『남명학연구』 10,
2000, 102~109쪽 참조.

53) 崔有海, 『嘿守堂集』 卷10 「皇極經世說」.

54) 崔有海, 『嘿守堂集』 卷10 「皇極經世說」, "元會運世者何也 日此數只以十二及三十
爲定 以年月日時 準於元會運世 盖小而今日 大而一元 以小推大 固是一理 必無相
違矣 十二者六之加倍也 陰數也 三十者陽之三數也 陰陽之數 各得其用之理 然後
天地萬物之始終 可以推知."

과 더 직접적인 관계를 가졌다. 그에게는 많은 스승들이 있었지만,[55] 鄭彦訥(1549~1627),[56] 鄭逑(1543~1620),[57] 李基卨(1556~1622)로부터 많은 영향을 받았다. 정언눌은 許穆(1595~1682)의 스승으로서 근기남인 학맥에 중요한 영향을 끼쳤던 인물이었다. 이 밖에 정구와 이기설은 북인 학맥과 관련이 깊었다. 정구는 曺植(1648~1714)과 사승 관계를 가졌으며,[58] 이기설은 화담학파 朴枝華(1513~1592)의 문인이었다.[59] 나아가 최유해의 재종형 崔有源(1561~1614)은 북인이자 광해군의 처남이었던 柳希奮(1564~1623)과 긴밀한 관계를 가졌고, 아마도 그러한 이유 때문에 최유해 또한 유희분의 문객이라는 혐의를 받기도 하였다.[60]

이처럼 학맥과 가계를 보면, 최유해는 서인뿐만 아니라 북인들과도 친연성이 깊었다고 할 수 있다. 인조반정 이후 그가 비록 율곡학파이자 서인으로 활동하였지만, 내면에 북인 사상의 색채를 완전히 탈각했는지에 대해서는 의문이다. 理 강조 이외에도 최유해의 사유 속에는 화담학과의 관련성을 생각해 볼 수 있는 것들을 일부 발견할 수 있다. 그는 첫째 思를 중시하였으며,[61] 둘째 理와 氣 이외에 質을 중시하였다.[62] 서경덕이 사색을 중시하였던 것은 주지의 사실이며,[63] 質에 대

---

[55] 그의 사승 관계에 대해서는 최석기, 앞의 논문(2004a), 148~151쪽 참조

[56] 본 글에서 서술된 정언눌의 생몰과 그에 대한 인적 정보에 대해서는 이동인,『17세기 許穆의 古學과 春秋災異論』, 서울대학교학위논문(석사), 2000, 13~14쪽을 참조; 정언눌과 최유해의 교유에 대해서는 崔有海,『嘿守堂集』卷15「答鄭惚齋書」; 崔有海,『嘿守堂集』卷16「上鄭惚齋書」참조.

[57] 崔有海,『嘿守堂集』卷8「拜寒岡記事」.

[58] 김학수,「寒岡 鄭逑의 學問 淵源」,『한국학논집』48, 2012, 151~162쪽 참조.

[59] 姜斅錫,『典故大方』(아세아문화사, 1975), 202쪽; 최석기, 앞의 논문(2004a), 150쪽 각주 17) 참조.

[60] 최석기, 앞의 논문(2004a), 152~153쪽 참조.

[61] 최석기, 앞의 논문(2004a), 158~162쪽 참조.

한 사유도 그에게는 보였다.[64] 반면에 이이에게서는 質 관념이 특별히 부각되어 나타나지 않았던 듯하다.

조익과 최유해는 사물의 발생 과정에서 理가 갖는 중요한 역할을 강조하였다. 그들이 이러한 사유를 갖는데『황극경세서』와「태극도설」에서 보였던 황극과 태극이 갖는 본원적이고 궁극적인 역할은 중요한 영향을 끼쳤다고 생각된다. 조익이 소이연의 측면에서 이의 지속성과 영속성을 생각하였다면 최유해는 조익보다 좀 더 소당연적인 측면에서 이 문제를 사유하였다. 이러한 차이는 양자 사이의 중요한 차이를 만들었고, 다음에서 살펴볼 인심과 경세학을 설명하는 데에서 더욱 잘 드러났다.

요컨대, 조익과 최유해는 공통되게 이이의 이기론에서 理가 좀 더 강조되어야 한다는 점을 지적하였다. 이것은 서인 학계에서의 중요한 변화였다. 아마도 그들이 이와 같이 理를 중시하는 데에는 인조반정 이후 그들이 당면한 현실이 중요한 영향을 끼쳤을 것이다. 그들은 인조반정 이후 광해군대 정치를 비판하였는데, 理의 강조는 이러한 의식의

---

[62] 최석기, 앞의 논문(2004a), 165~167쪽 참조.

[63] 徐敬德,『花潭集』「花潭先生文集重刊跋(尹得觀)」, "我箕子洪範一書 敍天人之道 揭示作聖之法 而要其歸 在一思字 由前而堯授舜曰執中 在後則孔詔顏曰克己 皆關思字上用工夫 表裏箕範 至於朱子大學問 箋註經傳 功存繼開 究其所以致此 則亦只是原於思 想其山夜思索 杜鵑聲苦 其求道之始 用心之力何如也 若孔子所言 終夜以思 不如學 是爲思而不學者言 孔子旣曰 學而不思則罔 孟子曰 君子深造之 以道 欲其自得之也 自得之也者 心得之謂也 心之官思 思則得於道 不思則不得於 道 所謂主敬 亦以思之主一而名言 不有思焉則敬安所用哉 此箕範之本旨也 … 先生早時 精思朞三百 一望自通曉 遂知書之可以思得 壁書天地萬物之名 思之忘寢 食 以至貫徹 朱子嘗說學者先識得字義 然後因從此尋簡義理 觀於先生 信然 今集中原理氣等說 皆先生思得之言也."

[64] 서경덕에게서는 다음과 같이 質의 관념이 보였다. 徐敬德,『花潭集』卷2「原理氣」, "氣之性動 騰上者也 形之質重 墜下者也."; 徐敬德,『花潭集』卷2「聲音解」, "天有陰陽 大小異氣 地有剛柔 大小異質 氣變於上而象生焉 質化於下而形具焉."

반영이었다. 이러한 사유의 형성에는 「태극도설」과 『황극경세서』가 근간에서 많은 영향을 끼쳤다. 하지만 조익과 최유해 사이에는 미세하지만 중요한 차이가 있었다. 조익은 기를 생성하는 본원적인 존재로서 理를 강조하였지만, 이 이를 소이연과 소당연으로 구분하지는 않았다. 반면에 최유해는 이가 갖는 소이연과 소당연의 의미를 분명히 구분하고서, 소당연적인 측면을 강조하였다. 이 차이들은 그들의 인심과 경세학 논의에도 중요하게 작용하였다.

3. 인심(人心)에 대한 해석: 인심과 인욕(人欲)의 관계문제

인조대 전후 유학자들 사이에서 인심도심 문제는 활발하게 논의되고 있었다. 본 글에서 논하는 조익과 최유해를 넘어서 張維, 朴知誡 (1573~1635), 權得己(1570~1622) 등이 이 인심도심 문제에 대해서 적극적으로 토론하였던 것은, 이것이 이 시기 중요한 사안이었음을 보여주는 것이라고 하겠다.[65] 인심이 동요하는 시대에 이 인심의 정의 문제야말로 경세론의 중요한 전제였다고 생각된다. 장유가 성공적인 통치를 위해서는 時勢를 살피고 人心을 수습하는 것이 중요하다고 언급하였던 것은 이 인심 문제가 갖는 당대적 중요성을 말해주고 있었다.[66]

조익과 최유해 모두 인심도심 문제에 있어서 중요한 언급을 하였다.

---

65) 張維, 『谿谷集』 卷4 「人心道心說」; 박지계의 인심도심 논의에 대해서는 다음 글을 참조할 수 있다. 이선열, 「潛冶 朴知誡의 人心道心說」, 『한국철학논집』 33, 2012; 權得己, 『晩悔集』 卷2 「論四端七情 上叔父教官大人辨疑」

66) 張維, 『谿谷集』 卷17 「論軍籍擬上箚」, "伏以爲國之道 莫要於審時勢 而莫急於收人心 人心國之本也 時勢事之機也 歷觀前史 事雖未必是也 若便於時勢 順於人心 則行之而無不成 國以安固 君以尊榮."

하지만 그들 사이에는 이기론 만큼이나 미세한 차이가 존재하고 있었
다. 대략적으로 언급한다면 조익은 인심을 도심과의 상호의존적인 측
면에서 긍정적으로 언급하였던 반면에, 최유해는 인심을 인욕에 빠지
기 쉬운 부정적인 측면에서 설명하였다. 인심에 대한 해석 문제는 그
들의 이기론 및 경세학과 상호 연관성을 가졌다.

우선 조익의 인심에 대한 해석을 살펴보고자 한다. 조익은 인심과
도심을 陰과 陽의 범주에서 설명하였다. 그는 세상의 사물에는 단지
음과 양 두 가지만 있을 따름이라고 하면서 사람, 남자, 중국, 군자, 심
신, 도심을 양으로 분류하였고, 금수, 여자, 이적, 소인, 형체, 인심은 음
으로 분류하였다.[67] 이와 같이 분류한 후에 그는 도심은 왜 양이 되고
인심은 왜 음이 되는가에 대해서 다음과 같이 설명하였다.

> 대저 마음의 神明은 하나일 따름이다. [그런데] 음과 양으로 분
> 류하여 나누는 이유는 무엇 때문인가? 대개 心神은 양이 되고 形體
> 는 음이 된다. 그러므로 이 마음이 곧장 발하여 형체를 경유하지
> 않는 것은 양이 되고, [이 마음이] 발하되 형체를 경유해서 발하는
> 것은 음이 된다. 惻隱, 羞惡, 辭讓, 是非의 마음과 의리를 위하여 발
> 한 모든 염려들은 이 마음이 곧장 발해서 형체를 경유하지 않는 것
> 들이다. 이것은 道心이 된다. 耳目口鼻 및 四肢의 욕망이나 一身을
> 위하여 발한 모든 염려들은 이 마음이 형체를 경유해서 발하는 것
> 들이다. 이것은 人心이 된다. 그렇다면 내가 도심은 양이 되고 인
> 심은 음이 된다고 말한 것은 어찌 근거 없이 망령되게 말한 것이겠
> 는가?[68]

---

67) 趙翼, 『浦渚集』 卷22 「讀栗谷與牛溪論心性情理氣書」, "蓋人心道心 陰陽而已矣
翼觀天地之間 只有陰陽兩端而已 以天地言之 則輕淸者上爲天 陽也 重濁者下爲
地 陰也 以萬物言之 則人爲陽 禽獸爲陰 以人言之 則男爲陽女爲陰 中國爲陽 夷
狄爲陰 君子爲陽 小人爲陰 以人之身言之 則心神爲陽 形體爲陰 以心言之 則道心
爲陽 人心爲陰 所以謂道心爲陽 人心爲陰者 何也."

조익은 형체는 음이 되고 심신은 양이 되는데 사단의 마음이나 의리
에 입각한 것은 형체를 거치지 않아서 도심이 되고 양이 되며, 이목구
비 및 사지의 욕망은 일신과 관련이 있으니 이것은 인심이 되고 음이
된다고 하였다. 이렇게 본다면 도심이 양이 되고 인심이 음이 되는 것
은 형체라는 음을 매개로 했느냐 안했느냐에 따라서 나뉘는 것이다.
그는 다음과 같이 논의를 이어갔다.

> 대개 천지로부터 만물에 이르기까지 각각 음과 양이 있지 않은
> 것은 없다. 비록 아름다움과 추함, 귀한 것과 천한 것의 차이가 없
> 을 수 없지만 천하의 이치는 또한 아름다운 것으로써 추악한 것을
> 주재하게 하고 추악한 것으로써 아름다운 것을 태우게 하며, 귀한
> 것으로써 천한 것을 다스리게 하고 천한 것으로써 귀한 것을 지키
> 게 한다. 그러므로 그 형세는 항상 서로 의지하며 서로 없어서는 안
> 되는 것이다.[69]

조익은 음과 양을 적대적인 관계로 파악하지 않았다. 오히려 그는
그것이 가지고 있는 상호의존적인 관계에 주목하였다. 아름다운 것은
추한 것을 주재하고 추악한 것은 아름다운 것을 존경하며, 귀한 것은
천한 것을 다스리고 천한 것은 귀한 것을 지킨다고 하였다. 이것을 가

---

[68] 趙翼, 『浦渚集』 卷22 「讀栗谷與牛溪論心性情理氣書」, "夫心之神明 一而已矣 所
以有陰陽之類分者 何也 蓋心神爲陽 形體爲陰 故此心直發 而不由於形體者爲陽
其發也由形體而發者爲陰 如惻隱羞惡辭讓是非之心與凡念慮之爲義理而發者 此
心之直發而不由形體者也 此爲道心 如耳目口鼻四肢之欲與凡念慮之爲一身而發
者 此心之由形體而發者也 此爲人心 然則翼之所以謂道心爲陽人心爲陰者 豈無所
本而妄言之哉."

[69] 趙翼, 『浦渚集』 卷22 「讀栗谷與牛溪論心性情理氣書」, "蓋自天地至於萬物 無不各
有陰陽 雖不能無美惡貴賤之殊 然天下之理 又以美宰惡 以惡承美 以貴治賤 以賤
衛貴 故其勢常相須 而不可以相無也."

능하게 하는 것은 천하의 이치였다.

조익은 아름다움과 추함, 귀함과 천함이라는 상대적인 관념을 천하의 이치 속으로 귀속시켰다. 앞에서 살펴본 음양을 생성하는 太極이 천하의 이치라는 말로서 다시 등장하였다. 그는 태극은 음양을 움직이고 통합하는 주체이며, 음양은 이 태극을 통하여 상호의존성을 획득할 수 있다고 생각하였던 것이다.[70] 그가 앞에서 강조하였듯이 한번 음이 되고 한번 양이 되게 하는 것은 태극이었다.[71]

> 군자가 없으면 소인을 다스릴 수 없고, 소인이 없으면 군자를 섬길 수 없다. 마음은 한 몸을 주관하며, 몸은 마음을 수레와 배처럼 싣고 다닌다. 道心이 없다면 이 마음이 아는 것은 情欲과 利害의 사사로움에 불과할 뿐이니 禽獸와 다름이 없다. 人心이 없다면 입을 닫고 굶주리다가 인류를 멸절시키게 되고, 도심 역시 附着할 곳이 없다. [인심과 도심이] 서로 의지하며 없어서는 안 되는 것이 이와 같다.[72]

조익은 군자와 소인, 마음과 몸이 상호의존적인 관계임을 말하였다. 사람의 경우 도심이 없다면 금수와 다름없게 될 것이요, 인심이 없다면 인류는 모두 멸절될 것이라고 하였다. 그러한 점에서 그는 인심과 도심은 서로 의지하는 관계로 상호 간에 없어서는 안 되는 것이라고 하

---

70) 이것은 조익의 理有善惡, 性有善惡 관념과도 연관되어 있다고 할 수 있다. 조익의 이유선악과 성유선악 관념에 대해서는 최영성, 「농산(農山) 신득구(申得求)의 성리설과 한국철학사에서의 의미」, 『한국철학논집』 66, 2020, 79쪽 참조.

71) 각주 14) 참조.

72) 趙翼, 『浦渚集』 卷22 「讀栗谷與牛溪論心性情理氣書」, "無君子莫治小人 無小人莫養君子 心所以主乎一身 身所以舟車乎心 無道心則此心之所知 不過情欲利害之私而已 無異於禽獸 無人心則閉口枵腹 滅絕人類 道心亦無所附着 其相須而不可相無也 如此."

였다.[73] 그러한 점에서 그는 성인도 인심을 가지며,[74] 인심 또한 천리를 갖춘 것이라고 생각하였다.[75] 결국 인심과 도심은 모두 하늘이 부여한 천성이었던 것이다.[76] 이를 통하여 그는 인심을 부정적으로 보지 않았음을 알 수 있다. 음양을 상호의존적으로 보는 조익의 사유는 『皇極經世書』가 가졌던 음과 양을 상호의존적으로 바라보는 관점과도 매우 유사하였다.[77]

이처럼 조익은 소인과 인심을 제거와 억압의 대상으로만 보지 않았다. 오히려 그는 군자·도심과의 상호의존적 관계에 주목하였다. 그렇다면 양자가 어떠한 상태 속에 있을 때 그 상호의존성이 가장 극대화될 수 있는가? 조익은 소인과 인심의 문제를 배치와 조절의 차원에서 검토하고자 하였다. 그는 도심을 양이며 군자라는 지배자로 위치 짓

---

73) 이러한 조익의 사유는 張顯光이 인심도심에 대해서 논하면서 "이 형기가 있는 까닭에 이 성명이 있고, 이 성명이 있는 까닭에 이 형기가 있는 것이니, 형기가 없으면 성명이 없고 성명이 없으면 형기가 없는 것이다. 어찌 둘로 볼 수 있겠는가!"(張顯光, 『旅軒集』 卷6 「人心道心說」, "有是形氣 故有是性命 有是性命 故有是形氣 無形氣則無性命 無性命則無形氣矣 其可二之.")라고 하여 형기와 성명을 상호의존적인 차원에서 논급한 것과 흡사하였다. 이를 통하여 양자 사이에 놓여있던 학문적 공감대를 짐작해 볼 수 있다.

74) 趙翼, 『浦渚集』 卷22 「讀栗谷與牛溪論心性情理氣書」, "夫飢食而渴飮 暑葛而寒裘 男女居室 豈非理之所當然哉 且聖人與我同類者 雖聖人豈獨無人心哉 聖人而有人心也 則是聖人之心亦有掩於氣而變乎本然之理者耶 聖人之心亦有過不及者耶 夫掩於氣 有變乎理 有過有不及 則烏可謂之聖人 又豈可謂從心所欲不踰矩耶."

75) 趙翼, 『浦渚集』 卷22 「讀栗谷與牛溪論心性情理氣書」, "故翼則以爲人心道心 皆是天理之所有 非必掩於氣而後爲人心也 非必有變乎理也 亦未必便有過不及也 但氣稟有淸濁 氣稟淸明 則義理昭著 無所掩蔽 雖人心之發 亦自循途轍 自無過不及也 氣稟昏濁 則義理不得而著 鮮不爲氣所掩而有變乎理 於是有過不及焉."

76) 송석준, 앞의 논문(1998), 84~87쪽; 황의동, 「浦渚 趙翼의 倫理思想」, 『동방학』 5, 1999, 98~99쪽 참조.

77) 『황극경세서』가 갖는 음양 상호의존적인 관점에 대해서는 조성산, 앞의 책(2007), 131~132쪽 참조.

고, 인심을 음이며 상업과 농업을 하는 소인이라는 피지배자로 위치 지었다.78)

조익은 농업과 상업에 종사하는 자들이 비록 소인이라고 일컬어지기는 하지만 그들이 꼭 악을 행한다고 할 수는 없다고 하였다. 그는 소인과 악을 일치시키지 않았다. 단지 소인이 높은 위치에 올라가게 될 경우 악행을 저지를 것이요 피해를 끼치게 될 것이라고 하였다.79) 왜냐하면 조익이 생각하기에, 선비와 군자는 공도를 행하는 자들이지만 농업과 상업에 종사하는 소인들은 자신 한 몸만을 위하는 자들이기 때문이다.80) 하지만 엄격하게 볼 때 소인이 자기 한 몸만을 생각하는 것 자체는 문제라고 할 수 없다. 왜냐하면 천성적으로 소인은 인심처럼 그렇게밖에는 행동할 수 없는 존재이기 때문이다. 그러므로 소인이 군자의 명령을 들어야 하듯이 인심 또한 도심의 명령을 들어야 하는 것이었다.

조익은 陰陽, 善惡, 貴賤의 분수가 나뉘는 것은 하늘이 정한 운명이라고 생각하였다. 그리하여 소인은 군자의 명령을 들어야 하고 인심은 도심의 명령을 따라야 하는 것이었다. 문제는 이 하늘이 정한 분수를 어기고 소인과 인심이 군자와 도심의 명령을 따르지 않을 때 발생하였

---

78) 趙翼, 『浦渚集』 卷22 「讀栗谷與牛溪論心性情理氣書」, "夫士學以脩其德 惟循乎義理 而以天下之公爲心 德成而後命之以爵 而謂之君子 若民則不識義理 而爲農工商賈之業 各自爲其一身之計而已 不能以及人 故爲下而治於人 而謂之小人."

79) 趙翼, 『浦渚集』 卷22 「讀栗谷與牛溪論心性情理氣書」, "夫農工商賈之流 雖謂之小人 未必爲惡也 雖不能以及人 亦無害於人也 若小人而居上位者 則其爲惡且無所不至 而其爲害有不可勝言矣."

80) 趙翼, 『浦渚集』 卷22 「讀栗谷與牛溪論心性情理氣書」, "夫士學以脩其德 惟循乎義理 而以天下之公爲心 德成而後命之以爵 而謂之君子 若民則不識義理 而爲農工商賈之業 各自爲其一身之計而已 不能以及人 故爲下而治人 而謂之小人 及夫學術不明 非獨農工商賈 雖居上而治人者 鮮復循義理而以公天下爲心 而只爲其一身之私而已 則是其位雖君子 其心實小人之心矣."

다. 조익은 요순이 천하를 다스린다고 해도 소인을 없게 할 수는 없으며, 요순이 마음을 다스린다고 해도 인심을 없게 할 수는 없다고 하였다. 그것이 있게 된 것은 하늘이 정한 것이기 때문이다. 따라서 요순이 한 일은 소인과 인심이 군자와 도심을 따르게 하는 것일 뿐이었다.[81] 이것은 소인과 인심의 존재를 그대로 인정하면서 올바른 방향으로 유도해야 한다는 주장이었다.

이것에는 理가 천하의 모든 사물들의 본질적인 근원자인 만큼 천하의 모든 사물에는 그 理가 깃들어 있으며, 따라서 소인과 인심도 그 나름의 고유한 이치를 가지고 있다는 생각이 전제되어 있었다.[82] 그것에는 조익이 분명하게 밝히지는 않았지만, 최유해가 우려하였고 장유가 말하였던 소이연의 이치라는 의미가 있었을 것으로 생각된다. 소인과 인심이 현실 속에서 엄연히 존재하는 것은, 그것이 비록 소당연한 일은 아닐지언정 소인과 인심을 존재하게 하는 소이연의 이치가 있기 때문이다. 조익은 그 소이연의 이치를 부정적으로만 보지 않았던 것이다. 그러한 이유로 조익에게 소인과 인심에 대한 대응은 제거와 억압이 아니라 배치와 조절의 문제가 될 수 있었다.

조익이 음과 양을 모두 태극의 결과물로서 보고 양자의 상호의존성

---

81) 趙翼,『浦渚集』卷22「讀栗谷與牛溪論心性情理氣書」, "噫 天之生物 各分陰陽 善惡貴賤 其分已定 使小人聽命於君子 何嘗有害 人心聽命於道心 亦初非有不善也 惟其得自主張用事而後爲害焉 爲不善焉 故雖堯舜之治天下 不能使無小人 惟能使小人聽命於君子而已 雖堯舜之治心 不能使無人心 惟能使人心聽命於道心而已 然則聖人所以治心與治天下 只是使陽常爲主 陰常聽命而已也."

82) 조익은 人心도 性의 소산이라고 하였다. 趙翼,『浦渚集』卷22「讀栗谷與牛溪論心性情理氣書」, "耳目口鼻四肢之欲 亦非自然而發者乎 旣自然而發 則謂人心不發於性 可乎 若不發於性 則當何從而發乎 如謂發於氣 則天下又豈有理外之氣哉 故孟子曰 耳之於聲也 目之於色也 口之於味也 鼻之於臭也 四肢之於安逸也 性也 朱子又謂鍾鼓苑囿遊觀之樂 與夫好勇好貨好色之心 皆天理之所有 然則前賢亦以人心爲發於性 明矣."

을 강조하고자 하였다면, 최유해에게서는 이러한 점을 찾아보기 힘들
었다.

> 太極이라는 것은 天地萬物의 지극한 이치의 근본이다. 人性의
> 一理가 곧 太極이라는 것에 비유될 수 있다. 대개 性이라는 것은 理
> 氣가 합해져서 생겨난 것이다. 그러므로 氣가 淸하고 理가 밝으면
> 善이 행하는 것을 그칠 수 없다. [그러나] 기가 탁하여서 理가 어두
> 워져 비록 지극히 악하게 될지라도 善念은 끝내 없어지지 않는다.
> 그러므로 瞽瞍 또한 진실됨이 있었고 象은 부끄러움이 있었다. 이
> 를 통하여 보면 性은 사람의 태극이 되어 사람으로 하여금 선을 행
> 하여 그치지 않게 하는 것을 또한 볼 수 있다. 그렇다면 사람의 성
> 은 대개 악이 없고 선이 있을 따름이다. 그러나 마음이 발동할 때에
> 는 善惡이 있게 되니 어찌 陰陽의 형상이 아니겠는가? 대개 음양의
> 用은 屈伸일 따름이다. 그러므로 善念은 발양하여 밝게 드러나 성
> 대하게 펼쳐지는 것으로 양의 형상이며, 악념은 억눌리고 부딪치고
> 가려져서 부끄럽게 굴종되는 것으로 음의 형상이다. 이것이 天이
> 사람이 아닌 적이 없었고 사람이 天이 아닌 적이 없었다고 말하는
> 것이다.[83]

최유해는 태극이라는 것은 천지만물의 지극한 이치의 근본이라고
하였다. 이 태극의 존재는 지극히 악한 자라도 그 선한 생각은 끝내 없
어지지 않는 것에서 확인할 수 있다. 瞽瞍와 象과 같은 악한 자도 또한

---

[83] 崔有海, 『嘿守堂集』 卷9 「太極圖說解」, "太極者 天地萬物至理之本 譬於人性之一
理 卽爲太極者也 盖性者合理氣而生之者也 故氣淸而理明則爲善不能已 氣濁理昧
雖至爲惡 然其善念則終不泯沒 故瞽亦允若 象有忸怩 由是而見則性爲人之太極 使
之爲善而不已者 亦可見也 然則人之性也 大槩無惡有善而已 然於心發之時 有善有
惡 則豈非陰陽之象耶 盖陰陽之用 屈伸而已 故善念則發揚昭著 沛然而伸 是則陽
之象也 惡念則消沮掩蔽 椒然而屈 是則陰之象也 此所謂天未嘗不爲人 人未嘗不
爲天者也."

선한 일면이 있었다. 이것은 性이라는 본원적인 차원에서 말한 것이다. 하지만 마음이 발동할 때에는 善도 있고 惡도 있게 된다. 이 善念과 惡念을 최유해는 陰陽의 형상이라고 생각하였다. 그는 앞서 성과는 구별되는 음양의 차원에서 논의를 전개하였다. 이것은 情의 영역이라고 할 수 있다. 그는 마음의 발동에 陰陽을 개입시켜서 伸 즉 기가 펼쳐지는 것은 善念과 陽으로, 屈 즉 기가 수축되고 굽혀지는 것은 惡念과 陰으로 생각하였다. 인용문 마지막 부분에서 "이것이 天이 사람이 아닌 적이 없었고 사람이 天이 아닌 적이 없었다고 말하는 것"이라고 한 것은 천의 음양에 사람의 선념·악념을 대응시키고자 한 의도에서 나왔다.

선을 양으로 악을 음으로 규정할 때, 자연히 음에는 억압과 제거의 의미가 내재되었다. 음에 악이라는 가치 판단이 강하게 부여되어 있기 때문이다. 이러할 경우 음과 양의 상호의존성을 강조한 조익과는 그 논의의 초점이 달라질 수밖에 없었다. 앞서 언급하였듯이 최유해에게 이는 소당연적인 의미를 가졌던 반면에 조익에게 이는 소이연적인 의미가 강하였다. 최유해가 단순한 자연현상일 수 있는 음양에 선악의 가치를 부여한 것은 이러한 소당연적인 의식, 즉 음은 나쁘고 양은 좋다는 의식이 개입된 것이었다. 반면에 조익에게는 이러한 점이 특별히 부각되지 않았다.

인용문에서 최유해는 性은 선하지만 心이 발하면서 음양이 나뉘고 선과 악도 나뉜다고 하였다. 이를 통해서 보면 사단 또한 性이 아닌 情의 영역이므로 그것의 선함이 확고히 보장되는 것이 아님을 추론해 볼 수 있다. 실제 그는 사단을 그 자체로 완성된 감정으로 보지 않았다. 칠정은 물론이고 사단 또한 다음과 같이 언제든 악에 빠져들 수 있는 것이었다.

대개 孟子의 소위 四端은 모두 善으로써 말한 것이니 性善의 道
를 밝힌 것으로 性情이 事爲에서 운용되는 것을 논한 것은 아니다.
만약 그 명목에 빠져서 시비를 논하지 않고 死罪를 지은 죄인을 측
은하게 생각하고 衣食의 나쁜 것을 羞惡한다면 성정은 어찌 점차
不善함으로 흐르지 않겠는가? 이 때문에 일에 직면하여서 性情을
깊이 살펴 한결같이 中和의 덕으로써 그 준칙을 삼아서 과불급의
차이가 있게 하지 않아야 곧 中和位育의 공을 얻게 될 것이다.[84]

최유해는 사단은 그 자체로 완성된 감정이 아니라고 생각하였다. 朱
熹(1130~1200)는 측은하게 생각해서는 안 되는 경우에 측은해하는 것
은 惡이라고 하여서 사단을 좀 더 세밀하게 검속해야 함을 말하였다.[85]
하지만 이이는 사단은 그 자체로 선하다고 말하여서 주희와는 차이를
보였다.[86] 최유해는 위에서처럼 사단은 情의 영역이므로 검속해야 한
다고 말하였다. 최유해는 사단에 있어서 이이보다 더욱 엄격한 입장을
견지하고자 한 것으로 볼 수 있다.

인심 문제와 관련해서도 이러한 엄격한 검속의 문제의식은 이어졌
다. 그는 인심을 인욕과 가까운 것으로 생각하려는 경향이 강하였다.

明一山人[崔有海]이 물어서 말하기를, "정자는 인심을 인욕으로
삼았고 도심을 천리로 삼았습니다. 주자는 초년에는 정자의 말을

---

84) 崔有海, 『嘿守堂集』 卷11 「治國如治病論」 "蓋孟子所謂四端皆以善言之者 發明性
    善之道也 非論性情之運用於事爲也 若滯其名目 不問是非 惻隱於死罪之人 羞惡
    於衣食之惡 則性情豈不漸流於不善乎 是以當事之時 深察性情 一以中和之德 爲
    其準則 而不使有過不及之差 則中和位育之功 得之於此矣."
85) 黎靖德 編, 『朱子語類』 卷97, 38항목, "惻隱是善 於不當惻隱處惻隱卽是惡 剛斷是
    善 於不當剛斷處剛斷卽是惡 雖是惡 然原頭若無這物事 卻如何做得 本皆天理 只
    是被人欲反了 故用之不善而爲惡耳."
86) 李珥, 『栗谷全書』 卷9 「答成浩原 壬申」, "四端則就七情中擇其善一邊而言也."

따랐습니다. 만년에는 인심은 인욕이 아니라고 하였습니다. 어떠한
것을 따라야하겠습니까?"하였다. 蓮峯[李基卨]이 말하기를, "정자의
말이 간편합니다. 그러나 주자가 만년에 말한 것은『中庸』의 序와 같
은 것이 가장 좋습니다."하였다. 산인이 말하기를, "이것은 곧 그러합
니다. 제가 생각하기에는 天理의 發은 四海를 지키기에 족하니 어찌
미미하겠습니까? 人欲의 가운데에서 발하여서 미미하게 된 것에 불
과할 따름입니다. 대개 무례하게 주는 음식을 먹고자 할 때에는 수치
의 마음이 반드시 있게 되니 이것은 정자가 말한 가슴 가운데에서 두
사람이 있게 된다는 것입니다. 그러나 먹고자 하는 마음이 熾盛한 까
닭에 수치의 마음은 미미할 따름입니다. 진실로 이때에 精辨 두 가지
의 기미가 천리를 주로 한다면 인욕은 자연히 소멸됩니다. 마치 仁이
不仁을 이기는 것과 같습니다. 만약 形氣의 私를 위태한 것이라고 여
긴다면 굶주리면 음식을 생각하고 목마르면 마실 것을 생각하는 것
과 같은 것인데, 만약 不義에 생각이 미치지 않는다면 어찌 한 터럭
의 위태한 것이 있겠습니까? 반드시 마땅히 않는 일에 생각이 미치지
만, 또한 구체적인 일에는 아직 보이지 않는 것입니다. 이것은 탐욕
에 빠지고자 하면서도 아직 빠지지 않은 사이에 있는 것이니 이 때문
에 위태로운 것이라고 말한 것입니다."고 하였다.[87]

최유해는 도심이 미미하고 인심이 위태한 것은 인욕이 강하게 개입
될 수 있기 때문으로 생각하였다. 배고픔과 목마름과 같은 인심이 생
겨날 때에는 당연히 음식과 물을 생각하게 되는데 그때 의를 생각하지

---

[87] 崔有海, 『嘿守堂集』 卷10 「經義問答」, "明一山人問曰 程子以人心爲人欲 以道心
爲天理 朱子初年從程說也 晚年曰人心非人欲也 何者可從耶 蓮峯曰程語簡便矣
然朱子晚年所言 如中庸序最好矣 山人曰是則然矣 愚意則以爲天理之發 足以保四
海 則豈是微耶 不過發於人欲之中 故乃爲微耳 盖如欲嗟來之食也 必有羞恥之
心 此程子所謂胷中如有二人者也 然欲食之心熾盛 故羞恥之心乃微耳 苟於此時
精辨二者之幾 主於天理則人欲自然滅矣 如仁之勝不仁是也 若以形氣之私爲危 則
如飢思食渴思飮也 若不念及於不義 則豈有一毫之危耶 必有所念及於不宜之事 亦
未見於事也 此乃欲墜未墜之間也 故謂之危也."

않으면 곧바로 인욕에 빠져 위태하게 되는 것이다. 그러한 점에서 보면, 그는 대체로 욕망을 부정적인 관점에서 보았다고 생각된다. 그가 耳目四肢의 욕망은 없을 수 없는 것임을 인정하면서도 그것이 갖는 위험성을 상세히 열거한 것은 이러한 부정적인 측면에 주목한 결과였다.[88] 그에게 인심은 인욕에 빠지기 쉬운 위태한 것이었다. 이러한 견해는 조익이 인심이 갖는 나름의 역할에 주목한 것과는 맥락이 달랐다. 조익이 인심을 천성의 영역에서 생각하였다면, 최유해는 인심을 형기의 영역에서 더 많이 생각하였다.[89]

이 인심과 인욕 문제와 관련하여 그는 인욕도 천리에서 말미암은 것이 아니냐는 질문을 받았다.[90] 인욕도 천리에서 말미암은 것이 아니냐는 것은 주자의 말에서 연유한 것으로[91] 악 또한 이치라는 앞서 논의와 관련이 있으며, 나아가 善惡 모두 天理라는 程子의 논의와도 깊은 관련성이 있었다.[92] 아마도 이 질문의 의도는 인욕 또한 천리의 영역에서 인정할 수 있는 것이 아니냐는 물음이었다. 인욕 또한 천리로부

---

[88] 崔有海,『嘿守堂集』卷9「太極圖說解」, "凡天下之惡 莫非出於欲 耳目四支之欲 雖不可無 若有求之欲則忘其身 有悅人之欲則失其性 有傲官之欲則喪其心 有名利之欲則善不成 隨其欲之萌而克之以義 養之以敬 則漸至無欲而聖可學矣."

[89] 崔有海,『嘿守堂集』卷15「與韓士仰論心性情書」, "栗谷先生所謂人心道心 皆發於性 而爲氣所掩者爲人心 不爲氣所掩者爲道心云者 非謂人心不出於形氣也 盖如人心雖生於形氣 而純乎天理之正者道心也 當衣而衣當食而食是也 道心雖原於性命 而徇乎物欲之私者人心也 釣名之孝沽直之忠是也 栗谷平日之論 每以性情皆歸之於氣發 獨於此乃以爲氣所掩爲人心言之 實是直見義理之本體者 恐無碍理之疵也."

[90] 崔有海,『嘿守堂集』卷11「治國如治病論」, "客曰人欲之發 抑因天理而出耶."

[91] 李滉,『退溪集』卷17「答友人論學書 今奉寄明彦」, "朱子曰 此問最緊要 人欲云者 正天理之反耳 謂因天理而有人欲則可 謂人欲亦是天理則不可 蓋天理中本無人欲 惟其流之有差 遂生出人欲來 程子謂善惡皆天理 朱子本註 此句若甚可駭 謂之惡者本非惡 本註 此句都轉了 但過與不及便如此 本註 自何而有此人欲之問 此句答了 所引惡亦不可不謂之性 意亦如此 以上 朱子說."

[92] 『二程遺書』卷二上, "天下善惡皆天理 謂之惡者非本惡 但或過不及便如此 如楊墨之類"

터 비롯된 것이라면 너무 부정적인 측면, 즉 제거와 억압으로만 규정할
수 있겠는가라는 물음이었다. 여기에는 인욕을 그 자체로 어느 정도
용인해야 한다는 의도가 담겨 있었다.

이 질문에 대해서 그는 인욕의 당연한 것은 천리이겠지만 부당연한
것은 氣의 用事라는 점을 분명히 하였다.[93] 인욕이 理와 性의 원리원
칙에 부합할 때에만 그것이 갖는 도덕적인 성격을 인정할 수 있다는
주장이었다. 앞서 언급하였듯이 그에게 理와 性은 소당연적인 것이었
다. 이와 관련하여 최유해는 性과 心의 관계를 논하면서 심은 성을 지
표로 삼아야만 한다고 말하였다. 만약 심을 우위에 놓고 성을 아래에
놓을 경우, 심은 방종하게 되고 금수의 영역에 빠져들게 될 것임을 경
고하였다.[94] 그러한 점에서 그의 理와 性 강조는 교조적인 원리원칙을
강화한다는 의미를 담고 있었다고 이해할 수 있다. 사단과 인심을 검
속하고자 했던 그의 문제의식 또한 여기에 있었다.

요컨대, 조익은 인심과 도심을 상호의존적인 관계로 보았으며, 인심
을 부정적인 것으로만 파악하지 않았다. 오히려 인간 생활을 영위하는
데 인심은 필수 불가결한 것이었다. 여기에는 그가 가졌던 상호의존적
인 음양관이 많은 영향을 끼쳤다. 그에게 도심은 양이었으며 인심은

---

93) 崔有海, 『嘿守堂集』 卷11 「治國如治病論」, "主人曰人欲之當然者天理也 人欲之不
當然者 乃氣之用事而失正者 不可謂天理之用也 盖天理人欲 相爲消長 有若陰陽
進退之機 旣能淸心 知其是非之辨 則人欲之萌 眞知不善之必然 自當退却而制伏
矣 天理之發 亦知至善之當爲 終必擴充而體行矣 二者之機 日夜交戰於胷中 必須
知之明而行之篤 終不以天理爲人欲之所掩矣."
94) 崔有海, 『嘿守堂集』 卷15 「與韓士仰論心性情書」, "盖以心性情並言 則性是心之體
也 情是心之用也 心實宰乎性情之中 豈謂以心治其性情哉 以心觀心之說 朱子非
之 豈有心不待義理之正 而虛靈知覺之妙 能撿性情之本然哉 性者理也 心者載此
理而妙用者也 人之所以求其放心正其本心約其情者 莫非主於理也 若曰率性而治心
則可也 今以爲心統性情 而任其心之發用 則將必至於違禽獸不遠之歸 不亦害理之
甚者耶."

음이었다. 그러할 때 인심은 제거와 억압의 대상이라기보다는 배치와 조절의 대상이 되었다. 반면에 최유해는 음과 양을 각각 악과 선에 대응시켰다. 그는 음과 양에 도덕적 가치를 부여하여 대립적으로 파악하였고, 그러한 점에서 그의 음양 인식은 조익과 같은 상호의존적 관계와는 거리가 있었다. 이러한 사유를 배경으로 그는 인심 또한 인욕으로 발전할 수 있는 위험한 것으로 생각하였다. 그에게 인심은 음과 악처럼 제거와 억압의 대상으로서의 측면을 상당 부분 가졌다.

4. 경세학적 맥락과 의미

西人들은 反正으로 정권을 잡은 입장에서 신속히 국가의 위상을 재정립하고자 하였지만, 국내외 상황은 녹록하지 않았다. 어떻게 현실을 파악하고 국가를 재조직할 것인지에 대한 문제는 그들의 사상과 경세학의 모든 역량이 총동원되어야 하는 것이었다. 앞서 언급하였듯이 이 시기 경세론은 크게 두 가지 방안으로 재편되었다고 생각된다. 첫째는 다소 강압적이라고 할지라도 국가와 사회의 기강을 엄히 정립하는 것이었다. 둘째는 임진왜란과 각종 재변으로 인하여 지쳐있는 백성들을 휴식하게 하면서 가능한 한 그들을 동요시키지 않는 방향에서 온건한 경세론의 틀을 짜는 것이었다.

조익과 최유해는 이 두 가지 경세론의 방향을 잘 보여주었다. 조익과 최유해는 앞서 살펴본 이기론과 인심도심 문제만큼이나 경세론의 기조에서도 차이를 보였다. 그 경세론의 차이는 그들의 이기론·인심도심론과 궤를 같이하면서 전개되었다. 당시 민생과 관련한 경세학의 중요한 현안들은 號牌制, 貢案 개정을 포함한 大同法 등이었다.[95] 이에

대해서 그들이 각각 어떠한 논의를 펼쳤는지를 통해서 앞서 그들이 제
시한 이기론, 인심도심론과의 관련성을 유추해 볼 수 있다.

　우선 조익은 국가가 백성들에게 강압적인 인상을 줄 수 있는 정책에
대해서 반대하는 입장을 가졌다. 전란으로 피폐해진 상황에서 일단 백
성들을 편안하고 쉬게 해야 한다는 것이었다.[96] 이것은 고정된 원리원
칙에 입각하기보다는 현실적인 대안을 찾는다는 의미를 가졌다.[97] 여
기에는 사상적으로 볼 때, 모든 현상은 이미 理의 구현이라는 낙관적인
믿음이 전제되어 있었다고 생각된다. 그러한 이유로 그는 任土作貢이
라는 유학자들이 생각하는 이상적인 세제방법 대신에[98] 大同法과 같

---

95) 이 시기 호패법에 대해서는 정우택, 『光海君代 政治論의 分化와 改革 政策』, 경희대
　　학교학위논문(박사), 2009, 99~105쪽; 김진실, 『광해군 대 '弊政'에 대한 재검토: 재정
　　문제 타개책을 중심으로』, 경희대학교학위논문(석사), 2016, 40~44쪽; 소진형, 「인조
　　의 호패법 시행과정을 통해 본 권력의 정당성문제와 그 한계」, 『한국동양정치사상
　　사연구』 17-1, 2018; 이상, 『仁祖代 鄭經世의 經世論 研究』, 성균관대학교학위논문
　　(석사), 2019, 18~31쪽 참조. 대동법 관련 기존 연구들에 대해서는 이정철, 『대동법:
　　조선 최고의 개혁』, 역사비평사, 2010, 24~29쪽에서 서술된 기존 연구성과들을 참조
　　할 수 있으며, 대동법의 역사와 내용에 대해서는 같은 책을 참조할 수 있다.
96) 조익의 안민론이 利用·厚生에서 시작하는 것(강문식, 「趙翼의 『書經』 인식과
　　『書經淺說』의 특징」, 『한국문화』 47, 2009, 40~43쪽), 그리고 조익이 통치에 있어
　　서 백성들과 好惡를 같이하는 것을 중시하고 處財와 用人을 絜矩의 가장 중요한
　　것으로 제시한 것(강문식, 「趙翼의 『大學』 연구와 『大學困得』의 특징」, 『조선시
　　대사학보』 49, 2009, 123~124쪽), 그가 안민에 입각한 제도론을 모색한 것(배우성,
　　앞의 책(2003), 314~317쪽) 또한 이러한 맥락에서 이해할 수 있다.
97) 김준태는 이것을 권도론으로 인식하였다(김준태, 앞의 논문(2017), 125~129쪽).
　　본 글 또한 그러한 점에 동의한다. 단, 조익이 그러한 권도적인 입장을 가졌던
　　것에는 본 글에서 제시하였듯이 모든 현상은 이미 理의 구현이라는 낙관적인 믿
　　음이 중요하게 작용하였다고 생각된다. 이것은 李獻慶(1719~1791)의 경우에서도
　　그 흡사한 사례를 찾아볼 수 있다(조성산, 앞의 논문(2021), 157~161쪽).
98) 유학의 任土作貢이 갖는 경학적·정치적 중요성과 의미에 대해서는 와타나베 신
　　이치로 지음, 임대희·문정희 옮김, 『천공의 옥좌』, 신서원, 2002, 194~195쪽; 유
　　영옥, 「조선시대 『尚書』 「禹貢」 이해의 정치경제적 시각」, 『동양한문학연구』 37,
　　2013, 132쪽, 134쪽, 144쪽 참조.

은 현실적인 대안을 제시할 수 있었다.99) 그가 생각하기에, 임토작공뿐
만 아니라 대동법에도 나름의 정당한 이치는 존재하는 것이었다.

특히 호패법에 대한 조익의 입장은 인심에 대한 그의 독특한 이해가
어떻게 경세론에 영향을 끼쳤는가를 잘 보여주었다. 조익은 호패법이
민심을 동요시킬 수 있다는 이유로 반대하였다.100) 조익은 호패법의
좋은 의도를 충분히 알고 있었지만, 현실적으로 이것은 많은 소요를 일
으키고 있음에 대해서 우려하였다.101) 조익은 다음과 같이 말하였다.

　　孔子께서 "믿게 한 후에 백성들을 부려야 하니, 아직 믿게 하지
　　못하였다면 [백성들은] 자신들을 학대한다고 여길 것이다"라고 말씀
　　하셨습니다. 성인의 말씀을 어찌 믿지 않을 수 있겠습니까! 지금 백
　　성들이 처음 끓는 물과 타는 불과 같은 상황을 겪어 신음하면서 아
　　직 안정되지 못하고 있으니, 진실로 [이들을] 위로하고 쉬게 하면서
　　소생하기를 기다리는 것이 마땅합니다. 어찌 갑자기 엄밀한 법을
　　행하여서 그들로 하여금 놀라 흩어지게 하고 곤란하게 하여 그 마
　　음을 떠나가게 함이 합당하겠습니까?102)

---

99) 대동법은 성인이 정한 임토작공에는 분명히 어긋난 것이었지만 실생활에 편리한
　　제도라는 인식은 당시에도 있었다.『顯宗實錄』卷21, 14年 12月 18日(癸丑), "史
　　臣曰 大同之法 雖非先王任土作貢之意 然後世便民足國之政 無善於此."(유영옥,
　　앞의 논문(2013), 143쪽 각주 95) 참조).
100) 趙翼,『浦渚集』卷14「請號牌斬罪減律啓辭」; 조남권, 앞의 논문(1998), 23~24쪽.
101) 趙翼,『浦渚集』卷2「因求言論時事疏」, "至於號牌之法則臣竊疑之 夫此法之行 本
　　欲充逃故之闕 除族隣之侵 是亦所以祛弊而救民也 其意豈不善哉 然近見人自外
　　方來者 皆言以號牌之故 民間極擾 怨讟盈路 愚頑之民 不呈單子 移去者極多 雖
　　其呈單子者 率多僞冒 臣竊以爲可慮也 臣請詳論號牌得失也."
102) 趙翼,『浦渚集』卷2「因求言論時事疏」, "孔子曰 信而後勞其民 未信則以爲厲己也
　　聖人之言 豈不信哉 今者生民新經湯火 呻吟未定 正宜撫慰休息 待其蘇醒 豈合遽
　　行密法 使之驚散困迫 以離其心."

　조익은 백성들이 전란을 겪은 지 얼마 되지 않았으니 이들을 일단 쉬게 해야 한다고 생각하였다. 어려운 상황에 처해 있는 백성들에게 엄한 법제를 시행한다면 그들은 그 일의 정당성 여부를 떠나 국가와 정부에 반감을 갖게 될 것이라는 판단에서였다. 같은 이유로 그는 호패법을 통하여 백성들의 거주 이전을 막으려는 정책에도 반대하였다. 이것은 그가 생각하기에 인심에 위배되는 것이었다. 백성들은 원래 한 곳에 정착하기를 좋아하는 존재들인데, 그들이 옮겨가는 것은 곤란함이 심하기 때문이라는 설명이었다.[103] 무작정 엄밀한 법에 따라서 통제하기보다는 그들의 인심을 먼저 헤아려야 한다는 주장이었다.

　앞서 살펴보았듯이 조익은 인심을 부정적으로만 보지 않았다. 오히려 그는 인심을 인간이 현실적인 삶을 영위하는 데 없어서는 안 되는 구성요소라고 생각하였다. 그는 이러한 점을 인지하고 있었기 때문에 백성들이 자신의 이익을 위하여 행동하는 것을 부정적으로만 생각하지 않았던 듯하다. 그는 일반 백성들의 인심을 긍정한 위에서 그들의 인심 동요를 최대한 막고자 하는 경세 정책을 구상하고자 하였다. 그는 국가와 인심의 상호의존적인 관계를 다음과 같이 말하였다.

　　옛사람들은 인심을 국가에 있어서 물고기에 물이 있는 것, 등불에 기름이 있는 것, 나무에 뿌리가 있는 것에 비유하였습니다. 물고

---

103) 趙翼, 『浦渚集』 卷2 「因求言論時事疏」, "臣請詳論號牌得失也 夫號牌 本古所未有 至皇朝始有之 然只朝官佩之 庶民則不佩也 今之號牌 與皇朝異 所以括民數使不得漏 而又使不得任意移徙也 夫括出無遺 則民皆定役 無不役者矣 不得移徙 則定役者無逃避之路矣 此號牌之利也 然其括民無漏則可也 使不得移徙則不可也 夫民之爲性 莫不喜安居而苦羈旅 使得安於田里 生業有恒 更無所苦 則必不捨而移去矣 其去者 必其生業已盡 困苦不堪者也 故王者之治 只要保存其民 使無所苦 則自不移去矣 未聞設法以禁亡者也 蓋民苟被苦 至不可堪 則唯有流亡 乃是生道 旣不能使民不至於此極 而又禁之使不得去 則是殺之而已 豈仁人之所忍哉."

기는 물이 없으면 죽고 등불은 기름이 없으면 소멸되고 나무는 뿌
리가 없으면 고사되는 것처럼 국가도 인심을 잃으면 위태로워지니,
이 비유는 진실로 切近한 것입니다.[104]

조익은 국가와 인심의 관계를 물고기와 물, 등불과 기름, 나무와 뿌
리에 비유하였다. 국가는 인심을 잃어버리게 되면 곧바로 위태로워진
다는 것이다. 이것은 앞서 살펴본 도심과 인심의 상호의존 관계와 비견
될 수 있었다. 이를 통하여 그가 얼마나 인심을 중요하게 생각하였음을
알 수 있다. 그에게 인심은 섬세하게 조절해야 하는 대상이었다.[105]
인심에 기초해서 경세 정책을 생각하는 사유의 방식은 毛文龍(1579~
1629) 軍에 대한 그의 입장에서도 잘 보였다. 그는 모문룡의 군대를 천
하의 백성은 모두 우리 형제라고 하는 동포애로써 도와야 한다고 생각
하였다.[106] 조익이 생각하기에, 그들이 반란을 일으키려는 것은 그들
의 호전성 때문이 아니라 굶주림에서 비롯된 인심 때문이었다.

대저 毛兵이 장차 변란을 일으킬 것이라고 [제가] 두려워한 이유
는 그들이 변란을 일으키는 것을 좋아한다고 생각해서가 아니라,

---

104) 趙翼, 『浦渚集』 卷14 「請號牌斬罪減律啓辭」, "古人以人心之於國家 譬魚之有水
燈之有油 木之有根 魚無水則死 燈無油則滅 木無根則枯 國家失人心則危 此譬喻
誠爲切近也."

105) 사실 여기에서 인심은 민심으로 이해될 수 있을 것이다. 하지만 조익이 민심이
아닌 인심으로 서술한 이유는 일반 민인들의 마음이 갖는 세속성에 주목하면서
이를 무시하지 않고 면밀히 살펴야 한다는 의식을 담고자 했기 때문이 아닌가
생각된다.

106) 趙翼, 『浦渚集』 卷3 「論西邊事宜疏(再疏)」, "夫民者同胞 以天地大父母觀之 則凡
天下之民 皆吾兄弟也 故仁人之心 以天地萬物爲一體也 況人君爲父母宗子 代天
而理物 則尤當以此存心也 今者天朝數十萬赤子 皆將死於吾土地 使此人衆初不
在我境 則其死生存亡 勢所不及 旣在吾地 豈可坐視其死 而不爲之救哉 今有可救
之道 而不爲之使之死 則豈仁人之心哉."

[그들이] 양식이 고갈될 상황에 닥친 것에서 비롯되었습니다. 만약 양식이 부족하지 않다면 무엇 때문에 [그들이] 변란을 일으키는 데에까지 이르겠습니까!107)

조익은 모문룡 수하의 병사들을 조선 내지로 이동시킴으로써 수십만의 목숨을 구하고 명나라 神宗(재위 1572~1620) 황제의 은덕을 갚고 중국 조정에 신임을 얻고 천하에 인자하다는 명성을 드러내고 모문룡 군에게 식량을 수송하는 수고로움도 줄이고 관서지방의 백성들도 보존할 수 있을 것이라고 전망하였다.108) 모문룡 군을 내지로 이동시키는 정책에 대해서 우려하는 이들에게 조익은 수나라가 고구려를 침범할 때 온 병사들의 후손들이 兩西 지역에 많이 살고 있지만 이들 가운데 반란을 일으킨 이들은 없다고 하였다.109) 이것은 그가 가졌던 모문룡 군에 대한 낙관적이고 온건한 인식을 보여주었다. 이러한 인식은 그의 경세학에 인심에 대한 이해가 얼마나 깊이 관여하고 있었는지를 보여주었다.

---

107) 趙翼, 『浦渚集』 卷3 「論西邊事宜疏(再疏)」, "夫毛兵所以懼將爲變者 非謂其樂於爲亂也 由其迫於糧盡也 使其糧餉不乏 何故至於爲亂乎."

108) 趙翼, 『浦渚集』 卷3 「論西邊事宜疏(再疏)」, "救濟此道之計 亦無如移遼民也 故臣竊以爲此一計 非但紓目下危急之患 可以活數十萬人命 可以報神宗皇帝再造之恩 可以取信於天朝而仁聞著於天下 可以省國中聚斂轉輸之弊 可以保存關西一道之民 一擧而衆利附如此 且我國所以害毛將在我地者 以供給之難及平安一道不可支爾 若減其衆 供給稍省 西民得安 則雖在我境 亦何害焉 夫遼事之平 不可易期 毛營移陣 亦不可必 若久在吾境而不減其衆 則其爲弊決不可支 故莫如因此飢饉 爲分其衆內移之計也."

109) 趙翼, 『浦渚集』 卷3 「論西邊事宜疏(再疏)」, "臣曾見前史 唐初使臣來我國 隨時戰敗 軍兵留在我國者甚多 見唐使 處處慟哭 臣竊計今兩西之民 多是隋兵子孫也 然未聞隋人聚而作亂也 蓋中國之人 其性溫順 不似胡虜獷獷 臣聞關西之民往往役使遼民 皆甚恭謹 其力役之勤 過於本土之人 多願爲奴僕 而我國人不許云 其情極可憐也 豈可使此人盡爲餓死哉 今向化雜處內地久矣 未聞爲變 豈慮漢人之爲變哉."

한편, 앞서 살펴보았듯이 최유해는 이기론과 인심 논의에 있어서 두 가지 특징을 보여주었다. 첫째 그는 이기론에서는 理의 소당연적인 의미를 강조하였고, 둘째 인심 논의에서는 인욕으로서의 특성을 부각시켰다. 최유해는 경세론에서도 이러한 특성들을 잘 보여주었다. 최유해는 경세론에 많은 의욕을 보였고, 그의 경세론은 「公州牧使時萬言疏」(『嘿守堂集』 卷4),「治國如治病論」(『嘿守堂集』 卷11) 등에 집약되어 있다.[110] 理의 소당연성과 인심, 인욕의 상관성 문제에 대한 고민은 그의 경세론의 방향성을 시사하였다.

아래에서 살펴볼 수 있듯이 최유해에게 주목되는 것은, 마땅히 도달해야 하는 즉 소당연한 목적을 위하여 수단과 방법의 정당성은 다소 부차적인 문제로 인식되었다는 점이다. 이것은 마땅히 이루어야 하는 목적을 완수하는 것이 가장 우선이라는 생각으로 이해할 수 있다. 사실 이점은 그가 理를 소당연한 이치로 인식한 것과 관련성이 깊다. 악의 진정한 이치는 악이 존재하는 소이연의 이치가 아니라 악을 제거해야 한다는 소당연한 이치라고 말한 것은 그가 생각한 소당연한 목적의식을 잘 말해 준다.[111] 그에게 이치는 마땅히 그러해야 한다는 소당연의 목적의식을 본질적으로 가지고 있었다. 그러한 점에서 볼 때, 그에게 경세 정책 또한 소당연한 이치와 목적을 가졌다. 소당연한 이치를 마땅히 그리고 분명하게 현실에서 구현해내야 할 때, 수단과 방법의 정당성에 대한 고민은 그 소당연한 목적, 즉 경세 정책이 내건 대국적인 목적에 압도당하는 듯한 모습을 가졌다.

최유해의 경세 정책은 두 가지 방향으로 전개되었다. 첫째는 자신이

---

110) 최석기, 앞의 논문(2004a), 154~155쪽 참조.
111) 각주 29) 참조.

생각하는 소당연한 목적을 위하여 권도적이고 현실적인 방법을 동원하는 것이었다. 첫째 권도적인 방법을 사용한 것을 보면 다음과 같다. 최유해는 銅錢의 유통을 위해서라면 첫째 防納의 폐해를 금지하지 말아야 하며, 둘째 중국으로부터 동전을 많이 가져와야 한다고 하였다. 그는 동전으로 세금을 많이 납부하는 자에게는 空名告身을 발급하고, 死罪 이외의 죄를 지은 자는 동전으로 代贖하게 하고, 방납의 폐해를 금지하지 않아서 동전의 소중함을 알게 해야 한다고 하였다. 이것은 동전의 활용이라는 목적을 위해서 방납의 폐해를 금지하지 않거나 중국으로부터 동전을 들여오는 등과 같은 다소 무리한 방법들 또한 정당화될 수 있었음을 의미하였다.112) 둘째 현실적인 방안을 강구한 것을 보면 다음과 같다. 최유해는 周나라의 井田制를 통한 병농일치에 대해서 인지하고 있었지만, 이것은 조선의 현실에서는 어렵다고 판단하고서 병농분리를 통한 農業과 武業의 분업화를 생각하였다. 이러한 이유로 그는 田結에서 군인들을 동원하는 것에 대해서 반대하였다.113)

---

112) 崔有海,『嘿守堂集』卷4「公州牧使時萬言疏」乙亥年○凡二十七條, "問 錢幣流行 肇於太昊 天下至今遵行 而我國尙不能大用 今雖設局 市民極以爲苦 何以則可得 通行而無弊耶 臣答曰 我國地方不過數千里 民産不過米布 乃天下至貧之國也 以 米與布私相交易 自有各得其用之便 以錢出令 民不爲貴者 固其必至之勢也 今欲 爲流通之計 則必有二道焉 盖一以不禁防納之弊 一以奏聞天朝 貿得中國之錢然 後 可爲久遠無弊之規也 盖外方之民 不知用錢之爲重者 實無用錢之處也 若於各 官或以錢多納者 除給空名告身 以爲發身之地 雜犯死罪以下 以錢納贖 以爲免罪 之資 則民之見錢者 皆以爲莫重之奇貨 富者得以多蓄 貧者得以貿遷 而田稅貢物 之價 雖以錢定價 當初行錢之時 或有謀利之徒 私爲防納 亦不嚴禁然後 民間習熟 聞見 漸知錢利之爲重矣."

113) 崔有海,『嘿守堂集』卷11「治國如治病論」, "主人曰近來百役蝟興 民不堪命 散之 四方者 十常八九 此時雖欲調兵運糧 有如緣木而求魚 萬無策應之理 爲今之計 莫 如減省民役 改正田結 使生民知有安土重遷之樂 然後民知産業之爲重 不敢舍去 以之抄兵 自然得其實效矣 今者或有田結出兵之議 而朝廷時方講究 非愚下之人 所敢容議 然以事理言之 則耕者安居以出糧 行者執銳以就死 相與維持 不至於失 其根本 今若以田結出兵 則農夫盡爲執戟之人 田野陳荒 而避兵之類 進無所資

둘째는 엄격한 事目 제정과 法 적용을 통하여 소당연한 목적을 이루
는 방법으로도 나타났다. 그는 뽕나무를 심게 하기 위하여 여기에 참
여하지 않는 자는 엄한 형벌을 가해야 한다고 말하였다.[114] 또한 최유
해는 國役 확보를 위하여 승려에 대해서 엄하게 관리할 것을 촉구하였
는데,[115] 이점은 승려의 양인화 문제에 대해서 점진적이고 온건한 입
장을 보였던 조익과는 구분되는 것이었다.[116] 조익은 국가가 승려들을
양인화 하기 위해서 너무 엄하게 정책을 추진해서는 안 된다고 생각하
였다.[117] 특히 최유해의 호패법 인식은 조익과 많은 차이점을 보여주

退無所歸 必相聚爲盜 是非徒不能抄兵 將有危急之機 此事之決不可行者也 至於
周制則異於是 盖井田旣廣 出兵甚少 故民不知苦 自有保存之勢 而我國則田結之
數極少 所得之穀不敷 而驅入於死地 則其去田土若脫屣然 此事勢之古今不同者
也 未知朝廷終何以量處也."

[114] 崔有海,『嘿守堂集』卷11「治國如治病論」, "主人曰木花固有宜土不宜土之異 桑
則豈有南北之別哉 特以西北曾有巡察使勸課樹桑之故 家家有桑 人人衣帛 今於
八道 嚴立約束 人家皆種百株之桑 無桑之人則杖八十決罪後 別收贖布 每年二三
月 令守令檢飭各面里正 使之勤於農桑 田野盡闢 桑柘成林與否 亦爲守令褒貶之
目可也."

[115] 崔有海,『嘿守堂集』卷11「治國如治病論」, "主人曰國無法令 民之渙散久矣 一作
號牌之後 人皆各有定役 人必不敢逃匿山林 然自今以後 嚴立事目 爲僧者盡給度
牒 有病之人則許之 良人則不許 而無牒之僧則各道關津 並爲譏察 一一繩以重法
人必不敢任意爲僧 而爲僧之後 亦不敢任意自行矣 前日營建之時 各道僧軍逐年
上番 僧之怨苦極矣 若使編伍爲軍 亦有轉作盜賊之弊 今於各道之僧 年年各收木
一匹 以補軍資 則僧雖艱食於山林 自有易得之路 不如前時應役之苦 而補國之用
不勞有裕矣 然此則姑待國事稍定之日 督餉司專管收布 以備不時之需可也 非今
日之可行者也."

[116] 趙翼,『浦渚集』卷13「變通軍政擬上箚」, "且今之已爲僧者極多 此亦可變而爲俗
也 彼爲僧者 非誠心向佛也 皆是避軍役者也 今若許納米三石則還俗 勿定軍役 則
必皆樂而從之矣."

[117] 趙翼,『浦渚集』『浦渚年譜』卷1, 己丑, 先生 71세 12월, "至是又有僧人收布之令
已爲僧者徵細布五疋 始爲僧納二十五疋 而給度牒 村巷場市 無度牒者皆禁之 事
目嚴急 僧徒大騷 先生在道聞之 馳啓言其不便 命寢其令."; 조남권, 앞의 논문
(1998), 22쪽.

었다. 최유해는 조익과 달리 호패법 시행에 대해서 적극적이었다. 그는 호패법을 시행하지 않으면 백성들의 逃散을 막을 수 없을 것이라고 판단하고서118) 엄한 법으로 일반 백성들의 流民化를 막으려고 하였다.119) 최유해가 관료들 상호 간의 감찰 기능과 어사 제도 등을 재정비하고자 한 것도 이와 같은 엄격한 법 제정의 문제와 연결될 수 있었다.120) 그는 강력한 상호 감시를 통한 적극적인 제도개혁을 도모하였다. 그는 京在所 복립에 찬성하였는데, 경재소가 수령을 감시하는 등 통치의 보조기구로 활용될 수 있다고 생각하였기 때문이다.121)

118) 崔有海, 『嘿守堂集』 卷11 「治國如治病論」, "客曰號牌之法 今將大擧施行 未知外方亦無騷擾之端耶 主人曰處之得宜 則民不擾而大定 處之失宜則事不成而徒紛擾 盖民役極重之時 旣無流散之禁 是國家驅民而使之逃也 況一人逃亡之後 侵及於一族切隣 輾轉害及 因至於一村之空者比比有之 若無號牌之法 則國事無一着手處 況此朝夕待變之時 抄發精兵 將何以成形耶."

119) 崔有海, 『嘿守堂集』 卷11 「治國如治病論」, "至於流民避役之人 去家逃避 或一年居住 卽爲移接他官 或投屬土豪 安居免役 此軍額之日縮 兵政之日踈者也 今雖爲號牌 若不嚴流徙之律 徒有騷擾之端 無益於實效矣 今須別立事目 各里有司等 密察流民之來接者 沒數記名 記名之後 若有他處移來之人止接者 卽告本官捉來 推閱元居之處 身役之有無 一一查得實狀."

120) 崔有海, 『嘿守堂集』 卷11 「治國如治病論」, "客曰中朝六部皆有科官 十三道皆有御史 此事亦可行於我國邪 主人曰此乃中朝新設之制 而維持國綱之大事 豈不盛哉 我國則六曹堂上郎廳恣行私事 只爲判斷於本司之中 外人不知其是非 此國事之日非者也 今不可別設科官如中朝之制 而監察盡以文官中可爲臺諫者差下 三司大臣合坐圈點 抄擇而擬之 六曹各定送一人 本曹文書 一一按覈 其中政事之不均者 公物之私用者 判書以下隨現論啓 則實如中朝之制 而六曹自有栗然生風之道矣 至於各道 或送巡按御史 或送暗行御史 糾察道內之事 而勾管未久 復命之後 舊弊還存 貪者更肆 無益於生民 若使弘文館官員定爲八道御史 各道之事 在京糾察 監司以下隨聞劾罷 則自有革弊蘇殘之道 事多便益矣."

121) 崔有海, 『嘿守堂集』 卷11 「治國如治病論」, "客曰京在所廢之已久 今有復立之議 此亦有益於國事者耶 主人曰俺於當初疑有貽弊之端 今更思之 可爲國家之良法也 盖外方之事 旣無在京統領之官 而守令之賢否 生民之休戚 無路詳知 只因風聞以爲論啓 多有失實之弊矣 守令徵斂之害 甚於猛虎 而非有家傳戶喩之事也 只以使關發牌子 督納於各里 而遲速收納之際 亦有闕布多少之所捧而已 牌子之善惡 徵闕之多寡 旣無啓知朝廷之路 故守令恣行昏墨 此國法之未備者也 今則別立京在所

주자 성리학이 고유하게 갖는 개인 내면의 도덕적 자발성보다는 외부의 법제와 상호 감시를 택하였던 것은 인조정권의 원활한 운영이라는, 그가 생각하는 선한 목적이 가장 우선적이었기 때문이었다. 최유해는 국가의 기강을 바로 잡기 위해서 엄한 사목을 정하고 이를 관철시켜 나가야 한다고 생각하였다. 이것은 조익이 선택한 온건한 방식과는 구별되었다. 여기에는 인심을 인욕에 빠지기 쉬운 것으로 보고서 철저히 이것을 제어하고 검속하고자 하는 의미 또한 있었으리라고 생각된다. 즉 호패법의 적극적인 추진에서 볼 수 있듯이, 조익과는 구별되는 인심에 대한 불신이 있었던 것이다.

첫째의 권도적이고 현실적인 방법과 둘째의 엄격한 사목 제정과 법적용 문제는 맥락을 달리하는 것일 수 있지만, 목적을 완수하기 위하여 가장 효율적인 방법을 찾는다는 점에서는 공통된 것이었다. 그러한 점에서 이것은 개인의 도덕성과 절차의 정당성보다는 정책의 목적과 성과를 상대적으로 우선시하는 覇道 혹은 事功學的인 사유와도 연결될 수 있었다. 이 문제와 관련해서 최유해가 『皇極經世書』의 皇帝王覇에 대해서 다음과 같이 언급한 것은 매우 시사적이다.

> 皇帝王伯라는 무엇인가? 皇의 無爲와 伯의 詐力은 본디 같지 않다. 堯舜文王은 동일한 도이며 湯武는 동일한 의로움이다. 반드시

堂上郎廳極擇有名望之人而爲之 勿使戚屬宗室干與於其任 以爲滋弊作惡之事 且以監察御使分掌八道 在京則檢察京在所官員之善惡 時時暗行於當道 密問民情 按察監司以下多官之不法 則耳聞目見 自有彈論得實之據矣 京在所旣立之後 各里有司鄕約 極擇名重之人 以爲一里之長 而守令差役之牌子 必到里有司而擧行 勿使輕易分付於民間 而完役之後 月終則封其牌子 直送京在所 査其守令差役之是非 得其實狀 則嚴法科斷 後日監察御史暗行時 潛問於民 若有科外差役 而其里有司不卽論報於京在所者 里有司之罪 分其輕重而處之 自無隱伏之情矣 然則貪吏之私斂者 下人之殉貨者 皆不敢害及於生民矣 此安民之良策也."

五伯를 제왕의 반열에서 함께 논할 필요는 없다. [하지만] 대개 소옹
은 張良과 老子를 일에 잘 대처했다고 일렀고 오패 또한 취할 바가
있다고 하였다. 이것은 모두 소옹이 평소 나라를 다스리는 일로 삼
고자 한 것이었으니, [나라를 다스림에 있어] 패도를 겸용하고자 한
은미한 뜻이었는가?[122]

최유해는 소옹이 나라를 다스림에 있어 패도를 겸용하고자 하였다
고 추측하였다. 소옹은 오패 또한 취할 바가 있다고 하였다는 것이다.
최유해는 짧게 이 부분에 대해서 언급하여서 정확한 진의를 찾기는 어
렵지만, 소옹이 패도에 대해서 부정적으로 파악하지 않았다는 사실은
잘 알고 있었다. 최유해는 『황극경세서』를 풀이하는 글을 지을 만큼,
『황극경세서』에 대해서 잘 알고 있었으며 신뢰하고 있었다.[123] 그러한
점에서 이 부분은 최유해 자신도 소옹을 통하여 패도의 방법론을 어느
정도 범위에서 수용할 여지가 있었음을 말하고자 한 것은 아닌지 의심
케 한다. 실제 그는 管仲(?~BC 645)에 대해서 修己하지 않고 治人하려
고 한 인물로 부정적으로 생각하였지만,[124] 일면 그 통치법제에 대해
서는 호의적인 인식을 가졌다. 그는 五家作統의 법이 관중의 법제와
부합하며 이것으로 교화하면 풍속이 규찰된다고 하는 등 오가작통법
을 높이 평가하였다.[125]

---

122) 崔有海, 『嘿守堂集』 卷10 「皇極經世說」, "皇帝王伯者何也 曰皇之無爲 伯之詐力
固有不同之分矣 堯舜文王同一道 湯武同一義也 不必以五伯並論於帝王之列也
盖邵老以子房老子爲善於處事云 而五伯亦在所取 此皆邵子平日欲爲治國之事 則
兼用伯道之微意耶."

123) 崔有海, 『嘿守堂集』 卷10 經義問答, "象數理氣卜筮 乃易之宗也 康節得易之數 程
子明其理 朱子推於占 各得其一體矣."

124) 崔有海, 『嘿守堂集』 卷16 「上鄭愗齋書」, "以義言之則修己而後治人者 乃千聖不
易之定論 若不修己而欲治人 則其極至于管仲 若不格致誠正而欲明明德 則實如
捕風之無得矣."

이 밖에도 최유해에게는 많은 개혁론들이 보였다. 최유해는 당시 많
은 이들처럼 武業과 武科를 진작시키고자 하였으며,126) 무과 시험의
개혁에도 앞장섰다.127) 그리고 그는 과거제의 폐해를 지적하기도 하였
다.128) 그는 단순히 글을 익혀서 시험 보는 과거시험에 반대하면서 충
분히 덕을 완성한 다음에 관직에 임용해야 한다고 주장하였다.129) 또

---

125) 崔有海, 『嘿守堂集』 卷3 「號牌御史節目封事」, "今此五家作統之法 與周家保伍比
鄰之制 管仲內政軌連之規相符 以此布敎化則可以糾風俗 以此制民產則可以奠生
民 以此鍊兵制則可以固邦本 此乃爲國規模之大原也."

126) 崔有海, 『嘿守堂集』 卷11 「治國如治病論」, "主人曰國家無事則止戈爲武 邊警有
急則捨冊執銳 古之道也 今者文如楊馬 行如尾孝 無益於勝敗之數 則列邑校生之
徒擁書冊者 將何益於國家哉 今宜別定一規 以敎士子 古者以禮樂射御書數 爲小
學之藝 今則其法旣廢 雖不可一一盡復 必於應擧之時 以執弓御馬者錄名 書數亦
使計畫於講經之列 其中能射能御之人 許赴初試 仍爲得第 則以才堪將相 選擇而
用之 士之業擧者 不以武藝爲賤 人皆閑習 自有臨急可用之才 而校生等亦皆習於
弓馬 仍爲應敵之兵 渠等亦不以爲恠 自當制一面之難矣 今者不以六藝之法 先習
於士子 而先爲抄兵於校生 則必有難處之憂 此乃當今之急先務也."

127) 崔有海, 『嘿守堂集』 卷11 「治國如治病論」, "主人曰旣已登科之人 今難盡廢而不
用 今設一科 名曰武臣重試 以唐之身言書判爲規 一則觀其容貌 次則聽其所言 次
則使之書字 次則使之判斷公事 四者之中 一事可取則仍以取之 至於武藝則亦使
緩其規式 定爲五六等 使人人不至落莫 而旣參四科 又能武藝者 則以一等抄之 其
次亦分其等第 隨才選用 而前日各官除授之處 令本道監司勿論適任久近 査考治
績之善惡 別成一冊 留置吏兵曹 除授之時 憑考處置 則武才可用之人 自難逃其臧
否之迹矣 至於不入四科 不能武藝 而或有居家操行者 則勿論科格 隨等擢用 亦用
人之一道也 此法若設立 使人人盡責 則人之不能者雖多 從容知會 使人激勵後 設
科超擢 固無不可矣."

128) 崔有海, 『嘿守堂集』 卷11 「治國如治病論」, "主人曰科擧乃國家莫重之事 必須嚴
立科條 可以得人才 我國科擧之弊 有不可言 一則每年設科之弊也 二則不定試所
多有奸濫之弊也 三則不爲里選 人無修行之弊也 四則不定年歲 妄爲希望之弊也
五則殿試試官 不擇相避之弊也."

129) 崔有海, 『嘿守堂集』 8 「科擧說」, "日夜矻矻 竭情求之者 不過干祿之浮文而已 不
孝不友 亦不爲恥 而國之所敎 亦非明倫之事矣 一朝以其文而用之 任以國事則失
其機宜而害及生靈者夥焉 此乃人才之所以不興 世道之所以日下也 豈非可爲痛哭
者哉 然科擧亦不可專廢 而士雖自重 亦不可以不赴擧也 然國家限其年德俱邵而
後許見科 士亦自修而後應之則庶乎其可也."

한 그는 庶孼 허통을 지지하기도 하였으며,130) 주희의 社倉法 또한 시행하고자 하였다.131) 특히 노비제 문제에 대한 지적은 주목된다. 그는 하늘이 백성을 낼 적에 비록 貴賤의 구분이 있다고 하더라도 어찌 노비와 주인으로 정해져서 자손이 서로 전해지는 이치가 있겠는가라고 하면서 노비제도의 부당성을 지적하였다. 그는 이러한 인식을 토대로 군역 확보를 위하여 노비제도를 개혁하고자 하였지만 갑자기 변개하기는 어렵다고 생각하고서 후일로 미루는 입장을 보였다.132)

요컨대, 이기론과 인심도심론을 전제로 조익은 인심의 중요성을 충분히 인지하고서 온건한 경세 정책을 펼치고자 하였다. 그는 사람들을 하나하나 파악하는 방식의 호패법에 반대하였고, 실제 일반 백성들의 편의에 도움을 주는 대동법은 적극 추진하였다. 이러한 정책기조는 모문룡 군에 대한 대응에서도 잘 보였다. 이러한 인식은 인심을 부정적으로 보지 않고 적절히 조절하고 배열함으로써 도심과의 조화를 도모하였던 그의 인심도심 논의와 관련성이 있었다. 반면에 최유해는 이치의 소당연성을 강조하였고 인심을 부정적인 것으로 보았다. 이것은 그

---

130) 崔有海, 『嘿守堂集』 卷11 「治國如治病論」, "主人曰許通之法 至公無私 體聖人之意 變國家之弊 可爲萬世之法."

131) 鄭經世, 『愚伏集』 卷15 「書崔大容社倉約條後」; 崔有海, 『嘿守堂集』 卷11 「治國如治病論」, "主人曰朱子社倉之法 極爲纖密 今於八道依其法而立倉 凶年使民間富居之人 各出米布 藏於其倉 出納之事 里中有識者主之 而守令檢飭其循私奸濫之弊 每年分給 還爲收上 凶年則勿爲還收 專給救民 則是不出國家之資 而自有賑恤之道矣."

132) 崔有海, 『嘿守堂集』 卷11 「治國如治病論」, "主人曰 … 但天生烝民 雖有貴賤之分 豈有定爲奴主 子孫相傳 斷不撓改之理乎 況不限其數 權勢之人冒占奴婢者 幾至千餘 生殺與奪之權 在於掌握 此私奴婢日益衆多 而國家軍額之日縮者也 今則以品數定其限 勿使過其數 而家內使喚之奴 則籍名於兵曹 勿爲侵責 其餘外方之人 則婢子雖使其主收貢 奴子則一切勿使其主侵督貢膳 而定爲正軍 以爲應敵之資 而品數限定之內 奴子爲軍者 則許令良女自望代役 則自有得軍之效 亦無勢家之寃矣 然此事則姑待國家少定之時 從便可行 今不可卒然設施也."

가 마땅히 이루어야 할 바의 목적을 최우선시하는 사유로 이어졌고, 또한 그가 권도와 강한 법·제도를 주장하는 데에도 영향을 끼쳤다. 이러한 사유는 패도적이고 사공적인 통치방식과도 일정한 관련성을 가졌던 것이 아닌가 생각된다.

5. 맺음말

인조반정 이후 집권한 西人들은 당대 조선의 현실을 심각한 위기상황으로 인식하고 활발한 경세논의를 펼쳤다. 많은 경세 논의 가운데 호패법과 같은 일반 백성들에 대한 경세 정책은 크게 두 가지로 분류될 수 있었다. 첫째는 피폐해진 민간의 현실을 인정하고서 가능한 한 백성들을 동요시키지 않는 방책이었다. 둘째는 조선의 국가 질서를 하루빨리 이상적인 상황으로 되돌리는 것이었다. 두 가지 정책 모두 목적은 같았지만 방법에 있어서는 온건과 강경으로 나뉘었다. 본 글은 조익과 최유해를 통하여 두 가지 정책 방향의 이념적 기초를 율곡학과 관련해서 찾아보고자 하였다. 이들에게는 공유점과 차이점이 동시에 존재하였고, 그것은 경세 정책에도 반영되어 나타났다. 그러한 점에서 이들은 이 시기 이념과 경세론과의 관련성을 파악하는 데 좋은 사례가 될 수 있을 것이라고 생각된다.

조익과 최유해는 공통되게 이이의 이기론에서 理가 좀 더 강조되어야 한다는 점을 지적하였다. 이것은 이이 이기론의 중요한 변화였다. 아마도 그들이 이와 같이 理를 중시하는 데에는 인조반정 이후 그들이 당면한 현실이 중요한 영향을 끼쳤을 것이다. 그들은 理의 강조를 통하여 광해군대를 비판하면서 반정의 명분을 세우려고 하였다. 또한 여기에는 이론적으로 「태극도설」과 『황극경세서』가 근간에서 많은 영향을 끼쳤다. 하지만 조익과 최유해 사이에는 미세하지만 중요한 차이가 있었다. 조익은 발생론적인 측면에서 기를 생성하는 본원적인 존재로서 이를 강조하였다. 하지만 그는 이 이를 소이연과 소당연으로 구분하지는 않았다. 반면에 최유해는 소이연과 소당연으로 이의 의미를 나누고 이의 소당연적인 측면을 강조하였다. 이 차이들은 그들의 인심과 경세학 논의에 많은 영향을 끼쳤다.

조익은 인심과 도심을 상호의존적인 관계로 보았으며, 인심을 부정적인 것으로만 파악하지 않았다. 오히려 인간 생활을 영위하는 데 인심은 필수 불가결한 것이었다. 여기에는 그가 가졌던 상호의존적인 음양관이 많은 영향을 끼쳤다. 그에게 도심은 양이었으며 인심은 음이었다. 그러할 때 인심은 일방적인 제거와 억압의 대상이라기보다는 배치와 조절의 대상이 되었다. 조익이 이러한 사유를 할 수 있었던 데에는 理가 인심과 도심 모두에 내재해있다는 사유가 중요하게 작용하였다. 도심은 물론이거니와 인심에게도 소이연의 이치가 내재해 있었고, 그러므로 그것은 엄연히 천성으로 인정받을 수 있었다. 반면에 최유해에게 인심은 인욕으로 발전할 수 있는 위험성이 짙은 것이었다. 그에게 인심은 제거와 억압의 대상으로서의 측면을 상당 부분 가졌다. 그는 음과 양을 각각 악과 선에 대응시켰다. 그의 음양 인식은 조익과 같은 상호의존적 관계와 거리가 있었다. 최유해에게 소당연한 것만이 진정한 이치였으며, 그러할 때 도심만이 천성으로 인정받을 수 있었다.

조익은 인심의 중요성을 충분히 인지하고서 온건한 경세 정책을 펼치고자 하였다. 그는 사람들을 하나하나 파악하는 방식의 호패법에 반대하였고, 실제 일반 백성들의 편의에 도움을 주는 대동법은 적극 추진하였다. 이러한 정책 기조는 모문룡 군에 대한 대응에서도 잘 나타났다. 그는 모문룡 군의 호전성보다는 그들의 굶주림에 주목하면서 그들을 적극 동화시키고자 하는 정책을 주장하였다. 이러한 인식은 인심을 부정적으로 보지 않고 적절히 조절하고 배열함으로써 도심과의 조화를 도모했던 그의 사유와 관련성이 있었다. 반면에 최유해는 이치의 소당연성을 강조하였다. 이것은 그가 마땅히 이루어야 할 바의 목적을 최우선시하는 사유로 이어졌다. 그가 생각하는 선한 목적만이 이치였다. 이러한 선한 목적을 우선시 하는 사유는 수단과 방법의 문제를 압도하였고, 이것은 그가 권도와 강한 법·제도를 주장하는 데에 영향을 끼쳤다. 이러한 사유는 패도적이고 사공적인 통치방식과도 일정한 관련성을 가졌다.

본 글은 조익과 최유해를 통하여 인조반정 이후 율곡학이 어떻게 변용되고 그것이 경세 정책에 어떻게 반영되어 나타났는지를 살펴보고자 하였다. 그들은 공통되게 이이의 이기론에서 미진한 점을 발견하고 이를 보완하고자 하였다. 그것은 기의 가변성에만 맡겨놓을 수 없는, 理로써 표현된 사회기강과 원칙의 문제였다고 생각된다. 하지만 그들은 이것을 현실에 구현하고자 하는 방법에서는 일정한 차이를 보였다. 일반 백성들을 기준으로 볼 때, 조익은 온건한 방법을 사용하고자 한 반면에 최유해는 좀 더 엄격한 정책을 주장하였다. 본 글은 조익과 최유해의 사상을 율곡학의 범주에서 비교해봄으로써 인조반정 이후 서인의 이기론과 경세 정책의 다양한 방향성을 살펴보고자 하였다.

거문도사건을 통해 본
1880년대 조선의 자국인식과 외교정책

—

천수진

1. 머리말

거문도사건이란 영국 해군이 러시아의 남하를 미리 막는다는 명분을 내세워 1885년 4월 16일부터 1887년 2월 27일까지 약 2년간 전라도 흥양현(興陽縣) 소속의 거문도를 점령한 사건이다. 이 사건은 1880년대 중반 조선을 둘러싼 제국주의 열강의 세력 긴장 속에서 발생한 것이었다.

본 논문은 거문도사건에 대한 조선 정부의 대응책이 지닌 성격을 규명하는 것을 목적으로 한다. 그동안 축적된 거문도사건 관련 연구는 적지 않다.[1] 거문도사건은 1880년대 조청관계와 조영관계를 다룰 때

---

[1] 김경창, 「영국의 거문도점령을 위요(圍繞)한 외교교섭시말」, 『한·중 정치의 전통과 전개』, 서울, 대왕사, 1984; 김용구, 『거문도와 블라디보스토크』, 서울, 서강대학교출판부, 2009; 박설자, 『巨文島占領事件의 國際政治的 意義』, 숙명여자대학교학위논문(석사), 1970; 박일근, 「李鴻章의 對朝政策: 英艦의 巨文島事件을 中心으로」, 『中國問題研究 論文選』 8, 1982; 엄찬호, 「거문도사건과 조선의 중립화론」,

짚고 넘어가야 할 주요 소재였다. 따라서 거문도사건은 사건 자체의 독립적인 연구보다는 관계사 연구의 일환으로 다루어지는 경향이 있었다.

그중 거문도사건에 대한 조선 정부의 대응을 언급한 기존 연구는 이른바 '균세(均勢)정책'에 주목하고 있다. 엄찬호는 당시 조선 정부가 조선을 둘러싼 열강의 세력균형을 도모하고자 러시아와 밀약 체결을 추진하였던 정치적 배경에 착목하여 거문도사건에 대처하는 방식 또한 그 연장선상에 놓여 있었다고 파악하였다. 그러한 조선의 '균세정책'이 소기의 성과를 거두지 못한 뒤 중립화론이 대두하는 맥락을 면밀하게 살펴보았다는 점에서 연구의 의의를 찾을 수 있다.[2]

그러나 '균세'의 의미를 '세력균형(balance of power)'으로 파악한 엄찬호의 '균세정책론'은 일정한 한계를 갖고 있다. 실질적으로 유럽의 강대국에만 적용되는 '세력균형정책'은 약소국이 활용하기 어려운 외교 전략이었기 때문이다. 서양의 '세력균형체제'는 베스트팔렌 조약(1648) 이래 민족국가 형성과정에서 절대주권론이 나오면서 복수국가의 공존을 정당화하는 정책관에서 탄생한 것이었다. "'균세'는 평등한 행위자들 간의 자연적인 힘의 평형(equilibrium)이기보다는 유력한 균형자인 독일이 작위한 '상호 인연'과 '상호 견제'의 소산"이었다.[3] 따라

『강원사학』 17·18, 2002; 이용희,「巨文島占領外交綜攷」,『李相伯博士回甲記念論叢』, 서울, 을유문화사, 1964; 주영하 감수,『19세기 후반의 한·영·러 관계: 거문도 사건』, 서울, 세종대학교출판부, 1996; 한승훈,『19세기 후반 朝鮮의 對英정책 연구(1874~1895): 조선의 均勢政策과 영국의 干涉政策의 관계 정립과 균열』, 고려대학교학위논문(박사), 2015; 한승훈,「영국의 거문도 점령 과정에 대한 재검토: 갑신정변 직후 영국의 간섭정책을 중심으로」,『영국연구』 36, 2016; Kim, Yung Chung, "Great Britain and Korea, 1883~1887", Indiana University Ph.D Thesis, 1964.

2) 엄찬호, 위의 글, 252~257쪽.

3) 장인성,『근대한국의 국제관념에 나타난 도덕과 권력』, 서울, 서울대학교출판부, 2006, 48~52쪽.

서 조선을 둘러싸고 청, 일본, 러시아, 영국이 대립하던 1880년대의 상
황에서 약소국 조선이 주도하는 능동적 '균세정책'이란 불가능에 가까
웠다.[4]

　한승훈은 일국사적 시각을 지양하고 19세기 후반 조선의 대영정책
을 입체적으로 파악하고자 하는 문제의식 아래 거문도사건을 다루었
다. 당시 조선 정부는 영국의 거문도 점거를 국제 사회에 공론화(거중
조정의 요청)하여 이를 저지하려고 하였다. 한승훈은 이러한 대응 방
식을 '균세정책'으로 규정하였다.[5]

　한승훈은 엄찬호와 달리 '균세'의 개념이 조선에 수용된 방식에 주목
하여 조선 정부의 '균세정책'을 약소국의 정책으로 간주하였다. 선교사
윌리엄 마틴(W. A. Martin)은 『만국공법(萬國公法)』을 번역하면서 '균
세법'을 강대국의 힘의 균형을 도모하는 정치적 원리가 아닌 약소국의
안전을 도모하기 위한 규범적 원리라고 규정하였기 때문이다.[6] 이는
마틴이 당시 동아시아에는 생소했던 국제법의 이해를 돕기 위해 원전
에 없는 내용을 추가한 것이었다. 그리고 1880년대 조선의 지식인은 마
틴이 번역한 『만국공법』을 통해 국제법을 이해하고 있었다.

　한승훈의 연구는 영국 외교문서에 천착하여 기존에 간과되었던 조
선 정부의 대응 과정을 세밀하게 그려내었다는 점에 그 특장이 있다.
그러나 그의 연구에서는 약소국의 정책인 '균세정책'을 수행했던 주체,
조선 정부의 입장이 충분히 규명되지 않았다. 즉, 조선 정부는 '균세법'
을 약소국을 위한 법으로 이해했지만, 그것을 약소국의 위치에서 '균세
정책'으로 어떻게 구사하고자 했는지는 잘 드러나지 않는다. 따라서 조

---

4) 장인성, 위의 책, 53쪽.
5) 한승훈, 앞의 글, 2015, 16쪽.
6) 한승훈, 앞의 글, 2015, 10~11쪽.

선 정부의 대응 방식에 대해서는 그 성격을 재고할 여지가 있다.

따라서 본 논문에서는 이러한 두 가지 '균세정책론'의 한계를 유념하여 조선 정부의 외교적 대응이 지닌 성격을 재규정해보고자 한다. 여기서 주요하게 고려하는 부분은 약소국 조선의 지식인들이 지닌 '소국적' 자의식이다. 당시 조선 지식인들의 '소국주의' 혹은 '소국의식'에 관해서는 기무라 간(木村 幹), 장인성, 조경달(趙景達) 등이 이미 다룬 바가 있다.[7] 이들 연구는 주로 조선 지식인들이 직접 기록한 글 속에서 '소국주의' 혹은 '소국의식'과 관련된 단면을 포착하여 그들의 대외 인식을 추적하였다. 그러나 여기서 제시된 조선 지식인들의 대외 인식이 실제 외교정책에서 어떻게 발현되었고, 그 관념과 실제 사이에는 어떠한 괴리가 있었는지에 대해서는 여전히 의문으로 남아 있다.

본 논문에서는 통리교섭통상사무아문(이하 '외아문'으로 약칭) 독판 김윤식(金允植)을 중심으로 실제로 거문도사건을 처리하는 과정에서 나타난 조선 정부의 대외인식 및 외교정책론을 분석해보고자 한다. 김윤식은 1881년 영선사로 청에 다녀온 이후 조선의 대표적인 중국통으로 자리매김했다. 또한 그는 1884년 외아문 협판직을 거쳐 그해 12월부터 1887년 5월까지 독판직을 수행하며 조선의 외교 행정 최일선에서 활약하였다. 당시 외아문의 협판은 각 사(司)를 대표하여 실무행정을 담당하였고, 독판은 국가 주권을 대표하여 외국과의 교섭을 주도하였다. 외아문(1882~1894)의 역대 독판 12명 중 협판에서 독판으로 승진한 관리는 김홍집(金弘集), 김윤식, 서상우(徐相雨), 남정철(南廷哲) 등 4

---

7) 기무라 간 저, 김세덕 역, 『조선/한국의 내셔널리즘과 소국의식』, 서울, 산처럼, 2007; 장인성, 『장소의 국제정치사상: 동아시아 질서변동기의 요코이 쇼난과 김윤식』, 서울, 서울대학교출판부, 2003; 趙景達, 「朝鮮における大国主義と小国主義の相克: 初期開化派の思想」, 『朝鮮史硏究会論文集』 22, 1985.

명뿐이었다.[8] 더불어, 김윤식은 1894년 6월 갑오개혁 실시 이후 외무아
문과 외부의 대신을 맡아 1896년 2월 아관파천으로 개혁이 중단될 때
까지 조선의 외교 업무를 총괄했다.[9] 이러한 점을 감안하면 김윤식은
실무행정과 교섭 능력을 두루 갖추고 1880년대 초반~1890년대 중반까
지 활동한 외교 전문가였다.

거문도사건은 1885년 4월에 발발하여 1887년 2월에 종결되지만, 본
논문에서는 1885년 4월부터 10월까지의 시기로 한정하여 다루고 있다.
청이 조선과 영국 사이의 거중조정 역할을 자임한 이후로 사료상에서
조선 정부의 적극적 대응은 찾아보기가 어렵기 때문이다. 덧붙여, 본
논문에서의 '조선 정부'란 국왕 고종뿐만 아니라 당시의 조선의 외교
사무를 전담하고 있던 외아문, 즉 조선의 공식적인 외교라인을 포함한
용어이다. 거문도사건 당시 외아문의 독판이었던 김윤식이 공식 석상
에서 발언한 모든 언사는 개인적 견해가 아닌 '조선 정부'의 입장을 대
변하는 것이었다.

2. 서양의 조약체제를 이용한 조선 정부의 대응

1) 영국군의 거문도 점거와 조선 정부의 거문도 실지 조사

1885년 4월 16일, 조용하던 거문도 앞바다에 세 척의 영국 군함이 나

---

8) 전미란, 『統理交涉通商事務衙門(外衙門)에 關한 硏究』, 이화여자대학교학위논문
   (석사), 1988, 26~31쪽.
9) 유바다, 「金允植의 外交論에 대한 國際法的 검토」, 『한국인물사연구』 24, 2015,
   39~40쪽.

타났다. 1887년 2월에 영국군이 철수할 때까지 약 2년간 이어지는 기나
긴 분쟁의 서막이었다. 당시 거문도는 동, 서, 남쪽으로 각기 다른 모양
의 섬이 우뚝 솟아 있어 삼도(三島)라고 불렸다. 동도와 서도의 네 마
을에는 430여 호의 주민들이 살고 있었다. 남도는 본래 사람이 살지 않
는 곳으로 푸른 보리밭만이 무성하게 펼쳐져 있을 뿐이었다. 영국군은
남도를 주둔지로 선택했다. 그들은 남도에 항구를 만들고, 도로를 닦
고, 우물을 파고, 관사를 지었다. 가끔은 포를 쏘는 훈련도 했다. 영국
군은 남도를 '보물섬(寶島)'이라고 불렀다. 보물섬, 그것은 영어로 항구
(port)를 뜻하는 말이었다.[10]

조선의 외아문에서 이 사실을 최초로 인지한 시점은 약 3주 뒤인 5
월 7일이었다. 부산 동래부에서 거문도에 영국 병선(兵船)이 왕래한 흔
적이 있다고 보고하였던 것이다.[11] 외아문에서는 신속하게 처리 방안
을 결정하여 동래부에 공문을 내려 보냈다.

> "이 공문이 도착하는 즉시 일을 명백히 아는 사람 하나를 미리
> 선발해 독일 선박 혜펄이 오는 것을 기다릴 것. 혜펄의 세무사(稅
> 務司)는 이를 잘 알 것이다. 선발한 사람을 독일 선박 편에 태워 거
> 문도 근처에 보내 정형(情形)을 살피도록 한 뒤 즉시 본 아문에 보
> 고하도록 할 것. 이는 매우 긴요하고 중대한 일과 연관되어 있으므
> 로 소홀하여 그르치면 안 된다. 이 공문으로 빠짐없이 알려 조속히

---

10) "옛 사람들은 남도를 古島라고 불렀고, 지금 사람들은 倭島라고 부른다. 古와 倭
의 음이 언문으로 거의 비슷하기 때문이다. 근래에 영국인들은 이를 寶島라고
부르며, 각국은 이를 叵門이라고 부른다. 보도는 영어로 항구를 일컫는다. 거문
은 현재의 海門을 일컫는 것이다." (국가청사편찬위원회 편, 「附錄 朝鮮經略使李
元會査看巨文島後詳報各節」 (광서13년 4월 6일「양1887.4.28.」), 『원세개전집』 권
1, 鄭州, 河南大學出版社, 2013, 322~323쪽. 이하 『원세개전집』을 인용할 경우
『구한국외교문서』 인용 형식과 동일하게 표기하고 쪽수를 첨가하였다).

11) 『통서일기』 6책, 고종 22년 3월 23일(양1885.5.7.).

거행하도록 할 것."[12]

공문에 따르면 외아문은 적당한 사람을 구해 독일의 배를 타고 거문도로 가서 섬의 정황을 살핀 후 신속히 보고할 것을 동래부에 지시하였다. 외아문이 상황을 인식하고서 우선적으로 독일의 도움을 받고자 한 사실은 흥미롭다. 이는 아마 당시 외교 고문직을 맡고 있던 독일인 묄렌도르프(P. G. von Möllendorff, 외아문 협판)가 낸 방안이었을 것이다. 이처럼 서양의 공법질서에 이미 편입된 조선 정부는 영국군의 거문도 점거를 처음 인식한 순간부터 우호조약을 맺은 동맹국의 도움을 받아 이 문제를 처리하고자 하였다.

한편 영국에 공사관(公使館)을 두고 있었던 청 정부는 이미 4월 초부터 공사(公使) 증기택(曾紀澤)을 통해 영국의 거문도 점거 계획을 인지하고 있었다. 당시 청은 동아시아를 두고 대립하는 영국과 러시아 두 강대국 사이에서 고전하고 있었다. 조선과 관련된 사무를 전적으로 담당하고 있던 북양대신 이홍장(李鴻章)은 거문도 문제에 신중하게 접근하려 했다. 그가 가장 우려했던 부분은 현실적으로 조선에 눈독을 들이고 있는 러시아와 일본이었다. 청이 영국의 점거를 허락한다면 러시아와 일본에 조선의 땅을 차지할 빌미를 제공할 가능성이 있었다.[13] 이는 조선에 대한 종주권에 심각한 위협을 초래할 수 있는 문제였다.

이홍장이 느끼고 있었던 위협은 당시의 국제 정세에 기반을 둔 것이었다. 1880년대는 서양의 강대국이 중화질서에 포섭된 청의 속국을 서

---

12) 위의 글.

13) 「寄譯署」, 『이홍장전집』 권21, 광서11년 3월 17일(양1885.5.1.), 523쪽; "Mr. O'Conor to Earl Granville", *Confidential F.O.405 Correspondence respecting the temporary occupation of port hamilton by her majesty's government*(이하 *F.O.405*로 약칭) Part 1, 1885.5.9., p.7.

서히 잠식하는 시기였다. 거문도사건이 발생하기 직전인 1884~1885년 시점의 동아시아에서는 베트남과 류큐가 각각 프랑스와 일본에 의해 중화질서에서 이탈하였다. 이러한 상황 아래 이홍장은 영국 정부가 조선에 대한 청의 종주권을 인정한다는 명분보다 실질적으로 종주권에 가해질 위협을 방어할 수 있는 실리를 더 중요하게 생각하였다.

이후 영국이 거문도를 무단 점거했다는 소식을 듣게 된 이홍장은 우선 청의 해군 제독 정여창(丁汝昌)을 조선에 파견하기로 결정하였다. 그 목적은 청의 불개입을 영국 측에 확실히 알리는 것이었다. 이홍장이 거문도 문제에 직접적으로 개입하지 않기 위해 내세운 명분은 바로 '속국의 내치와 외교는 자주'라는 조공책봉 질서의 기본원리였다.[14]

5월 8일, 정여창은 초남(超男)과 양위(揚威)라는 이름을 가진 두 척의 함대를 이끌고 마산포에 도착하였다. 10일에는 고종을 알현하고 이홍장의 편지를 건넸다. 편지에는 영국이 거문도를 점거한 이유와 목적 그리고 영국에 거문도를 조차(租借)하면 안 되는 이유 등이 서술되어 있었다.[15] 이홍장의 편지를 받은 고종은 정여창과 함께 의정부의 담당 관리 엄세영(嚴世永)과 외아문 협판 묄렌도르프를 거문도로 파견하였다. 그들의 업무는 두 가지였다. 첫째, 거문도의 정세와 영국군의 주둔 의도를 정확하게 파악하여 보고하는 것이었다. 둘째, 영국 해군 측에 조선 정부의 반대 입장을 명확히 밝히는 것이었다.[16]

특파관원들이 거문도에 도착한 것은 5월 16일 오전이었다. 고종이 파견 명령을 내린 지 6일 만이었다. 섬에 도착한 그들의 눈에 띈 것은

---

14) 「致总署 筹议巨磨島」,『이홍장전집』권33, 광서11년 3월 21일(양1885.5.5.), 486쪽.
15)『고종실록』권22, 고종 22년 3월 20일(양1885.5.4.).
16) 「영국군의 거문도 점거에 대한 이유 추궁사」,『영안』, 고종 22년 4월 6일(양 1885.5.19.).

산 위에서 펄럭이며 나부끼고 있는 영국 국기였다.[17] 이는 명백히 항의해야 할 일이었다.

엄세영과 묄렌도르프는 섬의 주민을 붙잡고 영국군의 거문도 점거 정황에 대해 여러 가지로 탐문하였다. 그들이 얻은 정보는 대체로 영국군의 동정과 관련된 사안이었다. 이를테면 5월 16일 현재 거문도에 정박하고 있는 영국 선박의 수는 8척이고, 그중 군함이 6척이며 상선이 2척이라는 것, 영국군은 이곳에 오래 머무르려는 듯이 나무와 밧줄 등을 배에서 가져와 무언가를 계속 만들고 있다는 것, 통역사를 대동해 소를 키우는 방법이나 초가집을 짓는 방법 등을 물어보았다는 것이다.[18]

이들이 나눈 대화에서 엿볼 수 있는 흥미로운 점은 영국 국기의 게양과 관련된 것이다. 사실 영국군이 산 정상에 국기를 꽂은 것은 5월 10일의 일이었다. 러시아 함대의 출현 때문이었다. 어둑어둑하게 땅거미가 질 무렵, 새까만 러시아 함대 블라디보스토크 호가 남도의 항구로 들어왔다. 블라디보스토크 호의 선장은 순찰정 한 척을 내려 부두에 도착하였다. 그의 얘기에 따르면, 함대는 요코하마에서 블라디보스토크로 가던 중이었다. 그는 연료가 바닥났고 보일러에서는 물이 새고 있다며 24시간 동안 섬에 정박할 수 있게 해달라고 요청하였다.[19]

당시 거문도에 머무르고 있던 영국 해군 대령 맥클리어(J. P. Maclear)는 이 함대가 일주일 전쯤 거문도 주변을 배회하던 배가 아닌지 의심

---

17) 「엄세영 목린덕 양 참판과 거문도민의 영국군 점거에 관한 문답 절략」, 『영안』, 고종 22년 4월 3일(양1885.5.16.).

18) 영국군은 거문도에서의 정보 교류를 위해 청과 일본의 통역사를 대동했다. 청인은 한자를 번역하고, 일본인은 조선말을 통역하는 역할을 맡았다. (「엄세영 목린덕 양 참판과 거문도민의 영국군 점거에 관한 문답 절략」, 『영안』, 고종 22년 4월 3일(양1885.5.16.)).

19) "Captain Maclear to Vice-Admiral Sir W. Dowell", F.O.405 Part 1, 1885.5.11., p.30.

하였다고 한다. 러시아 국기를 게양하려는 의도 같아 보였기 때문이었
다. 따라서 맥클리어는 영국군의 점령 표시로 가장 높은 언덕과 각 섬
들에 영국 국기를 게양한 것이었다. 다음 날인 5월 11일, 해군 제복을 입
은 블라디보스토크 호의 선장이 맥클리어를 방문하였다. 그는 영국의 깃
발을 넌지시 언급하며 이곳은 영국의 식민지인지, 점거는 얼마나 지속될
것인지(혹은 영구적일지)를 물어보았다. 맥클리어는 이 질문에 대답하
지 않았다. 다만 그가 필요한 모든 도움을 제공하겠다고 말하였다.[20]

섬의 주민 역시 5월 11일에 산 위에 걸린 영국 국기를 보았다. 청인
(淸人) 통역사는 주민에게 산 위에 영국 깃발이 걸렸다는 것은 거문도
가 곧 영국인의 땅이 된 것이라고 설명해주었다.[21] 그의 국기를 꽂는
다는 것은 그 땅의 소유권을 밝히는 일이었다. 조선의 국권을 침해하
는 일이기도 했다. 따라서 영국 국기 게양 건(件)은 특파관원들이 해군
대령 맥클리어에게 가장 집요하게 추궁한 문제였다. 그들은 조선과 영
국이 우호조약을 맺은 사실을 강조하며 국기 게양을 허락할 수 없다는
점을 강경하게 언급하였다. 영국 정부에 이 뜻을 명확하게 전달해줄
것을 요청하였고, 서울에 돌아가면 이를 각국 공사에게 알리겠다는 뜻
을 표명하였다. 맥클리어는 자신의 상관인 해군 제독 도웰(W. Dowell)
의 명령을 따른 것일 뿐이라며 책임을 회피하였다. 대신 특파관원들에
게 나가사키에 있는 도웰 제독을 만나서 상의해보라고 제안하였다.[22]

엄세영과 묄렌도르프는 다음날 지체 없이 출발하여 5월 18일 새벽

---

20) Ibid.
21) 「엄세영 목린덕 양 참판과 거문도민의 영국군 점거에 관한 문답 절략」, 『영안』,
고종 22년 4월 3일(양1885.5.16.).
22) 「엄·목 양 참판과 영 선주 麥傑伊의 구담 절략」, 『영안』, 고종 22년 4월 3일(양
1885.5.16.).

6시 반경 나가사키에 도착하였다.[23] 특파관원들이 거문도에 도착하여 현지를 조사하고 맥클리어와 담화를 나눈 것이 5월 16일의 일이었다는 점을 생각해볼 때, 거문도 특파는 촌각을 다투는 매우 중요한 일이었다. 그러나 도웰 제독 역시 국기 게양 문제에 대해 자신은 영국 정부의 명령을 받들었을 뿐이라는 소극적인 대답을 내놓으며 말을 아끼고자 하였다. 결국 특파관원들은 소기의 목적을 충분하게 이루지 못한 채 서울로 뱃머리를 돌려야 했다. 이제 나머지는 외아문의 담판 여하에 달려 있었다.

2) '소국외교론'의 내용과 논리

영국군의 거문도 점거를 알리는 영국 정부의 공식 조회(照會)가 조선에 도착한 것은 5월 19일의 일이었다.[24] 사건 발생 후 한 달여가 지난 무렵이었다. 조선 정부는 이미 거문도에 파견단을 보낸 상태였다. 외아문 독판 김윤식(金允植)은 그제서야 그동안 소문으로만 떠돌아다니던 영국군의 거문도 점거가 확실한 사실이라는 것을 알게 되었다. 그는 즉시 영국 대리총영사 칼스(W. R. Carles)에게 거문도는 조선의 영토이기에 다른 나라의 점유를 허락할 수 없다고 표명했다. 이는 공법(萬國公法)에도 존재하지 않는 이치라며 국제법을 내세웠다.[25]

---

23) 「영국군의 거문도 점거에 대한 이유 추궁사」, 『영안』, 고종 22년 4월 6일(양 1885.5.19.); 도착시간을 확정할 수 있는 대목은 "4월 초5일 여섯시 반 경 나가사키항에 도착하여 영 해군제독을 접견한 뒤 다음날 보낸 문서의 초본이다." (「엄·목 양 참판과 영 선주 麥傑(伊의 구담절략」, 『영안』, 고종 22년 4월 3일(양 1885.5.16.).)

24) 『고종실록』 권22, 고종 22년 4월 7일(양1885.5.20.).

25) 「동 상건」, 『영안』, 고종 22년 4월 7일(양1885.5.20.).

외아문은 "조선과의 우의를 생각한다면 조속히 거문도에서 철수하라. 그렇지 않으면 각 동맹국에 성명을 보내 공론(公論)을 구할 것."이라는 거문도 문제에 대한 조선 정부의 입장을 명확히 밝혔다.[26] 이는 거문도 특파관원들이 내세운 주장과도 일치했다. 즉, 조선 정부는 동맹국의 협조를 얻어 거문도 문제를 해결할 것이라는 뜻을 처음부터 견지하고 있었다. 여기서의 동맹국은 조선과 사대교린 관계를 유지해온 청과 일본, 우호조약을 맺은 독일과 미국이었다.[27] 이는 조공·책봉관계를 기반으로 한 동아시아의 외교 시스템과 국제법의 조약체결을 기반으로 한 서양의 외교 시스템이 공존하고 있던 1880년대 조선의 외교적 상황을 드러내는 지점이라 할 수 있다.

당시 고종을 비롯한 조선의 집권 세력은 제국주의로 무장한 서양 강대국이 전 세계로 팽창하던 국제 정세를 철저한 약육강식의 세계라고 파악하고 있었다.[28] 그들은 이러한 정세를 이전의 역사적 경험인 춘추전국시대의 상황에 빗대어 이해하였다. 현재는 전국시대보다 한

---

26) 위의 글.

27) 이들 네 나라는 당시 조선에 공관(公館)을 두고 총영사급 외교관을 파견하였던 국가들이다. 서양 각국과의 우호조약 체결 날짜는 다음과 같다. 미국(1882.5.22.), 영국(1883.10.28.), 독일(1883.11.26.), 이탈리아(1884.6.26.), 러시아(1884.7.7.), 프랑스(1886.6.4.), 벨기에(1901.3.23.). 이 중 1885년 5월 당시 외교대표부가 조선에 주재했던 서양 국가는 미국, 영국, 독일이었다. (손정숙,『한국 근대 주한 미국공사 연구』, 서울, 한국사학, 2005, 43쪽.) 청은 1882년 조청상민수륙무역장정 체결 이후 영사급 외교사절인 상무위원을 파견하였다. 1885년 5월 당시 조선에는 청의 총판상무위원(總辦商務委員)으로 진수당(陳樹棠, 재임 1883.9~1885.9)이 주재하고 있었다. (이은자,「개항기 주한 중국공관 연구」,『개항기의 재한외국공관 연구』, 서울, 동북아역사재단, 2008, 147쪽.)

28) 이는 개항 이후 유입된『만국공법』,『이언(易言)』,『조선책략』과 같은 서적의 영향이 컸다. (송병기 편역,「조선책략」,『개방과 예속: 대미 수교 관련 수신사 기록(1880)』, 서울, 단국대학교출판부, 2000, 56쪽);「오스트리아·프러시아·이태리가 同盟하다」,『한성순보』, 고종 20년 11월 10일자(양1883.12.9.).

층 격심한 시대라는 의미에서 이른바 '대전국시대(大戰國時代)'라는 것
이었다.[29]

국제 사회를 '전국'이나 '춘추전국'에 유비하는 국제정치적 사유는 '소
국-대국' 의식과 밀접한 관련이 있다.[30] 조선의 지식인들은 명·청대
를 거치며 유지해 온 사대관계 속에서 이미 자국을 중화체제의 주변국
가(소국)로서 인식하고 있었다. 이는 강대국 중심의 공법질서에 편입
된 이후에도 유효한 인식이었다.[31] 그들은 강대국들이 주도하는 국제
정세를 자각하고 자국을 상대화시켜 '소국'이라는 자의식을 유지했다.
당시 위정자들의 책무는 이러한 '소국의식'을 지니고 '대전국시대'에서
살아남기 위해 약소국 조선이 나아가야 할 길을 모색하는 것이었다.

『만국공법』은 조선 지식인이 국제법을 이해하는 데 지대한 역할을
하였다. 이는 헨리 휘튼(Henry Wheaton)이 쓴 *Elements of International
Law*의 한문 번역서이다. 선교사 윌리엄 마틴은 이를 번역하면서 '세력
균형(balance of power)' 개념의 이해를 돕기 위해 '균세지법(均勢之法)'
이라는 원전에 없는 설명을 덧붙였다. 그에 따르면 "이른바 균세의 법
은 강대국으로 하여금 그 세력을 고루 공평하게 만들어서 힘에 의지해
서로를 침범하지 못하게 하고, 약소국은 이에 의지해서 안전을 도모하
니 실로 태평을 위한 중요한 책략"이었다.[32] 『만국공법』에서는 서양의
국제법상 유럽 강대국에만 적용되는 '세력균형'의 원칙을 약소국 또한

---

29) 「從政年表二」, 국사편찬위원회 편, 『從政年表·陰晴史 全』, 서울, 삼일인쇄주식
    회사, 1958, 122쪽.

30) 장인성, 앞의 책, 2003, 123쪽.

31) 「김윤식, 박규수를 회고하는 글」, 장인성·김현철·김종학 편, 『근대한국 국제정
    치관 자료집 제1권 개항·대한제국기』, 서울, 서울대학교출판문화원, 2012, 26쪽.

32) William A. P. Martin 저, 한국학문헌연구소 편, 『萬國公法』, 서울, 아세아문화사,
    1981, 82쪽.

활용할 수 있음을 언급하였던 것이다.

『한성순보』에 실린 공법(국제법)의 정의는 다음과 같다. "소위 공(公)이란 한 나라만이 사적으로 사용하는 것(私用物)이 아닌 것이요, 법(法)이란 각국이 모두 따라 시행하여 법률과 일체(一體)가 되는 것이니, 이를 공법이라 한다."[33] 즉, 국제법은 원칙적으로는 모든 나라가 준수해야 하는 공적 기능성을 가진 법이었다.

그러나 조선 지식인이 서구 열강과 그들이 만든 국제법질서를 전적으로 신뢰한 것은 아니었다. 오히려 서양의 국제법이 지닌 기만성을 일찌감치 간파하고 있었다.[34] 국제법은 강대국들의 편의를 위한 법이며 언제든지 힘을 가진 자가 어길 수 있는 법이었다. 『한성순보』와 『한성주보』에는 이러한 국제법의 자기기만성을 폭로하는 논설이 다수 실려 있다.

> 가) "오늘날 유럽의 형세는 마치 전국시대와 같고, 이른바 만국공법이란 거의 전국시대의 종약(從約)과 같아서, 유리하면 따르고 그렇지 않으면 배신하며, 겉으로는 비록 따르는 체하지만 속으로는 실상 위배한다. 각국의 외무대신은 진정 공법을 믿고서 안전을 꾀할 수 없고, 또는 공법에 의거하여 대중의 입을 막지 않을 수도 없다."[35]

> 나) "현재 동서양 각국이 서로 강화(講和)하여 조약을 맺어 통상을 하고 있는데 그때마다 공법에 의거하여 논의를 결정·비준하고

---

[33] 「論公法」, 『한성순보』, 고종 21년 8월 1일자(양1883.9.19.).
[34] 김용구는 19세기 유럽 공법의 본질을 유럽국가들만을 주체로 인정하면서 세계로 팽창하는 그들의 식민정책을 옹호하고 명분화시켜 주는 법적인 도구라고 보았다. (김용구, 『세계관 충돌의 국제정치학: 동양 예와 서양 공법』, 서울, 나남출판, 1997, 67쪽.)
[35] 「洋務首在得人論」, 『한성순보』, 고종 21년 1월 3일자(양1884.1.30.).

있다. 아, 그러나 저들 각국은 일단 자신들에게 이익이 있을 것을 보기만 하면 공법을 저버리고도 두려워하지 않고 조약을 파기하고도 부끄러워하지 않음은 물론, 끝내는 큰 것이 작은 것을 억제하고 강한 것이 약한 것을 무시하는 형세를 이루게 되어 다시는 강화라는 것이 존재할 수 없게 되고 만다. 이는 서글픈 일이 아닐 수 없다."[36]

다) "5주(洲)의 큰 땅과 만국의 많은 나라에 빈부 강약이 다르고 인폭(仁暴) 중과(衆寡)가 같지 않기 때문에 강자와 약자가 구분되고 권리가 편중된다. 비록 조약이 있다 하나 나에게 불편하다고 생각되면 강자는 이치를 왜곡하여 편리한 대로 말을 하고, 비록 공법이 있다 하나 약자는 감히 예를 끌어다가 증거(證據)할 수 없다. 그러므로 조약과 공법이란 다만 부강한 자들이 자기들의 잘못을 합리화하고 남을 꾸짖는 도구일 뿐이며, 또 부강한 자들이 조약과 공법을 빌어 저희들에게만 편리하게 하는 방편에 불과할 뿐이다.

아, 서구인들이 동쪽으로 온 뒤 비록 조약을 체결하고 공법을 준행한다고 하였으나, 그 행위를 규명해보면 우리를 능멸하고 압박하지 않음이 없으니, 이러고서도 조약을 체결하여 천하에 신의(信義)를 세우고 공법을 신봉(信奉)하여 천하의 공평(公平)을 행했다고 할 수 있겠는가. (중략) 나는 조약을 맺음으로 불화가 생기는 것을 보았으나 조약으로 인해 영원한 맹약이 이루어지는 것은 보지 못하였다. 그렇다면 만국의 통상에는 다만 빈부와 강약의 힘만이 있을 뿐, 조약이나 공법은 없는 것이다."[37]

당시 『한성순보』나 『한성주보』는 외국 신문의 논설을 많이 참고하여 조선 지식인에게 세계의 정세를 알렸다. 가)의 논설은 중국 신문

---

36) 「論天下時局」, 『한성주보』, 고종 23년 2월 3일자(양1886.3.8.).
37) 「論西日條約改證案」, 『한성주보』, 고종 22년 4월 21일자(양1886.5.24.).

『호보(滬報)』의 내용을 발췌한 것이었다. 이 논설 역시 유럽의 정세를 전국시대에 비유하여 설명하였다. 서양의 강대국은 겉과 속이 달라 오직 자신의 이익을 위해 국제법을 유용(流用)한다고 비판하였다. 외교를 관장하는 관료들은 이 점에 유의하여 신중하게 대처해야 한다는 점을 권고하는 논설이다. 나)의 논설도 마찬가지로 자국의 이익을 위해서라면 국제법 정도는 가뿐히 무시하는 강대국의 속성을 비판하였다. 그들은 그러고도 한 점 부끄러움이 없었다. 이익 앞에 강화(講和)라는 것은 사실 존재하지 않는다는 장탄식(長歎息)에 약소국의 서글픔이 묻어 있다. 다)의 논설이 서양의 국제법질서에 가하는 비판은 그보다 직접적이고 냉철하다. 조약과 국제법이 강대국의 편의를 위한 도구에 불과하다는 문장에는 이미 국제법질서가 내포한 폭력성과 기만성을 꿰뚫어 보는 통찰이 존재한다. 만국의 통상에는 빈부와 강약의 힘만이 있을 뿐 조약이나 국제법은 없다는 문장은 간결하면서도 핵심을 찌르는 것이었다.[38]

조선 지식인이 국제법을 믿지 못하게 된 직접적인 계기 중 하나는 바로 류큐와 베트남, 그리고 미얀마의 복속 사례 때문이었다. 일본이 류큐를, 프랑스가 베트남을, 영국이 미얀마를 식민지로 만들었을 때 국제법은 아무런 효력을 발휘할 수 없었다.[39] 이 세 나라는 동아시아의 대표적인 소국이었다.

---

[38] 이 외에도 김창희는 자신의 개혁론으로 약소국 조선이 스스로 내적인 강화를 도모해야 한다는 의견을 제시했다. (「六策八議再補」, 최우길·김규선 공역, 『개항기 한중 지식인의 조선개혁론 삼주합존』, 파주, 보고사, 2016, 132쪽.); 박영효 또한 자신의 개혁안인 건백서에서 공법과 균세의 논의는 믿을 만하지 않다며 약소국 조선은 자립자존할 수 있는 힘을 길러야 한다고 제안하였다. (「박영효, 건백서」, 장인성·김현철·김종학 편, 앞의 책, 2012, 104쪽.)

[39] 「論外交」, 『한성주보』, 고종 23년 7월 24일자(양1886.8.23.); 「論外交擇其任」, 『한성주보』, 고종 23년 9월 7일자(양1886.10.4.).

영의정 이유원(李裕元)은 류큐의 사례를 두고 이홍장에게 당시 국제법이 시행되지 않은 이유를 문의한 적이 있었다.[40] 김윤식 또한 마찬가지였다. 그는 1882년 영선사로 청에 갔을 때 조기기 총판(調機器 總辦) 허기광(許其光)을 만나서 류큐의 일에 대해 물어본 적이 있었다. '일본이 류큐를 멸망시킨 일을 본다면 천하에는 공법이 없는 것이 아닌가?'라는 의문이었다.[41] 김윤식은 류큐의 사례로 보아 힘이 약한 소국의 존망(存亡)에는 국제법이 적용되지 않는다고 보았다. 그는 국제법이 소국을 보호하기 위한 이상적인 법이 아니라는 한계점을 명확히 인식하고 있었다. 그 위에서 조선이 취해야 할 현실적인 외교 전략을 모색하고자 하였다.

본 논문에서는 김윤식을 비롯한 조선 지식인들의 이러한 '소국적' 자의식을 '관계적 소국의식'이라고 명명하고자 한다. 여기서 '관계적(relational)'이란, 국제 정세와 국내 정세를 각각 독립된 것으로 구분 짓지 않고 상호 간의 영향력을 충분히 인지하는 상태를 의미한다. '소국의식'이란 자국이 '소국'임을 인정하는 자의식이다. 이를 통합해서 정의한 '관계적 소국의식'은 다음과 같다. 외연(外延)으로는 대국 주도의 국제 사회를 객관적으로 인식하고 그에 비추어 자국을 상대화하는 상호관계적 사고를 통해 얻게 된 '소국'이라는 자의식을 의미한다. 서구 열강에 대한 기본적인 불신 혹은 의심에 기초한 소국의식이라는 점을 내포(內包)로 삼는다. 본 논문에서는 이러한 '관계적 소국의식'을 기반으로 한 외아문 독판 김윤식의 외교론을 '소국외교론'으로 명명하고자 한다.

기존에 제기된 김윤식의 대표적인 외교론은 '양편양득론(兩便兩得

---

[40] 「이유원, 리홍장에게 보낸 서한」, 장인성 · 김현철 · 김종학 편, 앞의 책, 2012, 49쪽.
[41] 「陰晴史上」, 국사편찬위원회 편, 앞의 책, 1958, 80쪽.

論)'이다.[42] 그는 1882년 조선과 미국이 조약을 체결할 당시 청이 조미조약에 속방조관을 삽입해야한다고 주장한 것에 대해 긍정적인 반응을 보였다. 다음은 김윤식이 고종에게 바친 봉서(封書)의 일부분이다.

> "우리나라가 중국의 속방이라는 것은 천하가 모두 아는 바입니다. 항상 중국이 (우리나라를) 착실하게 담당할 뜻이 없을까 염려스럽습니다. 우리나라처럼 약한 세력(孤弱之勢)은 대국의 보호가 없으면 실로 자립(特立)하지 못할 것 같아 걱정스럽습니다. 지금 이홍장은 중국의 병권을 쥔 대신입니다. 다행히 우리나라를 담당하는 중임을 의연히 스스로 맡아 이미 각국에 성명하고 조약에 분명히 써놓았습니다. 훗날 우리나라에 일이 있는데 힘을 다해 구하지 않는다면 다른 나라들이 (청을) 반드시 비웃을 것입니다. 다른 나라가 중국이 우리나라를 담임한 것을 보면 각국이 우리를 경시하는 마음도 또한 따라서 줄어들게 될 것입니다. 또 그 아래 자주한다는 (구절)을 넣게 되면 각국과 서로 외교하는 데 해가 없고 평등한 권리도 행사할 수 있습니다. '권리를 잃을 염려도 없고 사대하는 데에도 어긋나지 않으니 양득(兩得)이 된다고 할 만하다.'라는 이홍장의 이러한 논리는 우리나라에 크게 이익이 됩니다."[43]

김윤식에게 속방이란 조공과 책봉을 전제로 내치와 외교를 자주(自主)하는 국가였다. 그는 속방의 자주성에 대한 확신을 가지고 있었다.[44] 이런 사상적 기반 위에 약소국인 조선의 안보와 자주권을 보전

---

[42] 김윤식의 외교론에 관한 자세한 내용은 다음의 연구를 참조. 장인성, 앞의 책, 2003; 김성배, 『유교적 사유와 근대 국제정치의 상상력』, 서울, 창비, 2009; 趙景達, 앞의 글, 1985; 기무라 간, 앞의 책, 2007.

[43] 「陰晴史上」, 국사편찬위원회 편, 앞의 책, 1958, 57~58쪽.

[44] 김성배에 따르면, 당시에는 오히려 독립이라는 개념 자체가 낯선 것이었다. 부강하지 않은 상황에서 독립국으로 행세하는 것은 오히려 식민지로 전락할 위험성이 있었다. 부강해지기 전까지는 자주권이 보장되는 한 속방으로 남는 것이 소국으로서 내릴 수 있는 현명한 선택이었다. (김성배, 앞의 책, 2009, 178쪽.)

할 수 있는 조건으로 청의 '담임'을 언급하였다. 속방조관을 명시해놓는다면 오히려 조선에 일이 발생했을 때 청이 도와주지 않을 수 없게 되는 것이었다. 그의 "중국(대국)지향성"[45]은 단순히 명분으로서의 사대관념을 표출한 것이 아니었다. 앞서 언급했듯이 조선 정부는 당시 동아시아의 약소국이자 청의 조공국이었던 베트남, 미얀마, 류큐의 멸망에 기민하게 반응하였다. 김윤식은 세 나라의 멸망 원인을 서양 강대국 중 한 나라와만 조약관계를 맺어 의지했기 때문이라고 파악하였다. 그들과 조약 관계를 맺지 않았던 청은 소국들이 멸망하는 과정에서 아무런 힘을 쓸 수 없었다.[46]

이러한 김윤식의 '양편양득론'은 강대국 활용론에 해당한다고 볼 수 있다. 그 대상인 강대국은 조선이 전통적으로 사대관계를 맺고 있었던 '상국(上國)' 청이었다. 앞서 살펴보았듯, 『만국공법』에서 '균세지법'을 약소국이 활용할 수 있는 법으로 규정한 것은 이러한 강대국 활용론의 발상에 영향을 미쳤을 것이다. 본 논문의 '소국외교론' 역시 강대국 활용론의 연장선상에 놓여 있다는 점에서 '양편양득론'과 맥을 같이 한다. 그러나 기존의 '양편양득론'과는 크게 두 가지 측면에서 다르다고 할 수 있다.

첫째, 1880년대를 동아시아의 사대 질서에서 서양의 국제법질서로 전환되는 '질서전환기'라고 바라보는 것이다. '소국외교론'에서는 1880년대의 과도기적 특수성을 고려하여 강대국 활용론에서의 활용 대상을 사대관계를 맺어온 청에만 한정하지 않고, 국제법상의 우호조약을 맺은 강대국까지 포괄한다. 거문도사건이 발생한 1885년 4월 당시 조

---

45) 장인성, 앞의 책, 2003, 399쪽.
46) 김윤식, 「天津奉使緣起」, 『운양집』, 고종 29년(양1892).

선과 우호조약을 맺은 강대국은 미국, 영국, 독일, 이탈리아, 러시아, 일본 등이 있었다. 거문도사건에는 청을 비롯하여 미국, 독일, 러시아, 일본 등의 강대국이 개입하고 있었으므로 기존의 '양편양득론'으로만 당시 조선 정부의 강대국 활용 방식을 파악하기에는 한계가 있다.

둘째, 강대국의 힘을 전적으로 신뢰하여 거기에 의탁하고자 한 것이 아니라는 점이다. 본 논문의 '소국외교론'은 김윤식이 서구 열강과 그들이 만들어 낸 공법질서를 의심하면서도 자국의 안전을 보장하기 위해 강대국들과의 조약 관계를 이용해야 하는 약소국의 특성[47]에 초점을 맞추고 있다. 이 점이 가장 잘 드러나는 것이 바로 김윤식이 강조하는 '신의(信)'라는 용어이다.

> "근래의 일은 단지 강약을 볼 뿐이지 공법에 있지 않습니다. 그렇지만 소방(小邦)의 자주의 길은 오로지 공법을 근수하는 데 있을 따름입니다. 신의(信)를 타국에 잃어서는 안 됩니다. 그런데도 우리나라 사람들은 공법을 사학(邪學)으로 보아 쳐다보려 하지도 않습니다."[48]

김윤식은 당시 국제 정세에서 힘의 논리가 작용하고 있을 뿐 공법의 역할은 미미하다는 사실을 간파하고 있다. 그럼에도 그는 소국이 자주

---

[47] 일반적으로 약소국은 군사적 취약성으로 인해 국가의 안보를 스스로 보장할 수 없는 나라라고 할 수 있다. '소국' 혹은 '약소국'은 절대적인 개념이 아니며 대국과의 비교를 통해 그 성질을 파악할 수 있는 매우 상대적인 개념이다. 따라서 '소국'을 한 마디로 정의하기는 어렵다. 그러나 소국이 지닌 대체적인 몇 가지 특성을 지적해본다면 다음과 같다. 1) 군사 면에서 외세의 위협에 대해 자력으로 자신을 방어할 수 없다. 외부 원조에 대한 높거나 전체적인 의존성을 지닌다. 2) 국제 체계 면에서 국제법과 규범, 그리고 국제기구를 강력히 지지한다. (Michael Handel 저, 김진호 역, 『약소국생존론』, 서울, 대왕사, 1995, 65쪽.)

[48] 「陰晴史上」, 국사편찬위원회 편, 앞의 책, 1958, 79쪽.

하는 길은 오직 '신의'를 지켜 공법을 따르는 것에 있다고 주장하고 있다. 이러한 현실인식과 외교논리 사이의 간극이 바로 약소국의 대외정책 담당 관료가 지닌 특성이자 딜레마라고 볼 수 있다.

그렇다면 1885년 당시 외아문의 최고위 직책을 담당하면서 조선 정부의 입장을 대변했던 독판 김윤식의 이와 같은 '소국외교론'은 실제 거문도사건을 처리하는 과정에서 정책상 어떻게 반영되고 구현되었을까? 후술하는 내용에서는 이 점을 중심으로 살펴보겠다.

3) 조선 정부의 자율적 해결 노력과 '제1차 거중조정'

외아문 독판 김윤식은 영국군이 거문도에서 쉽사리 물러나지 않을 것이라 예상하고 있었다. 그는 민영익에게 보낸 편지에서 "제가 대비를 완전하게 하는 것은 마땅히 우리가 취해야 할 방법이지만 저들이 듣지 않는 것에 대해서는 또한 어찌할 수 없습니다."라고 자조하면서도 본인도 결코 물러서지 않을 것이라는 굳건한 의지를 보였다.[49]

5월 20일, 김윤식은 조선에 주재하는 각 동맹국(청, 일본, 독일, 미국)의 총영사급 외교관[50]들에게 영국 정부의 공식 조회를 동봉한 편지를 보냈다. 여기에는 영국의 거문도 점거를 규탄하는 조선 정부의 입장과 문제 해결을 위한 조언을 듣고자 하는 내용이 담겨 있었다.

---

[49] 김윤식, 「答閔參判書」, 『운양집』 권11.

[50] 당시 조선에 주재하던 각국의 최고위 외교관은 모두 다른 직함을 가지고 있었기에 본 논문에서는 편의상 '총영사급 외교관'이라고 통칭하였다. 그 이유는 당시 조선에 '전권공사(全權公使)'를 파견한 나라가 없었기 때문이다. 당시 청의 진수당은 총판상무위원, 일본의 곤도 모토스케(近藤眞鋤)는 대리공사, 독일의 젬브쉬(Zembsch)는 총영사, 미국의 포크(G. C. Foulk)는 대리공사의 직함을 갖고 있었다.

"귀 공사(公使)는 영국의 행위를 과연 어떻게 보고 있습니까? 비록 작은 섬이기는 하지만 관계되는 점이 중대하므로 경솔히 남에게 빌려줄 수 없습니다. 우리 동맹(同盟) 관계가 있는 각국들은 반드시 공평한 논의(公論)를 가지고 있을 것이니 아무쪼록 우리나라를 위하여 마음과 힘을 다하고 공정한 의리에 의거하여 국권을 보전할 수 있게 하는 것이 어떻겠습니까? (중략) 만약 영국에서 과감하게 생각을 돌린다면 그들이 우의에 충실하다는 것을 볼 수 있겠지만, 만약 그렇지 못한다면 우리나라는 어떻게 처신해야 되겠습니까? 귀국의 공사 및 각 우방의 공사들은 명백한 조언을 주어 스스로 가져야 할 권리를 보존하도록 해주기 바랍니다."[51]

외아문 독판 김윤식은 거문도 문제가 단지 현재에 국한된 문제가 아닌, 조선의 국권을 크게 손상시켜 이를 구실 삼은 후환이 닥쳐올 수 있다고 걱정하였다. 단적인 예는 영국이 거문도를 점령하면 러시아는 반드시 제주도를 점령할 것이라는 우려였다.[52] 조선 정부는 그보다 더 확실한 방법을 찾고자 했다. 그것은 바로 각 동맹국에 거중조정을 요청하는 전략이었다. 이는 곧 서양의 조약체제를 이용한 대응 방식이었다. 그러나 강대국의 거중조정은 약소국에는 위험 부담이 큰 방식이기도 했다. 조선 정부는 공법의 공적 원리가 수행되기를 기대하면서 조약을 맺은 우호국에 거중조정을 요청했지만, 반대로 이는 강대국이 조선의 문제에 많은 간섭을 하는 계기로 작용할 수도 있었던 것이다.[53] 그럼에도 조선 정부가 거중조정 요청을 단행한 이유는 무엇이었을까. 첫째로는 영국의 행위를 국제적으로 규탄하고 영국 측을 압박하려

---

51) 『고종실록』 권22, 고종 2고종 22년 4월 7일(양1885.5.20.).

52) 김윤식, 「答閔參判書」, 『운양집』 권11.

53) "Memorandum of Conversation with Lieutenant Foulk", F.O.405 Part 1, 1885.5.22., p.66.

는 의도였을 것이다. 이는 소국 조선의 단독 행동으로는 사실상 불가
능했다. 둘째로는, 독판 김윤식이 거문도사건이 야기할 후환을 우려했
다는 점을 지적할 수 있을 것이다. 그 근거로는 외아문에서 주일 러시
아 참찬관(서기관) 쉬뻬이예르(A. H. Шпей ер)에게까지 거중조정을
요청하는 조회를 보내 러시아 정부에 전달해줄 것을 부탁한 점을 들
수 있다.[54] 이처럼 조선 정부가 아직 조선에 공관을 두지 않은 러시아
정부에도 거중조정을 요청한 것은 거문도사건이 조선 정부의 동의 없
이 이루어졌다는 사실을 명백히 하는 동시에 러시아가 이 사건을 빌미
로 삼아 조선의 영토를 점거할 여지를 남기지 않고자 하는 의도였을
것이다.

북경 주재 영국 공사관으로부터 영국 정부의 공식 조회가 도착한지
꼭 한 달 만인 6월 19일, 주조선 영국 총영사 애스턴(W. G. Aston)은
영국 정부의 새로운 입장을 전달하기 위해 외아문을 방문하였다. 묄렌
도르프를 제외하고는 외아문의 모든 관료들이 모인 자리였다. 애스턴
은 회의에서 영국군은 거문도에 잠시 머무르는 것이며 영구히 점거할
계획이 아니라는 점을 거듭 강조하였다. 주둔 이유는 석탄(煤炭)을 보
관할 창고가 필요해서라고 밝혔다.[55]

독판 김윤식은 예의를 차렸지만 완고했다. 그는 조선 정부가 영국의
거문도 점거를 인정한다면 국내의 여론뿐만 아니라 모든 강대국 역시
조선을 비난할 것이라고 강조하였다. 이 문제에 관해서는 결코 합의할
수 없으며 하루 빨리 거문도에서 선박을 철수해 자국의 곤란함을 덜어
주길 바란다는 조선 정부의 입장을 통보하였다.[56] 또한 영국이 거문

---

54) 「거문도사건에 관한 조회 전달 요청」, 『아안』, 고종 22년 5월 15일(양1885.5.27.).
55) 「거문도사건에 대한 정부 태도 천명」, 『덕안』, 고종 22년 5월 13일(양1885.6.25.);
   "Consul-General Aston to Mr. O'Conor", F. O. 405 Part 1, 1885.6.19., p.122.

도를 석탄 보관소로 활용하고자 함은 군사적 목적의 이용이며 이는 조영수호조약을 위배하는 것이라는 점도 지적하였다. 조영조약 제8관 (款)에 따르면 "영국 군선이 사용하는 군장물료 및 일체의 식량은 조선 내 통상하는 각 항구에서 영국이 위임하여 파견한 관리의 감독 하에 교역이 가능"[57]하였다. 영국 정부가 언급한 석탄은 군선물료에 해당하기 때문에 통상하지 않는 항구에 위탁하는 것은 마땅하지 않은 일이었다.[58]

6월 27일, 외아문에서는 영국의 조약 위반을 지적하는 위의 내용을 포함하여 조선 정부의 반대 입장을 천명하고 거중조정을 의뢰하는 조회를 각 동맹국(청, 일, 독, 미)에 발송하였다.[59] 조선과 우호조약을 맺었으나 공관을 두지 않은 러시아에도 마찬가지였다. 외아문에서는 당시 조선에 잠시 와 있던 주일 러시아 참찬관(서기관) 쉬뻬이예르에게도 거중조정을 요청하는 조회를 보내 이를 러시아 정부에 전달해줄 것을 부탁하였다.[60] 이는 단순히 눈앞의 문제를 해결하는 데만 그치지 않고 이 사건이 야기할 후환을 막기 위해 고심하던 외아문 관료들의 고육지책(苦肉之策)이었다.

영국 정부는 거문도 문제가 수월하게 해결될 것이라 예상했지만, 조선 정부의 적극적인 대응 방식을 접하고서 꽤 당황했다고 전해진다.

---

56) "Consul-General Aston to Mr. O'Conor", F.O.405 Part 1, 1885.6.19., p.122.
57) 근대한국외교문서편찬위원회 편, 『근대한국외교문서』 5, 서울, 동북아역사재단, 2014, 793~806쪽.
58) 「거문도사건에 대한 정부 태도 천명」, 『덕안』, 고종 22년 5월 13일(양1885.6.25.).
59) 위의 글; 「영국군 거문도 점주에 관한 건」, 『미안』, 고종 22년 5월 15일(양1885. 6.27.); 「거문도사건에 대한 종중조정요망」, 『청안』, 고종 22년 5월 15일(양1885. 6.27.); 「거문도사건에 관한 일본정부의 조정 의뢰」, 『일안』, 고종 22년 5월 16일 (양1885.6.28.).
60) 「거문도사건에 관한 조회 전달 요청」, 『아안』, 고종 22년 5월 15일(양1885.5.27.).

따라서 영국 정부는 조선의 항의를 막기 위해 조선 정부의 대표자와
비밀리에 회담을 진행해 직접 영향력을 행사하기로 결정하였다.[61] 다
음 장에서는 영국-조선 정부의 비밀 회담과 그 경과에 따라 조선 정
부의 대응 방식이 변화하는 지점을 자세하게 다룬다.

3. '변주'된 사대관계를 이용한 조선 정부의 대응

1) 조선-영국의 협상

1885년 7월 4일, 영국 정부의 훈령을 받은 총영사 애스턴이 영국 정
부의 대표 자격으로 외아문을 찾아왔다. 조선 정부와 비밀리에 거문도
문제를 논의하기 위해서였다. 조선 정부의 입장을 대변할 사람은 외아
문 독판 김윤식이었다.[62]

총영사 애스턴은 외아문에서 거문도 문제를 각국 공관과 상의한 것
에 대해 항의하였다. 이는 영국과 합의하지 않은 일방적인 처사라는
것이었다.[63] 김윤식은 외아문의 조처가 영국 정부의 소극적인 태도에
따른 조치일 뿐이라고 답했다. 이를테면 영국군이 거문도를 점령한 지
한 달이 지나도록 조선 정부에 알려주지 않았고, 도웰 제독에게 철군
요청을 한지 두 달이 지나도록 확답을 주지 않았다는 점을 지적했다.[64]

---

[61] "The Marquis Of Salisbury to Mr. O'conor", *F.O.405* Part 1, 1885.7.10., p.49; "The Marquis Of Salisbury to Mr. O'conor", *F.O.405* Part 1, 1885.7.14., pp.59~60.

[62] 「거문도점거에 관한 외아담초」, 『영안』, 고종 22년 5월 22일(양1885.7.4.). 이하 김윤식과 애스턴의 대화는 모두 본 사료에서 발췌하였다.

[63] 위의 글.

[64] 위의 글.

이런데도 "우리 정부가 어찌 각국에 그 조처를 청하지 않고 입을 다물고 앉아만 있을 수 있겠습니까?"라는 강경한 질문에 애스턴은 김윤식을 회유하기 시작하였다.

애스턴은 두 나라 사이의 일은 당사국이 알아서 처리해야 한다는 '양자 해결론'을 내세웠다. 따라서 외아문에서 각국에 거중조정을 요청한 조회를 반환받아 그 의뢰를 보류할 것을 제안하였다. 그런 뒤에 북경의 영국 공사 오코너에게 알리면 거문도 문제는 잘 처리될 것이라고 회유하였다. 김윤식은 이를 의심하였다. "영국이 이 일을 잘 처리해준다면 당연히 영국과 상의하여 처리할 것입니다. 만약 잘 처리가 되지 않으면 어찌 각국과 상의하지 않을 수 있겠습니까?" 애스턴은 영국 정부가 오로지 두 나라의 우호를 돈독하게 하길 원하기 때문에 온건하게 처리할 것이라고 다시 한 번 회유하였다. 결국 김윤식은 애스턴의 제안을 의심하면서도 수용할 수밖에 없었다. 회유를 거절할 명분도 없었다. 제안을 거절했을 경우 영국이 끼칠 파장도 고려해야 했다. 조선은 '신의'를 내세우는 강대국의 회유를 수긍할 수밖에 없는 약소국이었다. 칼자루는 조선이 아닌 영국이 쥐고 있었다.[65]

다음날, 이번에는 김윤식이 경운궁 부근에 위치한 영국 공관으로 찾아갔다. 거중조정 요청을 보류하기 전 조선 정부를 대표하여 애스턴에게 마지막으로 확실한 보장을 받기 위해서였다. 김윤식은 만약 애스턴의 말대로 거중조정을 요청한 조회를 돌려받은 이후에 영국이 문제를 처리하는 방식이 조선의 뜻과 부합하지 않을 경우를 우려하였다. 그렇게 된다면 도리어 조선은 각국에 웃음거리가 되고 말 것이었다. 김윤식은 영국 정부의 뜻을 명확히 알고 있냐고 다시 한 번 물었다. 애스턴

---

65) 위의 글.

은 "그렇지 않으면 어찌 이런 말을 하겠습니까?"라고 말하며 그를 안심시켰다.[66] 몇 번이고 계속된 물음에 애스턴이 확실한 태도를 보이자 김윤식은 거중조정 요청을 보류하겠다고 답하였다.

애스턴이 외아문에 와서 담판을 짓고 간 7월 4일, 외아문에서는 각 동맹국에 거중조정을 의뢰한 조회의 반송을 요구하는 공문을 작성하였다. 아마 7월 5일에 애스턴을 찾아가 확답을 받고서 발송하려던 의도였던 듯하다. 고칠 곳이 있으니 조회 원본을 잠시 돌려주길 바란다는 짧은 내용의 공문이었다.[67]

영국 측의 의도를 의심하던 김윤식은 거중조정의 보류에 관해 청의 총판상무위원(總辦商務委員) 진수당(陳樹棠)의 서기관 담갱요(譚賡堯)와 의논하였다. 담갱요는 조회 회수의 경과가 어떠한지 물었다. 김윤식은 미국 이외의 나라는 아직 돌려주지 않았다고 답하였다. 담갱요는 조회 반송을 꺼리는 독일과 일본 공관의 사정을 대략 알고 있었다. 그가 김윤식에게 들려준 이야기는 꽤 흥미롭다.

"어제 목 군(묄렌도르프)이 독일 공관에서 차를 한 잔 하던 중 외서(外署)에서 조회를 봉하여 돌려보내려는 것을 봤다고 합니다. 목이 말하길 이는 분명 애스턴의 계책이니 돌려보내지 않는 것이 좋다고 하여 보내지 않았다고 합니다. 일본 공관 또한 의심하고 돌려보내지 않았으며 중국 공관은 혼자 반환하는 것이 무익하다고 여겨서 우선 보류하여 두었습니다. 러시아 공관 또한 돌려보내지 않았습니다."[68]

66) 「거문도점거에 관한 영관담초」, 『영안』, 고종 22년 5월 23일(양1885.7.5.). 이하 김윤식과 애스턴의 대화는 모두 본 사료에서 발췌하였다.
67) 「거문도사건 조회의 반송 요망」, 『덕안』, 고종 22년 5월 22일(양1885.7.4.); 「거문도사건 조회 공문의 반환 희망」, 『일안』, 고종 22년 5월 22일(양1885.7.4.); 「거문도사건 조회 환정의 건」, 『미안』, 고종 22년 5월 22일(양1885.7.4.).

그의 말에 따르면, 7월 6일[69]에 묄렌도르프는 독일 공관에서 차를 마시던 중 외서(外署)에서 조회를 봉하여 돌려보내려는 것을 보았다고 한다. 묄렌도르프는 이는 애스턴의 계책이 분명하므로 조회를 돌려보내는 것을 만류하였다. 결국 독일 공관은 조회 원문을 돌려보내지 않았다. 일본 공관 또한 그 의도를 의심하고 돌려보내지 않았다. 담갱요는 청 공관에서 혼자 반환하는 것이 무익하다고 여겨 일단 보류하여 두었다고 말하였다.

김윤식은 담갱요에게 애스턴과의 담판 내용을 전하면서 담갱요의 생각은 어떤지 물어보았다. 결국 김윤식은 애스턴의 확언을 끝까지 믿지 못했던 것이다. 담갱요는 애스턴의 확언에 대해서는 아마도 영국 정부의 뜻이 그렇기 때문에 애스턴이 단언할 수 있었을 것이라 추측하였다. 그러나 의심이 가는 것은 마찬가지이므로 다른 외국인으로 하여금 애스턴의 말을 방증하게 한다면 그 말을 믿을 수 있을 것이라고 조언하였다.

담갱요의 조언에 김윤식은 회의적인 반응을 보였다. "애스턴이 가장 싫어하는 것은 이 일에 각국이 간섭하는 상황"이기 때문이었다. 김윤식은 만약 지금 다른 사람을 시켜 애스턴의 말을 방증하고자 하면 애스턴은 분명 달가워하지 않을 것이라고 생각하였다. 그러자 담갱요는 다른 방법을 제시하였다. 우선 조회를 돌려받은 후에 영국 정부의 답을

---

68) 「거문도점거에 관한 頌三 담초」, 『영안』, 고종 22년 (날짜 미상). 이하 김윤식과 담갱요의 대화는 모두 다음 사료에서 발췌하였다. 이는 『청안』에 있어야 할 문건인데 『영안』에 수록되어 있다.

69) 위 문건의 날짜는 미상이나 내용을 보면 독일과 일본 공관에서 반송 불가의 뜻을 밝힌 7월 6일 이후이다. 또한 담갱요는 '어제' 묄렌도르프가 독일 공관에서 조회를 돌려보내려는 것을 만류하였다고 하였으므로 김윤식이 담갱요와 담화를 나눈 '오늘'은 7월 7일 즈음인 듯하다.

기다려서 일이 해결되면 그냥 두고, 일이 해결되지 않으면 거중조정을 다시 요청하라는 것이었다.

김윤식은 이러한 담갱요의 조언을 받아들여 각 동맹국들에 거중조정을 보류해달라는 의사를 밝혔다. 그러나 끝까지 영국 측을 믿지 못한 김윤식은 거중조정을 아예 중단하는 것이 아니라 잠시 보류하는 것임을 명확하게 밝혔다. 이후 처리 방법이 어떠할지에 따라 다시 거중조정을 요청을 할 수도 있으니 그때 타협을 위한 거중조정을 시행해달라는 점을 명시하였다.[70]

외아문에서는 총영사 애스턴에게 거중조정을 잠시 보류했다는 사실을 알렸다. 영국 정부의 무성의한 태도에 대한 비판과 동시에 거문도 문제를 신속하게 처리해줄 것 또한 요청하였다.[71] 그러나 애스턴에게 공문을 보낸 지 한 달이 다 되어가도록 북경에서는 답이 없었다. 거중조정을 보류하고 나서 영국 공관으로부터 한 달째 소식이 뚝 끊기자 외아문에서 품은 의혹은 더욱 커져만 갔다.

그 사이 계절은 바뀌고 있었다. 여전히 북경의 영국 공관으로부터는 아무 소식이 들려오지 않았다. 영국 측이 이렇듯 조선 정부의 지속적인 회답 요청에 미온적인 태도로 일관했던 이유는 무엇이었을까. 영국 정부는 청의 영향력 덕에 조선 정부가 거중조정 청원을 재개하지 않을 것이라는 판단을 내렸기 때문이었다.[72] 북경의 오코너 공사는 영국 정부의 답장이 계속 지연되는 것에 대해 이렇게 중요한 외교적 사안은

---

70) 「거문도사건 조정 잠시 중지에 대한 비밀조회」, 『청안』, 고종 22년 5월 26일(양 1885.7.8.); 「거문도사건 조정의 보류」, 『일안』, 고종 22년 5월 24일(양1885.7.6.); 「거문도사건에 대한 조정을 보류할 의사 표명」, 『덕안』, 고종 22년 5월 28일(양 1885.7.10.).

71) 「거문도의 영함 철환 독촉」, 『영안』, 고종 22년 5월 25일(양1885.7.7.).

72) "Mr. O'Conor to the Marquis of Salisbury", *F.O.405* Part 1, 1885.8.25., p.137.

영국의 외무장관이 전문(全文)을 보는 것이 아주 중요하다는 등의 변
명으로 일관하였다. 따라서 영국 정부로부터 답장이 지연되는 것은 어
쩔 수 없는 일이니 조선 정부는 이 점을 양해해달라고 덧붙였다.[73] 매
우 일방적인 요청이었다. 본 국은 양해를 구했으니 이제는 되었다는
듯, 1885년 8월 이후 북경의 오코너 공사로부터는 해를 넘기도록 아무
런 소식도 오지 않았다.

김윤식은 애스턴 총영사에게 보내는 공문에서 영국 정부의 무성의
함을 매우 비판하였다. '양자해결론'을 따르기로 양국이 합의했으면 마
땅히 7월 이후로 전보와 배편으로 거문도의 일을 논의하여 처리하는
것이 계속되어야 했다는 것이었다. 만약 영국 정부가 양국의 돈독한
우의를 생각했다면 몇 개월이나 질질 끌지는 않았을 것이라며 그는 매
우 의심스럽고 답답하다는 심정을 토로하였다.[74] 이는 서양의 공법질
서를 불신하면서도 그 체계에 강제로 편입될 수밖에 없었던 약소국이
겪어야 할 예견된 결과였다. 철저히 실리를 따지는 냉혹한 외교 관계
에서 사실 우의란 믿을 것이 못 되었다. 약소국을 위한 조약과 공법은
애초에 존재하지 않았다. 강대국의 불합리한 처사에 맞서 약소국이 할
수 있는 행위는 그 부당함을 호소하는 것뿐이었다. 그러한 소국의 위
치를 절실하게 깨닫는 순간이었다.

---

[73] "Mr. O'Conor to the President of the Corean Foreign Office", F.O.405 Part 1,
1885.7.22., pp.133~134; 김용구는 중국의 속방에 불과하다고 여긴 조선이 항의하
자 영국 정부는 이를 가소롭게 여기면서도 다소 당황하였다고 평하였다. 따라서
영국 측이 차일피일 답장을 미룬 것은 조선 대신 중국 정부와 교섭한다는 의도
적인 조선 경시 정책이라고 하였다. 영국의 조선 경시 정책에 대한 설명으로는
김용구, 앞의 책, 2009, 141~147쪽을 참조.

[74] 「거문도 문제 회답 최촉사」, 『영안』, 고종 22년 7월 8일(양1885.8.17.).

2) 청에 대한 조선 정부의 의탁과 '제2차 거중조정'

조선 정부는 영국 정부가 제시한 '양자 해결론'이 실현될 기미가 보이지 않자 또 다른 돌파구를 찾아야 했다. 생존을 위한 '소국외교정책'을 계속 실행해 나가야 했던 것이다. 해답은 그들이 약 500년간 지켜오던 중국과의 사대(事大)관계를 활용하는 것이었다.

10월 2일, 청의 원세개(袁世凱)는 이홍장의 명을 받고 대원군과 함께 인천 땅을 밟았다. 조선과 러시아의 접촉을 견제하기 위한 이홍장의 방안이었다. 당시 조러밀약설은 그 실체의 존재 유무가 중요한 것이 아니었다. 조선 정부가 러시아를 끌어들이고자 한다는 소문이 도는 것만으로도 청 정부는 매우 민감하게 반응하였다. 청의 북양대신 이홍장은 이런 움직임을 저지하고자 대원군을 환국시켰다. 원세개는 대원군의 호송 임무를 맡았다.[75] 갑신정변 직후 청국으로 귀국한지 약 1년 만에 방문하는 조선이었다. 그는 주찰조선총리교섭통상사의(駐紮朝鮮總理交涉通商事宜)의 직함을 갖고 이후 1894년 6월 청일전쟁 발발로 귀국할 때까지 약 9년간 조선에 머물렀다.

원세개가 러시아를 견제하려는 기조(基調)는 조선 방문 직후 고종 및 김윤식과 나눈 대화에서 엿볼 수 있다. 애스턴과 마찬가지로 원세개 또한 조러밀약설에 대해 의문을 품고 있었다. 그는 10월 8일 김윤식과 만나 이에 대해 담화를 나눈 지[76] 이틀 만에 러시아를 견제하려는

---

75) 「致朝鮮督辦交涉通商事務金允植函」, 『원세개전집』 권1, 광서11년 8월 25일(양 1885.10.3.), 50쪽; 원세개가 직함을 갖고 조선에 정식으로 파견된 날짜는 1885년 11월 15일이다. (「원세개의 조선총리교섭통상사의 接任에 관한 조회」, 『청안』, 고종 22년 10월 9일(양1885.11.15.)) 원세개의 파견과 관련하여 자세한 내용은 구선희, 『韓國近代 對淸政策史 硏究』, 서울, 혜안, 1999, 119~126쪽을 참조.

76) 「與朝鮮督辦交涉通商事務金允植筆談錄」, 『원세개전집』 권1, 광서11년 9월 1일 (양1885.10.8.), 50~51쪽.

의도를 담은「적간론(摘奸論)」을 지어 고종을 알현하였다.77) 10월 11일
고종과 원세개가 만나 나눈 담화의 큰 줄기는 두 가지이다. 하나는 조
러밀약설에 관한 것이며, 나머지 하나는 고종의 거문도 문제 개입 요청
에 관한 것이다.

「적간론」을 읽은 고종은 우선 이것이 고명(高明)한 견해라며 원세개
를 치켜세웠다. 또한 조선과 묄렌도르프를 구별하며 은근슬쩍 조러밀
약설과 조선 정부는 관련이 없다는 뜻을 내비쳤다.78) 원세개가 판단한
당시의 영러관계는 다음과 같다. 그는 현재 러시아가 영국과 일이 있
으므로 절대 동쪽으로 병력을 움직이지 못할 것이며, 영국 해군은 터키
를 점령한 이후 러시아의 귀로(歸路)를 차단할 것이라고 예상하였다.
때문에 러시아 공사는 청과 우호 관계를 맺으려 노력 중이며 또한 청
이 영국을 도와 러시아의 힘을 분산시키려 할까 우려한다는 것이었다.
러시아는 영국의 거문도 점령을 매우 못마땅하게 여기고 있기 때문에
(영국의 힘을 제어하기 위해서라도) 결코 동북아시아의 각국과 사이가
틀어지는 것을 달가워하지 않을 것이라고 판단하였다.79)

원세개의 입에서 거문도에 관한 이야기가 나오자 고종은 이를 놓치
지 않았다. "거문도는 비록 영국이 러시아를 막는 길이라고는 하지만
원래 우리나라의 지방이니 그대로 내버려둘 수는 없습니다." 이미 영국
측에 철군하라고 몇 번이나 조회하였으나 여전히 아무런 동정이 없어

---

77) 이 글의 원래 제목은「변간론(辯奸論)」이었다. 이후 원세개가 제목을「적간론(摘
奸論)」으로 고쳐 달았다. 또한 이 글은 원세개가 고종을 알현하려 준비하면서 지
은 것인데, 날짜가 미상이다. 10월 10일은 조선 국왕이 글을 받고 열람한 날짜이
다. (「摘奸論」,『원세개전집』권1, 광서11년 9월 3일(양1885.10.10.), 51쪽.)
78)「謁見朝鮮國王筆談錄」,『원세개전집』권1, 광서11년 9월 4일(양1885.10.11.). 이
하 고종과 원세개의 대화는 모두 본 사료에서 발췌하였다.
79) 위의 글.

매우 의심스럽다고 덧붙였다. 그러자 원세개는 이홍장의 명령을 받아 오코너 공사를 만나고 온 적이 있다는 사실을 밝혔다. 오코너는 장차 영국 정부의 수상이 바뀔 것이라 3개월 정도 뒤에는 반드시 거문도 문제에 결론이 내려질 것이라고 하였다. 고종은 8월 이후에 끊긴 영국 측의 소식을 원세개에게서 두 달 만에 들은 것이었다. 고종은 "거문도 일이 3개월 후에야 논의가 정해진다는 것은 몇 달부터 세어서 3개월이라는 말입니까?"라고 물으며 재차 날짜를 추궁하였다.[80]

원세개는 오코너가 말한 3개월은 8월(음력)부터로 내년 1월(음력) 정도면 알 수 있을 것이라고 답하였다. 또한 지금 청의 총서에서 영국 측에 철군을 요구하고 있으며 자신도 그 사이에서 주선하면서 이홍장에게 오코너를 재촉하기를 요청하고 있다는 소식을 알려주었다. 이전까지 청 정부가 공식적으로 거문도 문제에 개입하기를 꺼렸던 사실과 대비되는 모습이었다.

청 정부 및 이홍장의 태도 변화는 어디에서 기인하였을까. 가장 유력한 계기는 1885년 9월 영국과 러시아가 아프가니스탄에서의 분쟁을 끝내기로 합의했다는 점이다. 청은 그동안 영국과 러시아 사이에서 어느 한 편으로 치우치지 않게끔 교묘한 외줄타기를 해왔다. 그러나 영국과 러시아가 당분간 동아시아에서 평화를 유지하기로 합의한 만큼, 청이 러시아를 신경 쓰면서 거문도 문제에 개입하지 않을 이유가 사라진 것이었다. 오히려 청의 입장에서 속방 조선의 영토를 무단 점거하고 있는 영국군의 철수는 빠르면 빠를수록 좋았다. 청과 조선의 이해관계가 맞아떨어진 것이었다. 고종은 영국과 조선 사이에서 문제 해결을 주선하겠다는 청의 제안을 흔쾌히 받아들이며 청의 거중조정에 감

---

80) 위의 글.

사한다는 뜻을 전하였다.

이후 이홍장은 영국의 부탁을 받고 1886년 8월에서 10월까지 두 달 간 북경 주재 러시아 대리공사 라디젠스키(Н. Ф. Ладыженский)와 몇 차례에 걸쳐 거문도 문제에 관해 논의하였다. 이홍장의 중재 결과 1887년 2월 27일 거문도에서 영국군이 철수하면서 약 2년 만에 이 사건 은 끝을 맺는다.

그동안 거문도사건을 해결하기 위해 주도적으로 '소국외교정책'을 펼친 주체는 당시 조선의 외교전담부서 외아문이었으며, 그중에서도 외아문의 독판 김윤식이었다. 외아문의 시도가 좌절된 이후 '소국외교 정책'의 주요 실행 주체는 고종으로 바뀌었다. 앞서 언급했듯 원세개는 고종과의 담화 이틀 전에 김윤식과 이미 한 차례의 담화를 나누었다. 그때의 기록에는 거문도사건에 대한 언급이 등장하지 않는다. 이 점을 감안할 때 원세개가 외교 실무담당자인 김윤식이 아닌 조선의 국왕 고 종에게 직접 거중조정을 제안한 것은 그 사안의 격을 맞추기 위해서라 고 보인다. 원세개는 이러한 외교정책의 최고결정권자가 조선의 국왕 이라고 간주했던 것이다.

1880년대 중후반의 정국에서 고종이 자주적인 '근대화'를 위해 청으 로부터 독립하고자 친(親)러시아 노선을 취했다고 보는 연구에서는 고 종과 대표적인 친청파인 김윤식을 구별하고자 한다.[81] 당시 고종의 노 선과 역할에 대해서 평가가 엇갈리는 것은 물론이다. 하지만 당시 각 국면에서 보이는 주체들의 역할을 정치적 입장에 따라 고정한다면 역 사 서술은 너무 도식적으로 흘러갈 위험이 있다. 본 논문에서 주목하 고 싶은 것은 개항 이후 발생한 사상 초유의 사태 앞에서 그 노선은

---

81) 구선희, 앞의 책, 1999.

크게 중요한 것이 아니었다는 점이다.

또한 1885~1886년의 고종과 원세개의 관계에 대해서도 재고해볼 필요가 있다.[82] 1886년 '제2차 조러밀약'에 관한 설이 고종의 폐위 문제로 비화해 고종과 원세개의 대립이 극단으로 치달은 것은 주지의 사실이다. 그러나 1885년 10월의 고종과 원세개의 대담은 원세개가 조선에 온지 약 10일 후에 이루어진 것으로, 당시 둘 사이의 대립각은 드러나지 않았다. 고종과 원세개의 관계에서 무조건 대립성을 강조하기보다는 어떤 의도를 가지고 서로를 이용하려 했는지를 봐야 한다. 원세개가 조선에 온 지 얼마 되지 않아 고종과 거문도사건의 처리 방안에 관해 이야기를 나누었다는 점을 고려해보자. 이미 청 정부는 이를 조선의 내외정에 간섭할 수 있는 명분으로 삼으려는 의도를 가지고 있었을 것이다. 이때 고종이 청의 거중조정 제안을 수락한 것은 영국과의 협상에서 주도권을 잃은 약소국이 취할 수 있는 마지막 수단이었다.

약소국은 근본적으로 자신의 능력으로 국가 안보를 보장할 수 없었다.[83] 영국의 반대로 서양 강국에 요청한 거중조정이 무산된 상태에서 조선 정부가 취할 수 있는 외교 노선은 극히 적었다. 조선 정부가 거중조정의 요청을 완전히 취소한 것은 아니었다. 잠시의 보류였다. 그러나 상대국 영국이 서양 국가의 개입을 반대하는 이상 섣불리 재청원을 할 수는 없었다. 영국 측이 내세우는 우의를 그대로 믿지는 않았지만

---

[82] 원세개의 역할에 대해 주목할 만한 연구 성과는 다음과 같다. 원세개를 식민통치자와 비슷한 권한을 누리는 감국(監國)으로 보았던 기존의 연구와 달리 그 권한이 국제법상 제한적이었다고 평가하였다. (유바다, 『19세기 후반 조선의 국제법적 지위에 관한 연구』, 고려대학교학위논문(박사), 2016.)

[83] Robert L. Rothstein, *Alliances and Small Powers*, New York:Columbia University Press, 1968, pp.1, 23, 29, 정용화, 「전환기 자주외교의 개념과 조건」, 『국제정치논총』 43-2, 2003, 202쪽에서 재인용.

그들의 제안을 받아들이기로 결정한 만큼 답변을 기다려야 했다. 기약
없는 기다림이었다. 이 상황에서 조선 정부가 전통적으로 보호국의 역
할을 자임하고 있던 청에 의존하는 것은 예상 가능한 수순이었다. '소
국외교정책'은 항상 적극적인 방향으로 나아갈 수만은 없었다.

그렇다면 거문도사건의 처리 과정에서 조선 정부가 일방적으로 영
국 정부의 대답만을 기다리면서 청에 의탁해야 하는 상황까지 이르게
된 구조적인 원인은 무엇이었을까. 그 원인으로는 바로 조선 정부가
영국을 비롯한 외국에 조선 공관을 두고 주재 사절단을 파견하는 등의
직접적인 외교라인을 구축하지 못했다는 점을 들 수 있다. 국제법을
기반으로 한 외국과의 우호조약 체결 시 선결 과제는 공관의 설치였다.
국제적 외교문제를 다룰 때는 그것을 수행할 공간이 필요했기 때문이
었다.

그러나 조선 정부는 영국 혹은 청에 공관을 두고 있지 않았다. 조선
정부가 사건 해결을 위한 특사를 영국으로 직접 파견하지도 않았다.
당시로서는 조선 내에서 외교적으로 대응하는 것이 최선의 방식이었
다. 그러나 이는 명확한 한계점을 가지고 있었다. 조선 정부의 의견을
영국 정부에 타진하기 위해서는 서울에서 북경으로, 또 북경에서 런던
으로 몇 개의 단계를 거쳐야 했기 때문이었다. 국내에서 문제를 해결
하고자 했을 때는 영국 정부에 직접적으로 항의하기가 불가능한 만큼,
조선 정부는 영국으로부터의 답신을 기다려야만 했다. 조선 정부는 강
대국과의 외교 담판에서 주도성을 잃어갈 수밖에 없었다.

그동안 조선 정부가 외국에 공관을 두고 사절단을 파견하려는 노력
을 기울이지 않았던 것은 아니었다. 거문도사건이 발생하기 전부터 조
선 정부는 공관의 설치와 그 필요성을 인지하고 있었다. 1880년 제2차
수신사로 일본에 다녀온 김홍집이 고종에게 일본은 각국에 공관을 두

고 사절을 파견하여 상주시키고 있다는 사실을 보고하였던 것이다. 이는 1882년 조선 정부가 청과 통상 문제를 협의하는 과정에도 영향을 미쳤다. 1882년 2월 문의관(問議官)으로 청에 파견되었던 어윤중이 가져간 고종의 자문(咨文)에는 북경에 조선 사절단을 주재시킬 것을 요구하는 항목(派使駐京)이 기재되어 있었다. 그러나 청 정부는 이 제의를 조청 간의 조공관계를 위반하는 징조로 받아들여 거절하였다.[84] 즉, 청은 당시 조선 정부의 외교 시스템을 북경에 공관을 설치할 수 없는 구조로 재편한 것이었다. 조선에 주재하는 영국 영사 역시 주청 영국 공사의 지휘 아래 놓여 있었다. 이렇듯 강대국이 재편한 구조 속에서 조선에 외교적 분쟁이 발생하였을 때, 조선 정부는 청에 의탁할 수밖에 없게 되었다.

거문도 문제에 대한 청의 개입은 표면적으로는 사대관계의 연장선에서 이루어졌다고 할 수 있다. 그러나 '질서전환기'라고도 할 수 있는 1880년대는 이미 조선과 청의 사대관계에 변화가 나타나고 있었다. 단적인 예가 바로 개입 방식이다. 청의 개입은 국제법의 거중조정을 통해 이루어졌다. 청과 조선 모두 서양의 공법질서에 편입되어 있던 상태였기 때문이었다. 물론 명목상 국제법의 거중조정을 시행한다는 점에서 그 이전에 행해졌던 사대관계의 외형과 완벽하게 일치하는 것은 아니었다. 사대관계의 '변주(變奏, variation)'라고도 할 수 있겠다. 이 역시 동아시아와 서양의 외교 시스템이 공존하고 있던 1880년대 조선의 특수한 외교적 상황을 나타낸다. 즉, 조선 정부는 '변주'된 사대관계를 이용하여 거문도 문제를 해결하고자 했다. 청은 이를 통해 그동안 자임해오던 조선에 대한 종주국으로서의 역할을 국제법적으로도 인정받

---

[84] 구선희, 앞의 책, 1999.

을 수 있었다.

요약하자면, '소국외교론'을 기반으로 한 조선 정부의 '소국외교정책'은 처음에는 자율적으로 거문도 문제를 해결하려고 했으나('제1차 거중조정'의 요청) 이는 영국의 제재로 인해 수행에 제한을 받게 되었고('제1차 거중조정'의 보류와 '양자해결론'의 미실현) 결국 청에 의탁하게 되는 구조('제2차 거중조정' 제안의 수락)로 나타나게 되었다. 조선 정부가 펼치는 때로는 능동적이고 때로는 수동적인 '소국외교정책'을 통해 이러한 '질서전환기'에 적응해나가는 조선 대외관계사의 한 단면을 엿볼 수 있다.

4. 맺음말

본 논문의 지향점은 거문도사건에 대한 조선 정부의 대응책이 지닌 성격 재규정이었다. 그 대응책의 특징을 포착해내고 성격 규명으로 나아가기 위해서는 사실 관계를 면밀하게 분석하여 조선 정부의 대응 과정을 단계적으로 파악하는 것이 선결 과제였다. 이를 통해 내린 결론은 다음과 같다.

조선 정부는 서양의 국제법이 '소국'을 보호하기 위한 이상적인 법이 아니라는 한계점을 명확히 인식한 상태에서 조선이 취해야 할 현실적인 외교 방향을 모색하였다. 본 논문에서는 이를 '관계적 소국의식'에 기반을 둔 '소국외교론'이라고 규정하였다. 또한 이러한 '소국외교론'이 실제로 거문도사건을 해결하기 위한 조선 정부의 대응 과정에 어떻게 반영되었는지를 중심으로 살펴보고자 하였다.

조선 정부는 거문도사건의 초기 대응부터 서양의 조약관계를 맺은 나라들과 긴밀하게 접촉하였다. 실제로 조선 정부는 거문도 문제를 처리하는 과정에서 각 동맹국 영사들의 조언을 상당 부분 수용하여 거문도 점거를 반대하는 논지를 구축할 수 있었다. 그중 영국 정부가 가장 신경을 곤두세운 대응 방식이 바로 거중조정이었다. 영국 정부는 이 문제에 각국이 개입하여 국제적으로 비화하는 것을 매우 꺼렸기 때문이었다. 따라서 조선 정부에 '양자 해결론'을 제시하며 각국에 제안한 거중조정 요청을 거두어줄 것을 요구하였다. 조선 정부는 이를 수용하여 잠시 그 요청을 보류하였으나 그 뒤로 영국 정부는 협상 테이블에서 조선을 제외시켰다. 조선 정부는 이를 타개할 방안으로 '변주'된 사대관계에 의지하였다. 청의 거중조정 제안을 받아들여 거문도 문제를 해결하고자 한 것이었다.

본 논문에서는 이를 '제1차 거중조정'과 '제2차 거중조정'으로 구분하여 특징을 포착하였다. 약 4개월의 시차를 두고 제안된 거중조정은 그 시행 주체가 달랐다. '제1차 거중조정'의 시행 주체는 국제법에 근거하여 조약을 체결한 서양의 우호국들과 사대교린관계를 유지하던 청과 일본이었다. 반면, '제2차 거중조정'의 시행 주체는 전통적으로 조선의 종주국이었던 청이었다. 청의 개입은 내용상으로는 전통적 사대 질서를, 형식상으로는 서양의 국제법질서를 반영하고 있었다. 청은 거문도 사건을 해결하면서 국제법적으로도 번속국의 외교권을 대리하는 종주국으로서의 지위를 확고히 할 수 있었다.

요약하자면, 조선 정부의 '소국외교정책'은 처음에는 자율적으로 거문도 문제를 해결하려는 방식을 취했다. 이는 '제1차 거중조정'의 요청으로 나타났다. 그러나 영국의 회유와 제재로 인해 정책 수행에 제한이 가해지게 되었다. 더불어 영국이 선제안한 '양자해결론'은 실현되지 않았다. 결국 조선 정부는 청의 '제2차 거중조정' 제안을 수락함으로써

'소국외교정책'은 청에 의탁하는 방식으로 나타나게 되었다. 조선 정부
는 국내에서 외교 교섭을 진행하는 한, 미약한 외교력으로 영국과의 교
섭에서 주도권을 내줄 수밖에 없었다. 이는 청이 북경에 주재하는 조
선 공관의 설치를 허락하지 않음으로써 청에 의탁하도록 만들어 놓은
구조적 원인에서 기인하였다.

　1880년대는 조선의 대외관계가 동아시아의 사대질서에서 서양의 국
제법질서로 전환하는 과도기였다. 거문도사건에 대처하는 조선 정부
의 방식에서는 이러한 시대적 특질이 고스란히 담겨 있다고 할 수 있
다. 거문도사건에 대한 조선 정부의 대응 성격은 소국으로서의 자기인
식을 바탕으로 서양의 조약체제와 동아시아의 조공책봉관계를 모두
활용하는 '소국외교정책'이었다. 조선 정부의 '소국외교정책'은 때로는
적극적인 항의로, 때로는 소극적인 의존으로 발현하였지만 그 최종 목
적은 언제나 자국의 자주권 보호와 생존이었다.

외교사의 각도에서 다시 보는
방곡령(防穀令)사건(1889~1893)

—

우신

1. 머리말

갑신정변 이후, 조선에 있어서 청 · 일 양국의 세력 확장은 천진조약이 성립되는 것으로 일시적으로 일단락되었다. 이로부터 1894년 청 · 일 전쟁이 발발하기까지 동북아지역이 약 10년간의 평화가 유지되었다. 그러나 이런 평화의 뒷편에서 조 · 청 · 일 삼국의 관계가 우호적이었다고는 할 수 없다. 특히 조공 · 책봉관계 하의 조 · 청관계도 기존의 서로 다툼 없이 평화롭게 지내던 태도와 판이하게 바뀌었고 게다가 양자의 대립도 날로 격화되었다. 이런 상황 하에 발생한 방곡령사건은 조 · 청 · 일 3개국에 걸친 중요한 외교사건으로서 자연히 당시 동북아의 정국을 살펴보는 가장 좋은 사례가 되었다.

개항이후 조선의 지방관이 일본 상인을 대상으로 실시한 방곡령은 1876년에서 1904년까지 적어도 100件 이상에 이르렀다.[1] 그중 1889년부터 발생했던 방곡령사건은 점점 정치적인 사건으로 전환되었고, 조·일 양국이 전쟁하게 되는 지경에까지 이르렀다. 당시의 일본정부 는 방곡령사건을 둘러싼 담판을 해결하기 위해 조선정부에 최후통첩 을 보냈다. 조·일양국의 전쟁은 일촉즉발이라고 말할 수 있었다. 이로 인해 필자가 본고에서 언급하는 방곡령사건은 일반적으로 1889년의 방 곡령을 둘러싼 일련의 조·청·일 간의 외교 분쟁을 가리킨다.

방곡령사건은 임오군란이나 갑신정변 등에 비해 많은 학자들의 주 목을 받지는 않았지만, 동북아정국에 대한 영향력은 결코 무시할 수 없 다. 방곡령사건을 해결하기 위해 일본정부가 조선정부에 최후통첩을 보내는 등 전쟁을 불사한 태도를 주목해 보아도 방곡령 사건의 영향력 은 굉장하다. 보다 더 주목할 만한 것은 방곡령 사건이 妥結된 다음 해, 즉 1894년에 조선을 둘러싼 청·일 양국 간의 모순이 정점에 다다르게 되었고 결국 청일전쟁이 발발하게 되었다는 것이다. 방곡령 사건은 청·일전쟁의 발발과 직접적인 因果關係가 있는 것은 아니지만, 청· 일전쟁 직전 중요한 외교사건으로서 어느 정도 동북아의 정세를 좌우 했다고 말할 수 있다.

조·일관계사의 전문가인 田保橋潔은 일찍부터 방곡령사건의 경위 에 대해 論究했다. 그는 조·일관계사의 각도에 서서 일본 쪽의 방곡령 을 둘러싼 배상문제를 언급하는 동시에 청국의 방곡령 사건에 관한 개 입도 언급했다.[2] 이후 방곡령사건에 관한 일본학자들의 연구는 주로 그 당시 제2차 伊藤內閣의 대조선정책과 관련하여 일본정부의 외교활 동을 중심으로 전개되었다.[3] 야마베 겐타로는 방곡령사건을 둘러싼

---

1) 河元鎬, 「開港後防穀令實施의 原因에 관한 硏究(上)」, 『韓國史硏究』 49호, 1985, 80쪽.
2) 田保橋潔, 『近代日鮮關係の硏究·下卷』, 東京: 宗高書房, 1972, 53~134쪽.

일본의 대조선 교섭이 일본외교의 신용을 떨어뜨렸을 뿐이라고 지적했다.[4]

한국학자 權錫奉은 田保橋潔의 연구를 보완 계승하고 있다. 그는 청국의 방곡령 사건에 대한 개입의 의도를 규명하려고 하였다. 權錫奉에 따르면, 일본공사 大石正巳가 조선쪽에 防穀素賠案을 제시하여 作鬧를 시작하자, 그의 행위는 袁世凱가 즉각적으로 개입하여 강경하게 對處하도록 영향력을 행사하는 중요한 바탕이 되었다. 그리고 일본정부는 膠著狀態에 빠진 조·일 담판을 타개하기 위해 어쩔 수 없이 청국에 개입요청을 하였다고 한다.[5] 權錫奉의 연구 이외 한국학계의 방곡령사건에 관한 전문적인 연구는 아주 드물다.[6]

---

3) 唐沢たけ子, 「防穀令事件」, 『朝鮮史硏究會論文集』, 東京: 極東書店, 1969, 64~93 쪽; 菊池謙讓, 『近代朝鮮史·下卷』, 東京: 大陸硏究所, 1940, 190~191쪽; 高橋秀直, 「防穀令事件と伊藤內閣」, 朝尾直弘敎授退官記念會編, 『日本國家の史的特質 近世·近代』, 東京: 思文閣, 1995.

4) 야마베 겐타로, 까치 편집부 옮김, 『한국근대사』, 서울: 까치, 1982, 62쪽.

5) 權錫奉, 「防穀素賠妥結에 있어서의 淸側 介入」, 『중앙사론』 제6집, 1989, 71~72쪽.

6) 한국의 학자들은 일찍부터 방곡령에 대한 연구를 진행했다. 조선의 지방관이 일본상인을 대상으로 방곡령을 실시한 원인은 대략 7가지 정도로, 실제 방곡령을 실시한 이유는 모두 경제적인 면을 고려한 것이었다. 때문에 경제사의 각도에 서서 방곡령에 대해 연구하는 것이 가장 직접적인 연구방식이었다.(최성기, 「穀物輸出과 防穀令: 尙州를 中心으로」, 『安東開發硏究』 제9집, 1998; 김경태, 『한국근대경제사연구: 개항기의 米穀貿易·防穀·商權문제』, 서울: 창작과비평사, 1994, 161~207쪽; 河元鎬, 앞의 책; 김정동, 「朝鮮後期穀價變動과 防穀令: 鹹鏡道와 尙州를 中心으로」, 안동대학교학위논문(석사), 2002: 김창범, 「한말의 곡물수출과 방곡령」, 성균관대학교학위논문(석사), 1984; 정덕기, 「朝鮮王朝末期의 糧政硏究」, 『역사와 담론』 제4집, 1976, 28~45쪽) 이 중 가장 대표적인 것으로는 河元鎬의 연구가 있다. 그는 연구에서 1884년의 갑신정변과 1894년의 청·일전쟁, 1904년의 러·일전쟁을 계기로 두고 개항 직후의 방곡령을 1876~1884년, 1885~1894년, 1895~1904년의 3시기로 구분하여 서술하고, 특히 1885년부터 1894년 사이가 방곡령이 가장 많이 실시된 시기라고 지적하고 있다.(河元鎬, 「開港後防穀令實施의 原因에 관한 硏究(下)」, 『韓國史硏究』 50·51, 1985, 145~187쪽). 그러나 1889년 방곡령을 둘러싼 일련의 외교활동에 관한 전문적인 연구는 權錫奉의 연구를 제외하고

이외에 방곡령 사건은 주로 일본의 외교활동에 관한 연구에서 자주 언급되었다. 崔碩莞은 일본정부가 방곡령 사건에 대해 결국 청일협조에 의한 평화적인 해결책을 채택하였지만, 방곡령사건의 妥結 過程에서 드러난 청·일간의 신경전이 청일협조라는 미명하에 조선에서의 양국 간의 경쟁관계를 더욱 가속화시켰다고 지적했다.[7]

김영숙은 일본 외무성 통상국장 原敬의 외교활동을 연구하면서 특히 방곡령사건의 妥結 過程에서 原敬의 대조선 담판태도를 주목했다. 그는 原敬이 강경한 담판태도를 가지고 있었기 때문에 조일양국이 배상의 액수 문제에 대해 계속 합의를 보지 못했다고 지적했다.[8]

방곡령 사건에 주목한 중국학자로는 王信忠이 있다. 그는 방곡령 사건의 妥結 過程에서 일본정부가 청국에 협조요청을 제기한 외교활동이 조선에서의 청국세력의 강성함을 반영하는 것이라고 지적했다.[9] 한편, 林明德은 王信忠의 연구를 보완했다. 그는 청국의 개입이 방곡령 사건의 妥結에 결정적인 역할을 하는 동시에 종주국의 책임을 다한 것이라고 밝혔다.[10]

그러나 孫攀河는 박사학위논문에서 일본의 강경한 외교태도가 방곡

찾아보기 힘들다. 단지 청일전쟁 직전 일본의 조선에 대한 침략을 설명하면서 조금 언급하였을 뿐이다(이수지, 『함경도 방곡령사건(1889~1893년)과 조선에서의 일본의 세력확대』, 이화여자대학교학위논문(석사), 2002; 김의택, 『日本의 對朝鮮經濟政策과 防穀令事件에 關한 연구』, 연세대학교학위논문(석사), 1974). 李基白은 방곡령사건을 일본의 경제적 침략에 대한 반항으로 간주하고 있다(이기백, 『한국사신론』, 서울: 일조각, 1999, 307쪽).

7) 崔碩莞, 「帝國議會 開設期의 淸日協調 문제(1890~1893)」, 『日本歷史硏究』 제12집, 2000, 125~126쪽.

8) 김영숙, 「하라 다카시(原敬)의 한국 인식과 외교 활동」, 『한국일본어문학회 학술발표대회논문집』, 2007, 801쪽.

9) 王信忠, 『中日甲午戰爭之外交背景』, 北京: 國立淸華大學, 1937, 117~118쪽.

10) 林明德, 『袁世凱與朝鮮』, 台北: 中央硏究院近代史所, 1984, 316쪽.

령 사건을 妥結한 관건이라고 주장했다. 그는 일본정부가 방곡령 사건을 통해 조·청관계의 최전선을 탐지하고 일본국내의 國權論者의 침략야심을 격려했기 때문에 외교상의 승리를 거두었다고 지적했다.[11]

지금까지 연구를 통해 보면, 연구자들이 방곡령 사건의 중요성에 대해서는 어느 정도 인식하고 있지만, 깊은 연구를 행하지 않았다는 것을 알 수 있다. 뿐만 아니라 기존에 이루어진 방곡령에 관한 연구도 몇 가지 문제점을 가지고 있다.

첫째, 방곡령 사건을 일본의 對朝鮮 정책과 연결하여 같이 검토하는 연구는 많은 반면, 청국의 對朝鮮 정책과 연결하여 검토한 연구는 찾아보기 어렵다. 청국이 방곡령 사건에 개입한 것에 대한 대부분의 연구는 청국이 조공관계에 근거하여 개입한 것이라고 주장했다. 그러나 조·청간의 조공관계는 청국이 방곡령사건에 개입해야만 하는 필수 불가결한 조건이 아니다. 복잡한 외교활동에서 정부가 가장 먼저 생각하는 것은 국가이익의 보호이다. 청국이 조선의 종주국이라는 명분을 내세워 방곡령사건에 개입할 수 있지만 청국은 이익 없이 개입할 리가 없다. 따라서 필자는 청국이 방곡령 사건에 개입한 것에 대해 반드시 '동북아 국제환경'이라는 프리즘을 통해 다시 종합적으로 살펴볼 필요가 있다고 생각한다.

둘째, 조·청·일에 대한 방곡령 사건의 영향은 부분적으로 개략적으로 밝혀지고 있지만, 조·청·일 3국간의 동아시아질서에 대한 영향은 아직 연구가 미비하다. 岡本隆司는 방곡령 사건이 조·청·일 관계를 다시 조·일관계의 악화 = 조·청관계의 강화의 모델에 복귀시켰다고 주장하였지만, 단지 한 가설일 뿐 이에 대한 구체적인 연구를 전개

---

11) 孫攀河, 『福澤諭吉的中國觀』, 華東師範大學학위논문(박사), 2013, 191쪽.

하지는 않았다. 뿐만 아니라 그는 방곡령사건의 妥結 과정에서 袁世凱
의 역할을 지나치게 크게 평가하는 경향이 있다.[12]

셋째, 지금까지 대부분의 연구들에서는 방곡령 사건의 妥結을 주로
청국이 개입한 덕분이라고 생각하고 있는데, 조선정부가 청국에 외교
협조를 요청했다는 사실을 간과해서는 안 된다. 그 당시 조선정부는
청국에 대해 큰 불만을 가지고 있었다. 이러한 상황 하에 어떻게 협조
를 요청했으며 그것이 실현되었는가? 이것은 어떠한 정치적인 의미를
가지고 있는가하는 문제이다.

위와 같은 문제점을 해결하기 위해, 필자는 방곡령 사건을 다시 살펴
볼 필요가 있다고 생각했다. 기존의 연구와 달리 필자는 방곡령사건이
동북아질서에 미친 영향을 고찰하는 것을 연구테마로 삼고자 한다. 더
불어 방곡령 사건 전후 조·청·일 3개국의 관계 변화를 통해 방곡령
사건의 새로운 의미를 규명하는 것을 시도할 것이다.

이를 고찰하기 위해 1장에서는 청국이 조·청간의 조공관계를 강화
하는 정책을 바탕으로, 조선과 일본의 외교정책을 첨가하여 조·청 조
공관계의 추이를 상세하게 살펴보고자 한다. 우선, 갑신정변 이후 청국
은 천진조약을 통해 조선에서의 일본세력을 억제하고 조선에서의 우
세한 지위를 확보했다. 이에 그치지 않고 조선에서 계속 적극적으로
조선과의 조공관계를 강화하는 정책을 추진했다. 그러나 일본의 위협
이 이미 최소화된 상황 하에서 조선정부는 청국의 강압책에 대해 반감
을 가졌고, 이에 따라 조·청 관계는 점점 소원해졌다.

다음으로는 이 시기 조선에 대한 일본의 외교책을 설명하고자 한다.
갑신정변 이후 일본정부는 소극적인 대조선정책을 수립했고 청국과의

---

12) 岡本隆司, 黃榮光 譯, 『屬國與自主之間: 近代中朝關係與東亞命運』, 北京: 三聯書
店, 2012, 450쪽.

정면충돌을 피하기 위하여 청·일 협조정책을 실행했다.

　2장에서는 방곡령 사건을 둘러싸고 조·청·일 간의 진행된 교섭을 중심으로, 청국의 방곡령 사건 개입의 의의를 제시하고자 한다. 조선에 대한 일본의 무리한 배상요구 때문에, 조선에 대한 일관된 조공관계를 강화하는 청국의 정책이 조선의 이익과 서로 부합했다. 이로 인해 조·청간의 조공관계를 공고히 할 수 있었다. 반면, 일본은 견고한 조·청 조공관계 앞에 다시 패배하게 되었다. 필자는 본장에서 청국이 방곡령 사건을 어떻게 이용하여 조선에 대한 종주국 지위를 과시하였는가를 중심적으로 고찰하고자 한다.

2. 방곡령(防穀令)사건 직전의 동북아 정세

　현재 학계에서 천진조약을 평가하는 데 있어 많은 논쟁이 존재하고 있지만,[13] 천진조약의 성립 이후 조선에서 청국세력이 급속하게 팽창했다는 데에는 이론이 없다. 표면적으로 보면 청국세력의 팽창으로 인해 청국과 조선 간의 조공관계가 강화된 것으로 보이지만, 실제로는 조선의 불만을 초래하였고, 조선이 청국의 통제를 벗어나고자하는 생각을 더욱 강렬하게 만들었다.

　갑신정변 중 청·일 군대의 교전에 충격을 받은 조선의 고종은 청·일 양국에 대한 불신을 가지게 되었다. 때문에 묄렌도르프의 영향 하

---

[13] 학계에서 대부분의 학자들은 천진조약이 청국에 불리하고 일본에 유리했다고 주장하지만 필자는 청국이 천진조약의 조인을 통해 조선에서의 일본세력의 확장을 제약하기 때문에 청국에 유리했다고 주장하였다. 구체적인 내용은 '우신(于晨), 「1885년 淸·日 天津條約의 재검토」, 『명청사연구』 제43호, 2015' 참조.

에 제3국―러시아―의 도움을 요청하였다. 1884년 12월 28일 일본주재 러시아공사관의 서기인 슈페이예르(Alexey Shpeyer)가 조선에 도착했다. 그는 조선에 도착한 후 즉시 인아책(引俄策)을 주장하고 있던 묄렌도르프를 방문하고 갑신정변에 관한 사정을 세밀히 파악했다. 12월 31일에 그는 조선에 있는 각국 사절을 방문하였다. 그 다음 날에는 묄렌드르프와 함께 고종과 왕세자를 알현했다. 이 때 슈페이예르는 조선의 政丞으로부터 조선이 러시아에 사신을 파견하고, 가장 긴밀한 관계를 만들고자한다는 의사를 확인했다.[14]

1월 6일 슈페이예르가 일본으로 돌아간 후 조선 고종은 묄렌도르프의 건의를 받아들여 金鏞元과 權東壽 등을 밀사로 블라디보스톡으로 파견하여 러시아 측의 보호를 요청하게 하였다. 이것이 바로 그 유명한 "第一次 朝露秘密協定"이다.

金鏞元과 묄렌도르프는 매우 신중하게 朝露秘密協定을 추진하였지만, 결국 고종의 朝露秘密外交는 탄로나고 말았다. 朝露秘密外交의 탄로는 조선을 속국으로, 러시아를 최강의 가상적으로 간주해 온 청국에 커다란 충격이었다. 이에 대해 당시 청국 대외정책의 실제 제정자인 李鴻章은 강압대책을 세워야만 했다.

甲申政變 동안 事大黨 거두가 거의 제거 당했기 때문에, 조선에서 다시 親淸적인 事大黨 政府를 수립하는 것은 李鴻章의 절박한 난제가 되었다. 비록 갑신정변의 난에서 살아남은 金允植 · 魚允中 · 卞元圭 등의 사대당 관원이 있었지만, 그들의 능력과 명망은 고종과 민비를 견제하지 못했다. 따라서 李鴻章은 갑신정변 이후 대원군의 釋還을 고려하지 않을 수 없었다.

---

14) 김종헌, 「슈페이예르와 러시아공사 베베르의 조선 내 외교활동(1884~1894)」, 『대동문화연구』 제61호, 2008, 132~133쪽.

李鴻章은 먼저 당시 保定府에 체류하고 있던 대원군의 長子 李載冕을 귀국시켰다. 그리고 그를 이용하여 대원군의 釋還에 대한 고종의 의향을 떠보았다. 동시에 고종을 설득하여 청국에 사신을 파견하여 고종이 대원군의 釋還을 청하도록 했다. 이에 따라 고종은 閔種默과 趙秉式을 陳奏使로 청국에 파견하기로 결정하였지만, 왕비 민씨가 불쾌해할 것을 염려했기 때문에 출발날짜를 잡지 않고 차일피일 미루었다.[15] 이를 통해 조선에서 대원군의 釋還에 가장 큰 장애는 바로 왕비 민비를 비롯한 집권세력이었다는 것을 알 수 있다.

민비는 대원군의 며느리이지만, 양인의 관계는 수화불용(水火不容)이라고 할 정도로 좋지 않았다. 따라서 민비가 대원군의 釋還에 대해 불만을 가지는 것은 당연했다. 따라서 모든 방법을 이용하여 대원군의 釋還을 저지하고자 했다.

민비는 먼저 閔泳翊을 천진에 파견하여 李鴻章의 眞意를 확인하게 하였다. 李鴻章은 閔泳翊에게 대원군이 조만간 歸國할 것이라는 소식을 알렸다. 그 뿐만 아니라, 閔泳翊에게 대원군과 민비를 和解시킬 것을 권유했다. 閔泳翊은 대원군이 不日還國한다는 音信을 알게 된 후, 대원군과 민비의 黨爭에 휘말릴 것을 걱정하여, 7월 28일 隨員 李鳴善을 통해 李鴻章에게 서한을 전달하고 그날 밤에 천진으로 떠났다.[16] 閔泳翊은 서한에서 대원군의 歸國에 同意할 수 없으며, 대원군과 함께 國事를 論할 수 없는 이유를 설명하였다.[17] 李鴻章은 閔泳翊의 태도를 통해 대원군과 민비의 관계는 調和를 이룰 수 없다는 것을 깨달았다.

15) 故宮博物院文獻館 編,『淸光緖朝中日交涉史料』卷8, 北京: 故宮博物院文獻館, 1932, (390)附件一 李鴻章覆總署信, 28쪽.

16)『李鴻章全集』, 譯署函稿 卷17, 籌議赦還李昰應, 光緖十一年六月二十七日, 4812쪽.

17)『李鴻章全集』, 譯署函稿 卷17, 李鳴善迷信, 光緖十一年六月十七日, 4814~4815쪽.

하지만 고종과 민비의 행동을 견제하기 위하여 여전히 대원군의 釋還을 적극적으로 추진하였다.

1885년 9월 20일 조선 陳奏使 一行이 북경에 도착하자 淸廷은 諭旨를 내려 대원군을 歸還시켰고, 북양대신에게 대원군의 귀국을 호송할 것을 명하였다. 10월 3일 대원군은 袁世凱의 호송 하에 청국 군함을 타고 3년 만에 故土로 돌아왔다. 표면적으로 보면 청국의 大院君歸還의 목적은 대원군의 명망을 이용하여 고종과 민비의 親露행동을 견제하는 것에 있었다. 그러나 袁世凱의 삼촌인 袁保齡은 大院君歸還에 대해 "大院君이 民望이 있지만 이미 노쇠하다. 이번 歸還은 자연히 中華의 한 首尾가 잘 갖추어진 佳作이다. 그러나 (대원군을) 크게 쓰는 것은 아마 기대할 수 없을 것 같다."라고 했다.[18] 이는 청 정부가 대원군의 拉致·歸還을 통해 청국이 조선에 대해 특별한 영향력을 가지고 있다는 것을 다른 나라에 과시하려는 의도를 읽을 수 있다.

그러나 大院君歸還으로 인해 수반된 부작용 역시 적지 않았다. 청국의 大院君歸還은 청국이 기대했던 역할을 달성하지 못했다. 그 뿐만 아니라 민비를 비롯한 집권세력의 청국에 대한 증오를 초래했고,[19] 조선이 다시 親露策을 재차 추진하게 하였다.[20]

갑신정변으로 조선의 親淸派과 親日派는 막대한 피해를 입었고, 대원군이 민비의 엄중한 감시 하에서 스스로를 보호할 수 있기를 바랄 뿐이었다. 이런 시국 하에 協辦內務府事 閔泳煥를 비롯하여 左營 閔應

---

18) 袁保齡, 『閣學公集』, 書劄卷四, 「致津海關周觀察」, 24쪽; 『淸代詩文集彙編』編纂委員會 編, 『淸代詩文集彙編』 卷746, 上海: 上海古籍出版社, 2010, 379쪽.

19) 林明德, 『袁世凱與朝鮮』, 台北: 中央硏究院近代史硏究所, 1984, 128~120쪽.

20) 蔡種默, 「甲申政變後의 朝鮮의 自主外交努力과 外勢의 幹涉」, 『社會科學硏究』 제8기, 1981, 52쪽.

植, 前忠淸道 水軍節度使 洪在義, 內務府事 金嘉鎭·金鶴羽 등을 중심
으로 구성된 親露派[21]는 민비를 등에 업고, 조선 정국에 대한 영향력을
날로 확대해 나갔다. 그들은 묄렌도르프의 引俄拒淸策의 연장선에 서
서 러시아를 이용하여 청국을 견제하려 하였다.

1885년 10월경 親露派는 조선주재 러시아 공사 베베르(Karl Ivanovich
Weber)가 조선정부와 通商條約을 교환하는 것을 기회로 삼아 은밀히
조선이 러시아에 접근할 수 있게 하였다.[22] 1886년에 들어서 親露派의
對露外交活動은 본격적으로 전개되었다. 그들은 베베르에게 러시아의
협력을 통해 청국의 간섭을 제거하고자 한다는 뜻을 전했다. 아울러
他國과 一律平行하도록 支援해 주고, 만약 청국이 군함을 파견하면 相
助해 줄 것을 청하였다.[23] 러시아공사는 第一次 朝露秘密協定과 달리
이번에 직접 조선정부에 공식적인 文案을 요구했다.[24] 이에 대해 조선
은 總理內務府事 沈舜澤의 이름으로 文案을 作成하여 國璽와 總理大臣
印章까지 捺印하여 보냈다. 그러나 當事者인 沈舜澤은 이 사실을 알지
도 못하였다.[25]

그러나 閔泳翊은 引俄拒淸에 대해 극구 반대하였다. 동시에 親露派
의 對露外交活動을 암암리에 袁世凱에게 통지하고, 그를 통해서 조선
의 사정을 李鴻章에 보고하여 대책을 모색하게 하였다.[26] 袁世凱는 閔
泳翊에게 계속 親露派의 동향을 탐문하도록 하는 동시에 조선 고종에

---

21) 蔡種默, 위의 논문, 52쪽,

22) 宋慧娟, 『淸代中朝宗藩關系嬗變硏究』, 吉林: 吉林大學出版社, 2007, 229쪽.

23) 『李鴻章全集』, 海軍譯稿, 卷2, 籌朝鮮私叛, 光緒十二年七月十五日, 3951쪽; 蔡種
默, 앞의 논문, 15쪽.

24) 『李鴻章全集』, 海軍譯稿, 卷2, 袁道來電, 光緒十二年六月二十四日, 3953쪽.

25) 蔡種默, 앞의 논문, 14~15쪽.

26) 『李鴻章全集』, 海軍譯稿, 卷2, 袁道來電, 光緒十二年六月二十四日, 3953쪽.

게 力諫할 것을 부탁했다. 그러나 閔泳翊은 이미 사정이 만회하기 어려운 상황이라고 판단했기 때문에, 고종에게 간언하는 것을 원하지 않았다.27) 이 무렵 袁世凱는 사정의 절박성을 충분히 인식했다. 따라서 李鴻章에게 보고하면서 조선에 군대를 파견하여 고종을 폐위시킬 것을 건의했다.28) 李鴻章은 袁世凱를 통해 조선정세가 위태롭다는 것을 알게 되었다. 그는 즉시 러시아주재 청국공사 劉瑞芬에게 전보를 보내 조·러 교섭의 사정을 알아보았다.29) 劉瑞芬은 러시아 외교대신을 만났고 그에게 청국이 조·청의 조공관계를 파괴하는 일을 결코 용인할 수 없다고 강조했다. 러시아 외교대신은 劉瑞芬에게 조·러 간 밀약을 체결하는 일은 결코 없을 것이라며 보증했다.30) 李鴻章도 劉瑞芬을 통해 러시아 정부에 "(조러밀약)의 일이 있으면 즉시 휴지화한다"라고 전달했다.31) 이런 청국의 고압 정책 하에 "第二次 朝露秘密協定"은 결국 무산되었고, 청국은 다시 조선과의 종속관계를 강화하려 하였다. 그러나 이번 사건 때문에 조·청 양국의 관계는 더욱 악화되었다. 조선에 대한 청의 견제는 더욱 적극적으로 나타났다.32) 특히 조선의 자주 외교권을 엄격하게 제한하였다. 한편 "第二次 朝露秘密協定" 이후 袁世凱의 大院君國政監督 계획은 고종과 민비에게 커다란 충격을 주었고, 조선은 청국의 구속에서 벗어나 조선을 독립시키고자 하는 의향이 더욱 강력해졌다. 이는 이후에 조선이 구미로 사신을 파견하는 것을 둘러싸

---

27) 『李鴻章全集』, 海軍譯稿, 卷2, 袁道來電, 光緒十二年七月初六日, 3953쪽.

28) 『李鴻章全集』, 海軍譯稿, 卷2, 袁道來電, 光緒十二年七月初七日, 3954쪽.

29) 『李鴻章全集』, 海軍譯稿, 卷2, 寄彼得堡劉使電, 光緒十二年七月十九日, 3961쪽.

30) 『李鴻章全集』, 海軍譯稿, 卷2, 劉使來電, 光緒十二年七月二十三日, 3962쪽.

31) 『李鴻章全集』, 海軍譯稿, 卷2, 寄劉使電, 光緒十二年七月二十三日, 3963쪽.

32) 김호일, 『다시 쓴 한국개항 전후사』, 서울: 중앙대학교출판부, 2004, 178쪽.

고 발생한 조·청간의 분쟁을 통해 잘 살펴볼 수 있다.

　1886년 조선 주재 미국공사 포크(George Clayton Foulk)는 고종에게 청국에 항거하는 방법으로 구미국가에 사신을 파견할 것을 권고하였고, 조선의 미국인 고문(Denny)의 건의 하에 조선의 사신파견활동은 본격적으로 전개되었다. 청 정부는 조선의 사신파견에 대해 반대하지 않았지만, 외국에서 조선사신은 반드시 조청간의 조공관계에 부합하도록 행동해야 한다고 요구했다. 그리고 조선 사신의 외교활동을 제한하기 위하여 李鴻章은 조선 사신을 위한 3개 항목의 외교규정, 즉 三端을 만들었다. 三端의 내용은 다음과 같다.33) ①조선사신은 목적지에 도착한 후 먼저 당지의 청국관원에게 보고해야 한다. ②조선사신은 사교장에서 반드시 청국관원 뒤에 따른다. ③ 중요한 사건은 결정하기 전에 반드시 먼저 청국관원에게 보고하고, 상의해야 한다.

　조선정부는 사신파견계획을 순조롭게 완성하기 위하여 三端을 받아들이겠다고 청정부에 약속하였다. 그러나 사신파견을 통해 세계 각국에 자신의 자주성을 과시하고자 했던 조선은 사실상 三端을 준수할 생각이 없었던 것으로 보인다. 실제로 고종은 청국의 三端을 받아들이는 것을 결정한 후 즉시 미국주재 조선공사 朴定陽에게 통지하였다고 주장했지만, 정작 朴定陽 본인은 三端에 관한 어떠한 지시도 받지 않았다고 해명했다.34) 이에 관한 진상이 어떤지는 중요하지 않다. 미국에 체류하는 동안 朴定陽이 한 행동들은 청국의 三端을 위반하는 것이었고, 조선의 自主를 선전하는 것이 분명한 사실이었기 때문이다. 청국은 조선의 사신이 三端을 위반하는 행위를 한 것에 대해 매우 분개하며 조선정부를 강력하게 비난했다. 청국 압력 하에 조선정부는 어쩔 수 없이 朴定陽이 유럽으로 오는 도중에 영·독·러·이·프 주재 공사 趙臣熙를 김還할 수밖에 없었다. 조선의 이번 사신파견은 성공을 거두었다고는 말할 수 없지만, 청국으로부터 자주 외교권을 고수하였다고 하는 데 큰 의의가 있다. 그러나 조선의 사신파견사건 때문에 조·청 양국의 모순은 더욱 심화되었다.

갑신정변 이후 조선 고종은 청·일 양국을 불신했기 때문에, 러시아 세력에 의지하여 조선을 보존하고자 했다. 조선의 對露外交活動은 청·일 양국의 경계를 초래했을 뿐만 아니라 당시 동북아 지역에서 실력이 가장 강한 영국을 자극했다. 전 세계에서 러시아와 대립하고 있던 영국은 조선의 對露外交活動에 대해 격렬하게 반응했다. 천진조약 조인 3일 전인 1885년 4월 15일 영국해군은 러시아해군의 남하를 막고 영국의 대청, 대일무역을 보호하기 위해 거문도를 점거한다.

일본과 청국도 4월 18일 천진조약을 체결하자마자 외교활동의 초점을 바로 거문도사건의 해결로 옮겼다. 4월 21일 일본 外務大臣 井上馨은 영국정부로부터 거문도를 점령했다는 통지를 받은 후 바로 三條太政大臣에게 전함을 파견하여 영국과 러시아의 동향을 감시할 것을 요청하였다. 이후 井上馨은 22일에 다시 영국공사에게 영국이 거문도를 점령한 사정에 대해 문의했다. 井上馨은 전보를 통해 영국정부에 두 가지 문제를 문의하였는데 그 내용은 다음과 같다. 첫째, 영국정부가 거문도를 점령한 원인이다. 둘째, 영국정부가 거문도를 점령하는 것에 대해 조선정부와 상의했는가에 대한 의문이다. 또 井上馨은 영국정부에 더욱 상세한 정보를 얻기 전에 일본정부가 영국의 행동에 대해 다른 의견을 갖고 있다고 강조하였다. 이런 언사를 통해 일본이 영국에 약간의 불만을 가진 것을 파악할 수 있다.[35] 일본정부의 태도를 보면

그 당시 일본정부가 가장 관심을 가지고 있던 것은 영국의 거문도점령
에 대해 조선정부와 상의했는지 여부이다. 왜냐하면 일본정부는 강화
도 조약의 조인 이후 조선을 독립국으로 간주하였다. 따라서 거문도사
건 과정 중에 일본정부가 가장 두려워한 것은 바로 영국정부가 조선정
부가 아닌 淸廷과 협상하는 것이었다.

4월23일 영국주재 일본공사 河瀨眞孝는 영국 외무부를 방문했을 때
영국정부가 거문도문제에 대해 조선정부와 직접 교섭해야 한다는 의
사를 밝혔다. 그리고 河瀨眞孝는 영국외무대신에게 거문도가 조선에
속하는데 왜 청나라와 교섭하는지에 대해 불만을 표현하였다. 일본정
부의 요구 하에 영국정부는 어쩔 수 없이 북경주재대리공사를 통해 거
문도를 점령한 사실을 조선정부에 통고하였다.[36]

그러나 거문도 사건은 일본정부가 기대한 것처럼 조선과 영국이 교
섭하는 방향으로 발전하지 않았다. 청국은 일본과 러시아의 조선에 대
한 야망을 견제하기 위하여 영국의 거문도 점령을 묵인하고 영국과의
연합을 시도하였다. 영국정부도 동북아에서 자국의 기득권을 유지하
기 위하여 청국의 접근에 적극적으로 반응했다. 영국과 청국은 영국주
재 청국공사 曾紀澤의 주선 하에 거문도 문제에 대한 秘密協定의 체결
을 계획했다.[37] 그러나 러시아 정부는 거문도에 대한 청과 영국 간의
비밀협정 추진 사실을 알게 되자 청 정부에게 만약 영국이 거문도를
점령한 것을 인정하면 러시아도 조선의 다른 섬을 점령할 것이라고 위

35) 『日本外交文書』 卷18, (333)英國ノ巨文嶋佔據ハ日本ニ取リ重大關心事タルキ以
テ之力真相ノ充分ナル報道ヲ得ル迄ハ本件ニ關シ意志表示ヲ保留スル旨回答ノ
件, 600쪽.
36) 『日本外交文書』 卷18, (334)巨文嶋佔據ニ關ツ英國外務大臣ノ電報內容通牒ノ件,
附屬書 四月二十三日副英國倫敦外務大臣發在京英國公使宛電報, 600~601쪽.
37) 『李鴻章全集』, 電稿5, 曾候致譯署, 光緒十一年三月十七日子刻到, 5335쪽.

협했다.[38) 이런 상황에서 청 정부는 어쩔 수없이 曾紀澤에게 명령하여 영국과의 합의를 거절하도록 하였다.[39) 뿐만 아니라 청정부는 영국을 독촉하여 거문도를 조선에 되돌려주게 하였다.[40)

청국의 주선 하에 거문도 사건이 순조롭게 妥結되었기 때문에 청국은 다시 각국에 조선에 대한 종주권을 과시하게 되었다. 반면 일본은 천진조약 제3조의 제약 때문에 거문도사건에서 별로 결정적인 역할을 하지 못했을 뿐만 아니라 조선에 둘러싼 국제적 사안에서 점차 비주류가 되었다.

청국과 영국의 거문도에 관한 조약 체결이 무산된 후, 자신의 부족한 실력을 깨달은 일본정부는 종래의 조선을 독립국으로 간주했던 강경한 외교방침을 수정했다. 일본정부는 조선을 독립국으로 간주한다는 원칙을 고수하였지만 조선에 대한 러시아와 영국의 진출을 견제하기 위해 임시로 조선의 歸屬問題를 피하고 적극적으로 청국을 종용하여 조선의 내정외교에 개입하게 하였다.[41) 일본정부는 井上馨의 '조선외무8조'의 제기를 계기로 조선에서 청국과의 協調를 시도하였다.

1885년 7월 2일에 榎本武揚은 井上馨이 만든 '조선외무8조'를 李鴻章에게 전달하였다. 李鴻章은 井上馨의 제안을 거절하였지만, 실제로는 차후에 조선에 대해 실시할 외교정책을 井上馨의 제안에 기초하여 작성하였다. 그러나 실시과정 중에 李鴻章은 청·일 합작의 방식을 택하

---

38) "頃間俄使密謀, 如許英據巨磨, 俄亦於一島." (『李鴻章全集』, 電稿5, 寄譯署, 光緒 十一年三月十九日亥刻, 5337쪽)

39) "英約不可盡押, 昨已電達, 此事切勿輕許, 致貽後悔." (『李鴻章全集』, 電稿5, 譯署 致曾候, 光緒十一年三月二十日亥刻到, 5337쪽)

40) 『清季中日韓關係史料』, 光緒十二年十月初五日, 總署發英使華爾照會, 2172쪽.

41) 郭海燕, 「巨文島事件與甲午戰爭前中日關係之變化」, 『文史哲』 제4집, 2013, 115~116쪽.

지 않고 청국이 독립적으로 실시하는 방식을 취하였다.[42] 이로 인해 일본은 조선에서 청·일 협조라는 목적을 달성하지 못했을 뿐만 아니라, 청국이 조선을 독점하는 추세를 강화시키는 결과를 불러왔다. 그러나 일본은 청·일 협조 정책을 포기하지 않고 조선중립국화 및 조선보호주의 구상을 통해 계속 청·일 협조를 추진할 것을 결정하였다.

1889년 山縣有朋內閣은 금후 일본의 발전 방향을 정했다. 즉 군사면에서는 대규모 군비확장을 지향하고, 외교면에서는 국력에 바탕을 두고, 구미열강과 맺은 不平等條約의 개정을 추진했다. 국력확장과 평등외교를 추구하고자 했던 일본에는 평화로운 동북아국제환경이 가장 필요한 것이었다. 당시 일본의 안정에 대한 가장 큰 위협은 바로 일본과 바다를 사이에 둔 청국과 영토 범위가 이미 동북아에 확장된 러시아였다. 일본정부는 청국·러시아와의 충돌을 피하기 위해 조선 문제를 신중하게 처리할 수밖에 없었다. 왜냐하면 청국은 전통적으로 조선을 자국의 가장 중요한 藩屬國으로 간주하고 있었고, 러시아는 조선에서 不凍港을 얻고자 했기 때문이다. 따라서 일본정부는 조선에 대한 청과 러시아의 진출을 계속 경계하고 있었다. 특히 남하정책을 추진하고자 했던 러시아는 일본의 강적이 되었다. 이로 인해 조선에 대한 러시아의 진출을 견제하기 위해 일본정부는 조선에 대한 청국의 영향력에 의지할 수밖에 없었다. 따라서 山縣有朋은 그의 『外交政略論』중에서 조선 문제에 관한 해결책, 즉 조선중립화론 및 조선보호주론을 제시하였다.[43]

조선중립화론은 러시아의 조선침략을 저지하기 위해 청·일·영·

---

[42] 林明德, 앞의 책, 111쪽.
[43] 崔碩莞, 앞의 논문, 103쪽.

독 4개국이 같이 조선을 중립국화하여 그 독립을 보장하는 것이었다. 앞에서 설명한 것과 같이 거문도사건 기간 영·러 양국이 모두 조선에 대한 청의 종주권을 지지하고, 청국과 직접적인 교섭을 전개했다. 때문에 일본은 실제로 외교적 고립상태에 처하게 되었다. 일본은 이런 외교적 고립을 타파하기 위하여 청·일·영·독 연합에 의한 조선중립국화론을 제기하는 동시에 조선에 관한 사무에 있어서 일본의 발언권을 강화하고자 했다. 한편 영·청 양국을 이간질하여 서로 대립하는 입장에 놓이게 하는 동시에 영국의 일본에 대한 지지를 모색하였다.

조선보호주론은 청·일 양국이 천진조약에서 규정한 파병금지의 굴레에서 벗어나 같이 조선을 보호하고자 한 것이었다. 청·일 양국은 조선에서 절대적인 우세를 차지하고 있었기 때문에, 일본의 조선보호주론은 청·일·영·독의 연합에 의한 조선중립국화론의 연장선에서 주도권 장악을 시도한 작업으로 간주할 수 있다. 하지만 실제 일본정부는 더욱 큰 목적을 가지고 있었다. 즉 일본정부는 청국과 같이 조선을 군사보호함으로써 조선의 내란을 사전에 방지하고, 청의 조선속국주의가 강화될 가능성과 청·러 간의 군사충돌의 가능성을 차단하려고 했다.[44]

뿐만 아니라 1890년 5월 외무대신에 오른 靑木周藏는 "東亞列國之權衡"에서 山縣有朋의 조선중립화론 및 조선보호주론을 바탕으로 진일보하여 청·일동맹설을 제시했다. 그 요지는 청일동맹에 의해 러시아를 시베리아로부터 구축하고 레나 강 서쪽을 청국에 할양한 뒤, 일본이 조선·만주·연해주를 속령으로 하는 것이었다.[45]

---

44) 崔碩莞, 앞의 논문, 105쪽.

45) 후지무라 마치오 지음, 허남린 옮김, 『청일전쟁』, 서울: 小花, 1997, 35쪽; 원문은 『日本外交文書』 卷23, 538~539쪽 참조.

山縣有朋의 조선중립화론 및 조선보호주론이나 靑木周藏의 청·일 동맹설의 목표는 오직 하나이다. 즉 조선에 대한 일본의 배타적인 보호권을 확립하여 청국을 대신하여 동아시아의 패자자리에 오르는 것이다.[46] 여기서 주목할 만한 것은 山縣有朋과 靑木周藏 모두 청·일 협조를 일본이 동아시아의 패자가 되는 과정에서 절대적으로 필요한 수단으로 간주했다는 점이다. 그렇다면 일본은 왜 청국의 협조를 중시한 것인가? 이는 당시 일본이 직면하고 있던 국제환경과 밀접한 관계가 있다.

천진조약 성립 이후, 천진조약 제3조 "行文知照"에 관한 규정은 일본의 조선에 대한 진출을 극히 제약하였다.[47] 천진조약이 없었다면 일본정부는 제물포조약에 따라 일본공사관을 호위한다는 명분으로 수시로 조선에 군대를 파견할 수 있었을 것이다. 그러나 천진조약 제3조의 성립으로 인해 일본이 조선에 군대를 파병할 경우 청국도 조선에 군대를 파병할 수 있는 법률적 근거가 생겼고 조선정부의 요청이 없는 상황에서는 조선에 군대를 파견할 수 없게 되었다. 따라서 일본정부는 청국이 조선에 군대를 파병하는 것을 방지하기 위하여 어쩔 수 없이 평화적인 외교수단으로 청국과 조선 문제를 해결해야만 했다. 따라서 일본의 時事新報는 천진조약을 폐지하지 않으면 조선의 사태에 대해 신속하게 대응할 수 없을 뿐만 아니라 눈앞의 기회를 놓칠 우려도 있다고 비판했다.[48]

한편 갑신정변으로 일본정부에 의지한 독립당인이 전멸되어서 조선

---

[46] 崔碩菀, 앞의 논문, 106쪽.

[47] 천진조약 제3조의 일본에 대한 제약은 우신(于晨), 「1885년 淸·日 天津條約의 재검토」, 『明淸史硏究』 제43집, 2015, 참조.

[48] 慶應義塾 編纂, 『福澤諭吉全集』 卷13, 東京: 岩波書店, 1958, 520~522쪽, 531~537쪽.

에서 일본의 정치적 영향력은 거의 바닥에 떨어졌다. 박은숙의 연구에 의하면 갑신정변을 주도했거나 정변에 참여했던 관련자들 가운데 사망자는 42명(김옥균 미포함)이고, 일본으로 망명한 자가 9명, 죽음을 면하고 유배된 자가 1명임을 알 수 있다. 뿐만 아니라 조선정부는 독립당의 정치적 영향력을 약화시키기 위해서 1886년부터 조정내부에서 의심스러운 자들에 대한 숙청을 3차례나 진행했다.[49] 이런 상황 하에 일본정부는 어쩔 수 없이 청국과 협조하는 방식을 통해 간접적으로 조선에 영향력을 행사하는 정책을 수립했다.

3. "방곡령(防穀令)사건"과 조·청관계의 회복

1889년 가을에 일본정부는 흉년으로 인한 곡물부족의 문제를 해결하기 위해 일본상인을 동원하여 조선으로부터 대량의 곡물을 수입하게 하였다. 일본 상인은 정부의 지원 하에 빚을 내면서까지 조·일 간의 곡물무역에 몰두했다. 그러나 當年 조선의 곡물 작황도 좋지 않았기 때문에 일본상인의 대량의 곡물구입은 조선의 곡물부족문제를 초래했다.[50]

咸鏡道觀察使 趙秉式은 本道의 곡물수확이 좋지 않은 것을 이유로 방곡령을 내렸는데, 1년을 기한으로 米糧의 수출을 금지했다.[51] 趙秉式은 10월 24일부터 방곡령을 실시할 것을 예정하고, 1883년 조인된

---

49) 박은숙, 『갑신정변 연구』, 서울: 역사비평사, 2005, 515~516쪽.

50) 旗田巍, 『朝鮮史』, 東京: 岩波書店, 1956, 179쪽.

51) 『日本外交文書』 卷22, 七 朝鮮國ニ於ケル米穀輸出禁止一件, (170), 附屬書一 甲號別紙, 404쪽.

朝·日通商章程 三十七款[52]의 방곡령을 실시하기 1달 전에 일본영사에게 통지해야 한다는 규정에 따라 9월 25일 방곡령에 관한 결정을 統理衙門에 통지하여 그를 통해 일본영사에게 전달했다. 그러나 일본영사 近藤眞鋤는 10월 11일 방곡령에 관한 照會를 받았다. 방곡령 예정실시일인 10월 24일까지 13일밖에 남지 않은 시점이었다.[53] 近藤공사는 照會를 받은 후, 咸鏡道에 관한 災情을 듣지 못한 것을 이유로 조선정부에 항의하고 방곡령 실시를 연기할 것을 요구했다.[54] 그러나 趙秉式은 이에 대해 무시하고 여전히 예정된 계획대로 10월 24일 방곡령을 실시하였다. 이로 인해 일본상인은 큰 손해를 입게 되었다.[55] 게다가 近藤공사는 원산주재 일본영사에게서 咸鏡道가 旱澇天災가 없다는 보고서[56]를 받았다. 때문에 조선의 방곡령에 대해 크게 분개하였고, 여러 번 조선정부에 방곡령 폐지와 趙秉式의 처벌을 요청하였다.[57] 統理衙門은 일본의 압박 때문에 어쩔 수 없이 近藤공사에게 방곡령의 폐지를 약속했다.[58] 그러나 趙秉式은 統理衙門의 명령에 따르지 않고, 방곡령을 폐지하지 않았다. 그 뿐만 아니라 본래보다 더욱 엄격하게 곡물수출을 금지했다. 따라서 일본정부는 다시 조선정부에 방곡령을 폐지하고 趙秉式을 다른 지역으로 전임하게 할 것을 요구하였다.[59] 결국 조선정부는 일본에 요구에 따라 방곡령의 철회를 결정하고[60] 1890년 4월

---

52) 外務省條約局 編, 『舊條約彙纂』 卷3, 1934, 47~48쪽.
53) 『구한국외교문서』 권2, 日案2, (1508)咸鏡道防穀令施行通報, 7쪽.
54) 『구한국외교문서』 권2, 日案2, (1509)上件에 對한 異議, 8쪽.
55) 『구한국외교문서』 권2, 日案2, (1553)同上放穀令의即時撤回要請, 27쪽.
56) 『구한국외교문서』 권2, 日案2, (1550)咸鏡道防穀反對의件, 24쪽.
57) 『구한국외교문서』 권2, 日案2, (1575)咸鏡監司放穀令에 關한問罪嚴斷要求, 37쪽.
58) 『구한국외교문서』 권2, 日案2, (1577)咸鏡道放穀令勸撤回答, 39쪽.
59) 『구한국외교문서』 권2, 日案2, (1580)咸鏡監司問責再催促, 41쪽.

趙秉式을 江原道 監司로 전임시켰다.[61] 이로 인해 방곡령사건은 잠시
일단락 지어졌다.

그러나 1891년에 들어서 신임 조선주재일본공사 梶山鼎介가 부임함
에 따라 방곡령사건은 다시 문제가 되었다. 조선에서 곡물무역에 종사
하는 일본상인은 방곡령사건에서 큰 손해를 입었다는 것을 구실로 일
본공사를 통해 조선정부가 일본상인의 손해에 대해 배상할 것을 요구
했다. 梶山공사는 일본상인의 요구를 받아들여 元山상인의 손실에 관
한 조사보고서를 참조하여, 1891년 12월경 대략 14만 7천 원에 달하는
배상금을 조선정부에 요구하였다.[62]

조선정부는 梶山의 賠償요구에 대해 두 가지 입장이 있었다. 우선,
右議政 金弘集을 비롯한 一派는 조선 고종에게 趙秉式을 처벌하고 일
본상인의 손실을 배상할 것을 건의하였다. 반면에, 閔應植을 비롯한 一
派는 대일강경책을 주장하며, 일본에의 배상을 거절할 것을 요구했다.
고종은 金弘集의 건의를 택하지만 단지 최고 6만 원만 일본상인의 손
실을 배상하는 것을 허락했다.[63] 梶山공사는 6만 원이라는 배상금액이
사실상 일본상인의 실제 손해액과 부합하였고, 또 조선정부의 재정상
의 위기를 고려하였기 때문에 조선정부의 배상 방안을 받아들였다.[64]
그러나 일본상인들의 항의와 外務大臣 陸奧宗光의 반대가 극렬해졌다.
결국 일본정부는 조선정부의 배상방안을 거절하고, 外務省通商局局長

---

60) 『구한국외교문서』 권2, 日案2, (1609)咸鏡道防穀令의解除와監司懲戒處分照覆.
    54쪽).
61) 『승정원일기』 137책, 고종 27년 윤 2월 29일 기사.
62) 『日本外交文書』 卷25, (125)一月二十日, 朝鮮國駐劄梶山辨理公使ヨリ榎本外務大
    臣宛, 293~296쪽.
63) 林明德, 앞의 책, 310~311쪽.
64) 田保橋潔, 앞의 책, 71~73쪽.

原敬을 조선에 파견하여 梶山공사의 대조선 담판을 협조하게 하였다.[65]

咸鏡道이외 黃海道도 방곡령을 반포했기 때문에 黃海道에서의 일본 상인도 인천주재 일본영사를 통해 조선정부에 총 약 7만 원의 배상금을 요구했다.[66] 일본정부는 咸鏡道案과 黃海道案을 합병하여 계속 조선정부와 외교교섭을 전개했다. 原敬은 1892년 7일 서울에 도착하였는데 조선에서 체류하는 3개월 동안 어떠한 성과도 거두지 못하고, 10월 27일 빈손으로 귀국하였다.[67] 귀국 후 原敬은 이번 朝鮮行의 경험을 종합하여 자신의 동북아 정세에 대한 인식을 정리하고 11월 7일 외무대신 陸奧에게 의견서를 제출했다.[68] 그는 의견서에서 일본이 아무리 조선에 善意를 표현한다고 해도 조선인이 여전히 이를 받아들이지 않고 있기 때문에 일정한 정도의 강경책을 취해야 한다고 주장했다.

陸奧외무대신은 청국 혹은 러시아의 간섭을 초래하는 것을 염려하였기 때문에 原敬의 대조선정책을 취하지 않고 조선에서 청·일·영의 협조를 주장하는 大石正巳를 梶山鼎介의 후임으로 조선에 파견하여 평화적인 수단으로 방곡령사건의 妥結을 시도했다. 그러나 大石正巳의 조선에서의 경솔한 행동으로 조선과 방곡령사건을 妥結하지 못했을 뿐만 아니라 청국의 간섭을 초래했다.

大石正巳의 來朝를 계기로 청국은 방곡령사건을 둘러싸고 발생한

---

65) 『日本外交文書』 卷25, (154)九月二十六日, 陸奧外務大臣ヨリ朝鮮國外務督辦宛, 防穀令事件妥結ノ爲原通商局長派遣スル旨通告ノ, 351~352쪽.

66) 『구한국외교문서』 권2, 日案2, (2136)黃海道防穀令으로因한日商損客賠償請求, 317쪽.

67) 『日本外交文書』 卷25, (156)十月二十八日, 原外務省通商局長ヨリ陸奧外務大臣宛 元山及仁川防穀事件復命書, 363~367쪽.

68) 『日本外交文書』 卷25, (157)十一月九日 原外務省通商局長ヨリ陸奧外務大臣宛, 防穀事件處分意見書, 367~370쪽.

조·일 양국의 담판에 개입하게 되었다.[69] 청국의 이런 외교활동을 보다 잘 인식하기 위해 먼저 大石正巳에 대해 간단하게 설명할 필요가 있다. 일본주재 청국공사 汪鳳藻는 李鴻章에게 보낸 전문에서 大石正巳에 대해 간단하게 설명하면서 大石正巳의 웅변재능과 풍부한 경험을 인정했다. 뿐만 아니라 汪鳳藻는 일본신문의 大石正巳에 대한 喜事者라고 하는 평가를 인용하여 李鴻章에게 大石正巳의 외교활동을 경계할 것을 건의했다.[70] "喜事" 한 명사로서는 당연히 좋은 말이지만 뒤에 명사인 "者"를 더해 구성된 喜事者는 사단을 자초하는 사람을 지칭하기도 한다. 이렇게 보면 일본의 언론계의 大石正巳에 대한 평가는 별로 좋지 않았다. 앞에 설명한 바와 같이 陸奧 외무대신이 大石正巳를 조선에 파견한 목적은 평화적인 수단으로 일본과 조선의 분쟁을 해결하는 것이었다. 그러나 필자는 능변하고 즐겨 사단을 일으킨 大石正巳는 결코 이 임무를 담당할 수 있는 자가 아니라고 생각한다. 실제로 大石正巳의 조선에서의 외교활동은 일본 신문에서 喜事者라고 하는 칭호와 아주 어울렸다.

大石正巳가 조선에 도착한 지 얼마 되지 않았을 때 조선시국에 대해 나타낸 견해를 통해, 그의 능변과 "喜事"의 능력을 엿볼 수 있다. 大石正巳가 부임한 후 조선에 관한 공동보호설을 제출하고 여러 국가가 일본과 함께 조선을 보호할 것을 호소했다.[71] 조선에 대한 大石正巳의 견해는 山縣有朋의 朝鮮中立化論의 연장선상에서 제출된 것이지만 사실 큰 차이가 있다. 山縣有朋이 朝鮮中立化論에서 청국 협조를 강조하는 것과 달리, 大石正巳는 일본이 조선의 중립화 과정 중 주도권을 장

---

69) 岡本隆司, 앞의 책, 449쪽.

70) 『李鴻章全集』, 電稿 卷14, 寄朝鮮袁道, 光緒十八年二月初五日, 5864쪽.

71) 『清光緖朝中日交涉史料』 卷12, (857)北洋大臣來電 光緒十八年十二月十四日, 13쪽.

악하고 청국의 세력을 제거해야 한다는 것을 강조했다.[72) 淸 · 日 ·
英 · 獨에 의한 朝鮮中立化論은 이미 조선을 자신의 속국으로 간주하는
청국의 관점과 저촉되는 것이었기 때문에, 大石正巳의 扶韓自主論은
더욱 청국에게 혐오감을 주었다. 특히 조선에서의 청국 최고관원 袁世
凱는 大石正巳에 대해 惡感情을 가지게 되었다.[73)

袁世凱는 朝露秘密協定事件에서 실력이 강한 러시아도 2번이나 좌
절했기 때문에 大石正巳의 계획도 성공하지 못할 것이라고 판단했다.[74)
그러나 袁世凱는 조선 고종이 친일세력의 영향 하에 大石正巳의 言論
에 유혹되는 것을 걱정했다.[75) 게다가 이런 위협이 계속 조선에 존재
하면 청국의 조선에 대한 영향력을 제한할 것이므로, 袁世凱는 어쩔 수
없이 일정한 대책을 취해야만 했다. 이에 따라 袁世凱는 2가지 조치를
취했다. 한편으로 袁世凱는 적극적으로 조선 정부를 위한 계책을 세워
조선정부가 조 · 일 담판에서 우세한 지위를 차지할 수 있도록 노력했
다. 또 袁世凱는 모든 방법을 이용하여 大石正巳를 조선에서 쫓아내고
자 했다. 조선의 정국도 청국에 유리한 방향으로 변화되어 갔다.

앞에서 언급한 바와 같이, 袁世凱의 독단전행은 조선 군신의 불만을
초래했다. 이런 상황에서 袁世凱가 조선정부의 협조를 받아 방곡령 사
건에 개입하여 大石正巳를 견제하는 것은 힘든 일이었다. 그러나 袁世
凱는 일련의 低利조건으로 조선에 巨金을 대출하는 방법을 통해 1892
년 말 이미 조선 정부과의 관계를 큰 폭으로 회복했다. 그 상세한 경위
는 다음과 같다.

---

72) 『淸季中日韓關係史料』, 光緒十九年三月初二日, 北洋大臣李鴻章文, 3135쪽.

73) 權錫奉, 「放穀索賠妥結에 있어서의 淸側介入」, 『中央史論』 제6기, 1989, 47쪽.

74) 『淸光緒朝中日交涉史料』 卷12, (857)北洋大臣來電, 光緒十八年十二月十四日, 13쪽.

75) 『淸季中日韓關係史料』, 光緒十九年三月初二日, 北洋大臣李鴻章文, 3135쪽.

1892년에 들어와서 조선 정부는 독일 상인의 부채 상환요구 때문에 경제적인 곤경에 빠져있었다. 조선의 親日勢力은 일찍이 고종에게 일본으로부터 대출받을 것을 건의했지만, 閔種默의 설득으로 청국과 대출에 관해 협상하기로 결정했다. 袁世凱는 고종의 의향을 得聞한 후 즉시 李鴻章과 상의하여 華商의 명의로 조선과 대출계약을 체결할 것을 계획했다.[76] 袁世凱는 華商 同順泰의 명의로 조선의 관세수입을 담보로 하여, 조선정부에 80개월의 상환기간을 정한 대출계약을 제시했다. 袁世凱는 조선정부의 환심을 사기 위해 조약에서 특별히 月6厘의 저리조건을 규정했다.[77]

그러나 閔商浩는 청국으로부터 대출받는 것을 반대했는데, 그의 의견은 고종의 결정에 영향을 주었다.[78] 한편, 해임된 前轉運漕米禦史 鄭秉夏는 서울로 돌아간 후, 청국으로부터 대출받을 것을 강력히 주장했다. 고종은 조선의 관세수입을 저당잡히고 싶지 않았지만, 어쩔 수 없이 청국의 대출계약을 받아들였다. 고종은 轉運禦史의 명의로 청국과 계약을 체결하는 것을 제기했다.[79] 청국은 조선의 제안을 수락했고, 양국은 同順泰과 轉運禦史의 명의로 대출조약을 체결했다.

청국은 대출을 통해 조선의 내정과 외교에 대한 영향력을 강화하려는 의도를 가지고 있었지만, 6厘의 저리이자는 조선정부의 경제적인 부담을 줄여주었기 때문에 조선정부에도 유리한 것이었다.[80] 이로 인해 조선정부는 袁世凱 및 청국에 대해 다시 호감을 가졌을 뿐만 아니

---

76) 『李鴻章全集』, 電稿14, 寄譯署, 光緖十八年閏六月十三日酉刻, 5849쪽.

77) 『李鴻章全集』, 電稿14, 寄譯署, 光緖十八年七月初二日辰刻, 5853쪽.

78) 『李鴻章全集』, 電稿14, 寄譯署, 光緖十八年八月初一日酉刻, 5855쪽.

79) 『李鴻章全集』, 電稿14, 寄譯署, 光緖十八年八月十七日申刻, 5855~5856쪽.

80) 조선에서의 친일세력이 일찍 고종에게 일본으로부터 대출받는 것을 건의했다. 대출의 이자가 2분반에 달한다. 주75 참조.

라 새로운 대출요청을 제기하기도 했다.

鄭秉夏는 袁世凱를 방문했을 때 청국의 대출에 대해 조선정부의 깊은 사의를 전달했다. 동시에 일본과 미국의 부채를 갚기 위해 부산세관의 수입을 담보로 8만 냥을 저리로 대출해줄 것을 요청했다. 袁世凱는 이것을 통해 청국의 조선세관에 대한 영향을 확대할 수 있다고 판단했다. 이에 따라 袁世凱는 李鴻章을 설득하여 조선의 요청을 수락하게 하였다.[81] 李鴻章은 총리아문의 동의를 얻은 후, 袁世凱에게 명령하여 조선이 제시한 대출조건에 따라 대출계약을 체결하도록 했다.[82] 袁世凱는 李鴻章의 훈령을 받은 후 鄭秉夏과 협상하여 10만 냥의 저리대출계약을 체결했다.[83]

袁世凱의 주선 하에 청국은 6厘의 저리조건으로 조선에 거의 20만 냥에 달하는 거금을 대출해 주었다. 이로 인해 袁世凱에 대한 조선 군신의 惡感情이 일소되었으며 조·청관계도 호전되었다.[84] 이런 상황하에 조선 군신들이 궁지에 처했을 때 袁世凱 및 청국의 지원을 생각한 것은 매우 자연스러운 일이다. 袁世凱의 방곡령사건에 대한 개입의 가능성이 이때 구비되었다고 말해도 좋을 것이다.

1893년 접어들면서 大石正巳는 조선의 외무독판 趙秉稷과 수차례의 담판을 진행했다. 大石正巳는 담판기간 1891년 12월 이후의 이자를 포함하여 총 17만 6천 원의 거액의 배상금을 조선정부에 요구했다. 이에 반발한 조선정부는 4만 7천 원 정도만 지불하겠다는 강경한 반응을 보였다. 쌍방은 서로 양보하지 않았기 때문에 담판이 교착 상태에 빠지

81) 『李鴻章全集』, 電稿14, 寄譯署, 光緖十八年九月二十二日戌刻, 5858쪽.
82) 『李鴻章全集』, 電稿14, 復朝鮮袁道, 光緖十八年九月二十五日戌刻, 5858쪽.
83) 『李鴻章全集』, 電稿14, 寄譯署, 光緖十八年十月初三日巳刻, 5859쪽.
84) 『李鴻章全集』, 電稿14, 寄譯署, 光緖十八年十二月二十八日戌刻, 5866쪽.

게 되었다. 大石正巳는 담판목표를 달성하기 위하여 여러 번 고종을 알현하고 직접 고종과 협상할 것을 주장했다. 뿐만 아니라 그는 군사위협도 했다. 고종은 빨리 사단을 해결하기 위하여 趙秉稷을 파견하여 袁世凱에게 외교협조를 청하게 하였다. 袁世凱는 조선의 요청을 적극적으로 받아들여, 일본의 군사행동은 절대 없을 것이라고 강조하면서, 일본의 배상요구를 완강하게 거부해야 한다는 의견을 趙秉稷에게 제시했다. 뿐만 아니라 袁世凱는 직접 조선정부를 대신하여 문서를 작성하고 大石공사의 배상요구를 거절했다.[85]

1893년 3월 9일 趙秉稷은 袁世凱가 작성한 문서를 大石正巳에게 보냈다. 이 문서는 방곡령 실행의 합법성을 밝히고 일본의 거액배상요구가 타당하지 않다는 점을 지적하며 합리적 賠償案을 제시했다.[86] 그러나 大石공사는 문서를 받은 후 외교책을 조정하기는 커녕 오히려 성을 내었다. 그리고 다음 날 統理衙門을 방문하여 조선측의 照會를 반송했다.[87] 趙秉稷은 10일에 이 照會를 再送하였으나 당일 반송되었다. 이렇게 4차례 반복된 끝에 네 번째 때 趙秉稷은 大石공사의 행위에 대해 강력하게 항의하면서 외교교섭에서 문서교환의 당위성을 강조하고, 다만 문서를 받아들인 이후에야 쌍방의 면담을 시작할 수 있다고 하였다. 大石공사는 어쩔 수 없이 照會를 받아들이고 趙秉稷과 다시 담판할 것을 약속했다.[88]

大石공사와 趙秉稷의 담판은 3월 말까지 진행되었는데, 쌍방의 논쟁

85) 『淸光緖朝中日交涉史料』 卷12, (877)北洋大臣來電, 光緖十九年一月十二日, 14쪽.
86) 權錫奉, 앞의 논문, 48~49쪽.
87) 『구한국외교관계부속문서』 권5, 통서일기3, 권35, 高宗30年癸巳 1月22日條, 49~50쪽.
88) 權錫奉, 앞의 논문, 52~53쪽.

은 더욱 가열되었다. 담판의 범위도 방곡령 사건에만 한정되지 않았고, 3월 28일 大石공사는 ①黃海道重稅事 ②生蔘沒收事 ③仁川塡築事 ④釜山出入要所收稅事 ⑤電報費淸賬事 ⑥黃海道防穀事 ⑦長湍防穀解禁事 7개 懸案을 合倂하여 처리할 것을 조선정부에 요구하면서, 사정은 더욱 복잡한 방향으로 흘러갔다.[89]

大石공사는 조선정부와의 담판에서 승리를 취득할 수 없다고 생각하였기 때문에[90] 4월 2일 일본정부에 건의하여 평화적인 외교수단을 버리고, 대조선강경책을 실행하게 하였다.[91] 大石공사는 군함을 파견하여 조선의 인천·원산 세관을 점령한다는 것을 주장했다.[92] 그러나 일본정부는 大石공사의 건의를 거절했다. 외무대신 陸奧는 대조선강경책이 조일양국의 국교를 파괴할 뿐만 아니라 조선에 군대를 파견하면 천진조약에 저촉되어 청일간의 문제로 비화될 가능성이 있어 쉽사리 斷案을 내릴 수 없다고 판단했기 때문이다.[93] 이때 前일본주재 청국공사 李經方의 청·일 협조안 제출을 계기로 방곡령 사건을 둘러싼 조·일의 분쟁해결의 전기가 생겼다.

陸奧는 伊藤博文과의 협의를 거쳐 정식적으로 청국의 개입을 요청했다. 4월 12일 陸奧는 李經方에게 전보를 보냈고[94] 袁世凱의 외교협조를 청하는 동시에 大石공사에게 훈령을 내렸다. 그는 훈령에서 大石

---

89) 高麗大學校 亞細亞問題硏究所 韓國近代史料編纂室 編,『구한국외교관계부속문서』권5, 서울: 高麗大學校, 1973, 통서일기3, 권35, 高宗30年癸巳 2月11日條, 60쪽.

90)『淸季中日韓關係史料』, 光緖十九年四月二十一日, 北洋大臣李鴻章文, 3162~3164쪽.

91)『日本外交文書』卷26, (146)朝鮮國駐劄大石辦理公使ヨリ陸奧外務大臣宛, 元山防穀要償事件ニ關ツ請訓ノ件, 機密第二十四號, 300쪽.

92) 위의 책, 301쪽.

93) 權錫奉, 앞의 논문, 62쪽.

94)『日本外交文書』卷26, (148)陸奧外務大臣ヨリ朝鮮國駐劄大石辦理公使宛, 防穀要償事件ニ關ツ通告ノ件, 316~318쪽.

공사에게 명하여 袁世凱와 같이 합작하고 방곡령사건을 妥結하게 하였다.[95] 뿐만 아니라 陸奥는 청·일협조책에 대한 중시를 표명하기 위해 外務省參事官 松岡都之進을 서울에 파견하여 大石공사에게 직접 훈령을 전달하고 대조선담판에 협조하도록 하였다.

大石공사는 陸奥의 훈령에 따라 松岡都之進과 같이 袁世凱를 방문하고 방곡령 사건에 대한 서로의 의견을 교환했다. 袁世凱는 배상금이 6만 원을 초과하면 안 된다는 태도를 명확하게 표명했다. 그리고 그는 大石공사의 咸鏡道案과 黃海道案을 合併하여 처리하는 의견을 거절했다. 大石공사는 이에 대해 아주 분개하여, 4월 12일에 제안한 사항을 한 번 더 외무대신 陸奥에게 제출하여 대조선강경책을 건의했다. 이때 일본정부는 청이 외교개입을 거절하는 것이라고 생각해서 大石공사의 건의를 받아들였다. 5월 2일 외무대신 陸奥의 제의에 따라 조선정부에 最後通牒을 통고할 것을 결정했다. 그러나 여지를 남기기 위해 일본은 最後通牒의 시한을 2주로 결정했다.[96]

陸奥는 조선에 대해 강경책을 실행할 것을 결정했지만, 평화적인 수단으로 조일 분쟁을 해결하고자 했다. 그는 천진주재 荒川已次副領事에게 電命하여 伊藤博文의 親筆信을 李鴻章에게 전달하게 하였다. 그 親筆信의 내용은 원래의 17만 원의 배상금을 9만 5천 원으로 내리고, 북양대신을 조·일 간의 교섭에 개입하게 하는 것이었다.[97] 李鴻章의 태도는 袁世凱와 동일하게 조선의 배상금이 6만 원을 초과하면 안 된다고 주장했다.

---

95) 위의 사료.

96) 林明德, 앞의 책, 314~315쪽.

97) 『日本外交文書』 卷26, (160)五月三日 陸奥外務大臣ヨリ天津在勤荒川領事宛(電報), 放穀要償事件ニ關スル李鴻章宛伊藤博文依賴送付通告ノ件, 342~343쪽.

그 후 李鴻章은 동학교도의 동향을 고려해서 일본이 동학을 이용할까 염려했다. 때문에 袁世凱에게 명령하여 大石공사와 같이 방곡령사건의 처리를 서두르게 하였다.[98] 그러나 袁世凱와 조선정부는 여전히 조선의 배상금이 6만 원을 초과하면 안 된다는 주장을 고집했다. 그 후 일본정부는 大石공사에게 서울을 떠나 인천에서 명령을 기다리게 했다. 이 때문에 袁世凱와 조선정부는 일본정부에 양보하고 일본정부의 賠償案을 받아들였다. 결국 일본정부는 咸鏡道防穀索賠를 비롯하여 5개 案에 대한 26만 원을 11만으로 줄여서 요구하였고, 조선정부는 3개월 6만 원, 5년 내에 3만 원, 6년 내에 2만 원을 일본정부에 지불하기로 하였다.[99]

일본의 在野의 政治巨頭인 福澤諭吉은 방곡령사건에 대해 다음과 같은 평가를 했다.

"과거의 형세를 살펴보면 3국(淸·日·露)의 조선과의 관계가 아주 미묘했다. 조선정부는 그중에서 면종복배하여 자기의 지위를 유지하였다. 일본의 외교가들은 이에 대해 조심해야 했다. 10년 전에 (조선에서의) 일본세력이 흥성하였지만 명치17의 난(갑신정변) 이후 정국이 일변했다. 조선이 청국의 세력에 의지하기 시작하고, 다음에 러시아의 세력을 의지하고, 요즘에 다시 청국의 세력에 기댄다. 조선이 표면상 독립국가이지만 사실상 조선이 자주 다른 국가의 실력에 의지함으로써 자신을 지키는 것이다. 아주 미묘하다."[100]

98) 『李鴻章全集』, 電稿14, 復朝鮮袁道, 光緒十九年三月二十七日, 5874쪽.
99) 『淸光緖朝中日交涉史料』 卷12, (904)北洋大臣來電, 光緒十九年四月初六日, 19쪽.
100) 『福澤諭吉全集』 권14, 東京: 岩波書店, 1958, 52~53쪽.

福澤諭吉의 평론을 통해 방곡령에 관한 다음과 같은 2개 요점을 알수 있다. 첫째, 福澤諭吉은 조선이 방곡령사건을 해결하기 위해 적극적이고 주도적으로 청국의 세력에 의지했다고 생각했다. 둘째, 福澤諭吉의 문장을 통해 조·청관계가 호전된 상황을 희미하게 느낄 수 있다. 필자는 福澤諭吉의 평론에 대해 동감한다. 이에 대해서는 구체적인 사례를 통해 설명하겠다.

앞에서 언급한 바와 같이, 조선정부가 일본과의 담판과정에서 袁世凱에게 외교지원을 요청한 행동은 충분히 청국세력을 이용하고자 하는 조선정부의 의도를 반영한다. 뿐만 아니라 조선정부는 청국의 도움을 받기 위해 적극적으로 청 정부에 호의를 베풀었다. 청국이 방곡령사건에 개입한 후 조선정부는 갑자기 청정부에 壬午·甲申 兩役중에서 吳兆有를 비롯한 전공을 세운 10명의 청국 군사를 위해 吳長慶專祀에서 附祭하는 것을 제안했다. 표면상으로 보면 조선 고종의 행동은 청국군사들의 壬午·甲申 양년의 전공을 추모하는 것이지만 당시 국제환경을 고려한다면 큰 정치적인 의미를 지닌다고 할 수 있다.

당시 조·일 양국은 방곡령 사건을 둘러싸고 서로 대립하고 있던 시기로, 청국이 방곡령사건에 개입하는 것은 조선정부에 雪中送炭이 분명했다. 조선정부는 청국에 감사의 마음을 가졌기 때문에 자연히 청국정부에 일정한 보답을 한 것이다. 한편 청국이 비록 조선을 돕는 자세를 취했지만, 앞에서 설명한 것처럼 갑신정변 이후 조선이 독립외교정책과 親露策을 수립했기 때문에 조·청 간의 宗藩關係는 이미 동요하고 있었다. 이런 상황 하에서 조선정부는 조선을 대신해서 적극적으로 일본정부와 외교담판을 하는 청국에 감사의 마음을 표해야만 했다.

즉 감사의 마음과 현실의 필요성이라는 두 가지 원인 때문에 조선정부는 청 정부에 吳長慶專祀에서 吳兆有 등 10명 청국 군사를 附祭하는 제안을 제시한 것이다. 李鴻章은 이에 대해 대단히 기뻐하면서 "(이것이) 祭法救災捍患의 義에 부합"한다고 하며, 光緒帝에게 상주하여 이를 허락할 것을 청했다.[101] 조선 정부는 이러한 행동을 통해 청 정부에 事大의 태도를 표명한 것이다. 청정부 혹은 袁世凱는 이에 대해 자연히 만족하고 조선정부를 위해 노력했다. 다른 한편 방곡담판 동안 조선의 이익을 두둔한 袁世凱의 행동은 조선의 환심을 샀고, 조선정부와 袁世凱의 사이 혹은 조선정부와 청국의 관계는 호전되었다.[102]

조 · 청관계의 호전을 증명할 수 있는 사례는 하나 더 있다. 조 · 일 간의 방곡령 사건은 妥結되었지만 조선 정부는 새로운 난제에 직면했다. 조 · 일 간의 협의에 따라 조선 정부는 협의효력이 발생한 다음 달부터 6만 원의 배상금을 일본에 지불해야했지만, 정부는 단지 만 원밖에 가지고 있지 않았다. 이런 상황 하에 조선정부는 다시 袁世凱를 찾아가 청정에 차관을 부탁했다. 袁世凱는 즉시 조선정부의 요청을 李鴻章에게 보고하였고, 李鴻章은 조선정부의 요청을 허락했다.[103] 李鴻章은 袁世凱를 통해 조선정부의 요청에 대한 청측의 방침을 알린 후 袁世凱에게 지시하여 軍餉에서 은 3만 5천 량을 떼어 내어 조선정부에 제공하고 차관계약을 체결하게 하였다.[104]

조선에서 청국과 경쟁하고 있던 일본은 대조선외교의 실패를 인정할 수밖에 없었다. 일본 외무대신 陸奧는 1893년 6월 25일의 보고서에서 청국은 이번 방곡령 사건을 교묘하게 이용하여 조선정부의 환심을 샀고 최근 2~3년간 청은 조선에 대한 강압적인 간섭정책에서 회유정책

---

101) 『李鴻章全集』奏稿 卷76 朝鮮咨請附祀各員片 光緒十九年二月十九日 2793쪽.

102) 『日清講和關係調書集』권5, 1049~1052쪽(崔碩莞, 앞의 논문, 126쪽 재인용).

103) 『李鴻章全集』電稿 卷14 袁道來電 光緒十九年六月十七日午刻 5893쪽.

104) 『李鴻章全集』電稿 卷14 復袁道來電 光緒十九年六月十八日辰刻 5893쪽.

으로 점차 전환했다고 지적했다.[105]

반면에 청국은 방곡령사건을 통해 적지 않은 이익을 얻었다. 첫째, 청국은 방곡령사건을 통해 갑신정변 이후 同床異夢의 조·청관계를 수복했다. 수복된 조·청 관계는 자연히 청국의 조선에 대한 영향력의 확대에 도움을 주었다. 방곡령사건이 끝나자마자 조선정부는 청국에 대출을 요구했다. 당시 대출은 강대국이 약소국의 경제를 장악하기 위해 자주 활용하는 수단이었다. 청국의 조선에 대한 대출은 자연히 청국이 조선의 경제를 장악하는 데 도움이 되었다.

둘째, 청국의 방곡령사건에 대한 개입은 조선에서의 일본 진출을 견제하는 동시에 일정한 정도에서 간접적으로 러시아의 조선 진출을 막았다. 갑신정변 이후 청국의 조선에 대한 강압적인 정책은 조선의 불만을 초래했다. 자신의 실력에 대해 잘 알고 있던 조선은 청국의 압박에 저항하기 위해 以夷制夷의 외교정책을 수립했다. 이런 상황에서 조선은 적극적으로 러시아와 접근했다. 이것은 청국이 원하는 바가 아니었다. 청국은 방곡령사건에 대한 개입을 통해 조선정부와 러시아가 서로 접근할 가능성을 막으려 했다.

4. 맺음말

본고에서는 갑신정변 이후 放穀令사건까지 조·청·일 3국간의 관계 변화를 살펴보았다. 먼저 방곡령사건이 발생하기 이전의 조·청·일 3국의 관계는 다음과 같이 정리할 수 있다. 갑신정변 이후 조선의 고종

---

[105] 『日淸講和關係調書集』 권5, 1049~1052쪽(崔碩莞, 앞의 논문, 126쪽 재인용).

은 청·일 양국을 불신했기 때문에 자주외교정책을 실행하고자 했다. 우선 그는 묄렌도르프의 영향 하에서 對露外交를 전개했다. 1885년 1월 고종은 러시아에 밀사를 파견하였다. 이것이 바로 그 유명한 "第一次 朝露秘密協定"사건이다. 조선정부는 매우 신중하게 행동하였지만, 결국 고종의 朝露秘密外交는 노출되었다. 朝露秘密外交의 노출은 조선을 속국으로, 러시아를 최강의 가상적으로 간주해 온 청국에 커다란 충격이었다. 이에 대해 당시 청국 대외정책의 실제 제정자인 李鴻章은 강압대책을 구사했다. 당시 李鴻章은 고종과 민비의 자주외교활동을 견제하기 위하여 적극적으로 대원군의 釋還을 추진했다. 청국은 대원군이 釋還된다면 대원군의 명망을 이용하여 고종과 閔氏세력의 親露행동을 견제할 수 있다고 생각했으며, 또한 대원군의 拉致·歸還을 획책함으로써 청국이 조선에 대해 특별한 영향력을 가지고 있다는 것을 다른 나라에 과시하고자 했다.

그러나 청국의 대원군 釋還추진은 도리어 민비에게 원한을 샀다. 민비는 청국을 대원군의 뒷 배경으로 간주하여 親露策을 다시 추진하고 비밀리에 "第二次 朝露秘密協定"을 모의했다. 한편 閔泳翊은 민비를 비롯한 집권정치세력의 對露外交活動을 袁世凱에게 통지했다. 결국 청국의 압력으로 인해 조선의 "第二次 朝露秘密協定"도 무산되었다. 이번 사건에서 고종과 閔氏一派는 袁世凱의 高宗廢立論으로 큰 충격을 받았고, 이 때문에 양자 간의 대립은 극에 달했다. 그 후 양 측은 조선의 구미국가사신파견문제 때문에 큰 분쟁을 일으켰다.

반면 일본은 갑신정변 이후 조선에 있어서 청·일의 협조를 강구하였다. 그 이유를 들어보면 당시 일본 국내에서는 군비확장·조약개정으로 매우 바빴던 상황이었고, 국제적으로는 조선의 親日派 전멸과 천진조약의 존재가 조선에 대한 일본의 영향력을 제한했기 때문이다. 이 때문에 山縣有朋은 그의 『外交政略論』 중에서 청 · 일 협조를 중심으로 조선 문제에 관한 해결책, 즉 조선중립화론 및 조선보호주론을 제시한 것이다.

한편, 위와 같은 국제정세 속에서 1889년 조선에서 방곡령사건이 발생했다. 咸鏡道觀察使 趙秉式에 의해 내려진 방곡령은 조선에서의 일본곡물수출 상인에게 심각한 타격을 주었다. 일본상인이 자신의 손실을 최소화하기 위해서는 일본정부에 도움을 요청할 수밖에 없었다. 일본정부는 일본상인을 대신하여 조선정부와 방곡령으로 인한 손실을 배상받기 위한 담판을 전개했다. 양국은 배상액수에 異見을 가지고 있었지만 담판은 결렬되지 않고 지속되고 있었다. 그러나 大石正巳공사가 취임하고 나서는 조 · 일간의 담판은 파탄 위기에 처했다. 조선은 청국에 외교지원을 청할 수밖에 없었다. 당시 조선에서의 청국 최고장관이었던 袁世凱는 조선의 요청을 받아들여 적극적으로 조선을 위한 담판전술을 계획했다. 한편 일본정부는 大石正巳공사의 대조선강경책을 거절하고 청국북양대신 李鴻章에게 조 · 일 담판에 개입하도록 요청했다. 결국 방곡령 사건은 청국의 주선 하에 조선이 일본에 11만 원의 배상금을 지불하는 것으로 妥結되었다.

위와 같은 사실을 통해 방곡령사건의 의의를 다음과 같이 정리할 수 있다. 첫째, 이미 대립상태에 처해 있던 조 · 청 관계는 방곡령사건을 통해 조정되고 수복되었다. 조 · 일 양국은 방곡령 사건으로 인해 상호 대립하고 관계가 악화되었던 반면 청국은 다시 조선의 신임을 받게 되었고, 조선정부와의 관계가 친밀해졌기 때문이다. 조 · 청 관계의 호전도 양국 간의 전통적인 조공관계를 이전의 상태로 회복시켜 주었다.

둘째, 청국은 일본 · 조선의 요청을 받아 조 · 일 간의 외교교섭에 개입하였고, 이를 통해 전근대 외교개념상 종주국이 속국을 보호한다는 명분을 지킬 수 있었다. 이로 인해 청국은 조선과의 관계를 수복하는 동시에 국제외교무대에서 청국의 조선에 대한 宗主權을 과시했다. 따라서 청국은 이번 방곡령사건에 대한 개입을 통해 조공체제 뿐만 아니라 조약체제의 차원에서 적지 않은 이익을 받았다고 말할 수 있다.

셋째, 조선정부는 청국에 대한 불만을 잠시 제쳐두고 조·일 담판이 곤경에 빠졌을 때 袁世凱에게 외교협조를 요청했다. 그리고 조선정부는 청국의 도움을 받기 위해 적극적으로 청 정부에 호의를 베풀었다. 이처럼 조선정부는 방곡령 사건에서 고도의 외교기술을 활용하여 자신의 이익을 최대한 보호했다. 조선정부는 국가이익을 보호하기 위해 청국에 외교협조를 요청했을 뿐만 아니라 袁世凱의 주선 하에 청국으로부터 거의 20만 량에 달하는 거금을 제공 받았다.

제2부

한국근현대 속의 갈등과 모색

윤해 저격 사건으로 본
상해지역 민족운동 내부의 갈등

—

김영진

1. 머리말

이 글의 목적은 1922년 9월 상해에서 발생한 '윤해 저격 사건'을 살펴봄으로써 국민대표회 소집을 둘러싸고 벌어지는 갈등의 양상을 밝히는 데 있다.[1] 암살 시도가 이루어진 과정은 어떠했는지, 암살을 시도한 것은 누구이며, 왜 암살을 하려고 했는지, 이 사건에 대한 반응은 어떠했는지를 추적함으로써 민족운동 내부의 갈등이 암살이라는 폭력으로 전환되는 과정을 역사적으로 충실히 보여주고자 한다.

국민대표회에 대해서는 일찍부터 많은 연구가 진행되었다. 대부분의 연구들은 1923년 1월에서 6월 사이에 벌어진 국민대표회에 초점을

---

[1] 정확하게 표현하면 '윤해 암살 미수 사건'일 것이다. 하지만 윤해가 죽지 않았지만, 이 사건에 대해서 당대의 신문에서는 '윤해 저격 사건'으로 부르고 있다. 이 논문에서도 당대의 용어를 따라서 '윤해 저격 사건'으로 부를 것이다.

맞춘 연구들이었다. 이들 연구는 국민대표회의 진행과정, 참석한 대표
단의 구성과 참여세력의 견해를 밝히는 데에 성공하였다.[2] 하지만 2년
이나 걸린 국민대표회의 소집과정에 대해서는 충분한 설명이 이루어
졌다고 보기 어렵다. 그중에는 국민대표회의 소집과정을 충실히 다룬
연구도 있지만, 주로 국민대표회 소집을 제기한 세력과 그들에게 영향
을 끼친 외적 배경에 관한 연구였다.[3] 근래에 주목할 만한 연구로는
임시정부와 국민대표회의 대립을 바탕으로 임시정부를 조명한 연구가
있다. 임시정부를 중심으로 진행된 갈등의 일반적 상황을 잘 보여주는
연구이다.[4] 하지만 임시정부와 임시의정원 외부에서 벌어진 갈등에
대해서는 소략하게 다루고 있다. 따라서 국민대표회 소집을 두고 벌어
지는 상해지역 민족운동 내부의 갈등이 어떻게 전개되면서 국민대표
회 소집으로 연결되는지를 보다 자세히 살펴볼 필요가 있다.

이를 위해서 이 글에서는 윤해 저격 사건을 매개로 국민대표회 소집
을 둘러싸고 벌어진 상해지역 민족운동 내부의 갈등과 그 의미를 추적
할 것이다. 윤해 저격 사건은 국민대표회를 둘러싸고 벌어진 정치적
갈등이 급격히 고조되어 표출된 상징적 사건이었다. 여기서 암살 시도
는 폭력적 수단을 통하여 갈등을 해소하려는 정치적 선택으로 파악할

---

2) 대표적인 연구는 다음과 같다. 李炫熙, 「國民大表會議 召集의 基本 目標」, 『韓國
　近代史의 摸索』, 二友出版社, 1979; 朴永錫, 「國民大表會議와 大韓民國臨時政府」,
　『韓民族獨立運動史硏究: 滿洲地域을 中心으로』, 一潮閣, 1982; 金喜坤, 「國民大
　表會議와 참가단체의 성격」, 『中國關內 韓國獨立運動團體硏究』, 지식산업사, 1995;
　朴潤栽, 『1920년대 초 민족통일전선운동과 민족대표회의』, 연세대학교학위논문
　(석사), 1995; 조철행, 「국민대표회(1921~1923) 연구: 개조파·창조파의 민족해방
　운동론을 중심으로」, 『史叢』 44, 1995; 조철행, 「1920년대 전반기 국외 사회주의
　세력의 민족통일전선론」, 『韓國史學報』 9, 2000; 이현주, 『한국 사회주의 세력의
　형성(1919~1923)』, 일조각, 2003.

3) 박윤재, 위의 논문, 1995; 조철행, 위의 논문, 1995.

4) 윤대원, 『상해시기 대한민국임시정부 연구』, 서울대학교출판부, 2006.

수 있다. 누가 방아쇠를 당겼는가라는 질문은 단순히 범인을 확인하려
는 것이 아니다. 갈등이 만들어낸 폭력의 연쇄 속에서 암살이라는 수
단을 행위자가 선택한 계기가 어떻게 구성되는지를 묻는 것이다.

또한 식민지시기 암살과 같은 폭력은 정치행위의 하나로서 중요한
연구 대상이 될 수 있다고 생각한다.[5] 일제에 대한 폭탄 투척 등의 행
위는 식민지 지배라는 구조적 폭력에 대한 저항의 속성을 가지고 있었
다. 하지만 근본적으로 폭력의 문제에 대해서 고민해보면, 폭력이라는
수단이 구조적 폭력에 대한 저항으로만 해석될 수 있는 것은 아니다.
폭력은 외부의 적에 대해서만 작동하는 것이 아니라 언제든지 내부로
그 방향이 돌려질 수 있기 때문이다. 암살과 같은 폭력의 선택은 하나
의 구조와 같은 것으로 볼 수 있다.[6] 윤해 저격 사건은 폭력의 구조화
에 대해 고민해 볼 수 있는 하나의 사례라고 생각한다. 폭력이라는 행
위 자체가 단순하게 선과 악으로 구분될 수 있는 것은 아니다. 중요한
것은 폭력이 발생하는 조건에 대한 충분한 고민과 성찰의 자세를 놓지
않아야 한다는 점이다.

이 글의 구성은 우선 윤해 저격 사건이 발생한 상황과 당시 상해의
정치지형을 설명하고, 갈등이 고조되는 구체적 과정을 서술할 것이다.
그리고 윤해를 암살하려고 시도한 인물들에 대한 분석을 진행할 것이
다. 마지막으로 윤해 저격 사건에 대한 반응을 상해 조선인 사회를 중
심으로 살펴볼 것이다.

---

[5] 기존의 연구 중에는 식민지시기 사회주의자들의 테러전술에 대한 연구가 있다.
임경석, 「식민지시대 반일 테러운동과 사회주의」, 『역사와 현실』 54, 2004.

[6] 요한 갈퉁(Johan Galtung) 저, 강종일 역, 『평화적 수단에 의한 평화』, 들녘, 2000;
토다 키요시(戶田 淸) 저, 김원식 역, 『환경학과 평화학』, 녹색평론사, 2003을 참고.

2. 윤해 저격 사건과 상해의 정치상황

1922년 9월 28일 오후 6시 10분경이었다. 윤해(尹海)는 상해 프랑스 조계 숭산로(崇山路) 22번지에 있는 자신의 집으로 돌아오던 중이었다. 윤해를 태운 인력거가 패극로(貝勒路)를 지나 하비로서(霞飛路署) 근처의 숭산로에 접어들었을 때였다. 누군가가 윤해의 후방에서 권총을 난사하였다. 그중 한발이 윤해의 오른쪽 어깨를 관통하여 오른쪽 허파에 박혔다. 총에 맞아 부상당한 윤해는 프랑스 경찰의 도움으로 즉시 천주교 병원인 성 마리(Ste. Marie) 병원으로 옮겨져서, 프랑스 의사의 집도로 탄환 적출 수술을 받았다.[7] 가슴에 박힌 총알은 빼냈지만 병세는 좋지 않았다. 사흘간 위독한 상태가 지속되었지만, 절대 안정을 취하며 치료한 덕택으로 상태가 호전되었다. 윤해는 생명에 지장이 없게 되자 10월 23일 숭산로의 집으로 퇴원하였다. 그러나 여전히 안정이 필요했기 때문에 문병객을 받지 않았다. 출혈이 심했던 관계로 원기회복까지는 더 많은 시간이 필요한 상태였다.[8]

윤해를 저격한 인물은 윤해의 동선을 고려하여 치밀한 계획을 세웠다. 윤해를 암살하기 위해서 인가가 많은 숭산로 근처에서 윤해를 기다리고 있었던 것이다. 비명횡사의 위기에서 겨우 죽음의 고비를 넘긴 윤해는 도대체 왜 이처럼 계획된 암살의 대상이 되었던 것일까. 우선 윤해라는 인물에 대해서 알아보자.

윤해는 함경남도 영흥(永興)에서 태어나서 노령(露領) 지방을 근거

---

[7] 상해주재 프랑스총영사, 「공산주의자들의 소요 및 尹海에 관한 정보」, 1922, 국사편찬위원회, 『한국독립운동사 자료20: 임정편Ⅴ』, 국사편찬위원회, 1991, 16~17쪽; 「尹海氏遭難警報」, 『독립신문』, 1922.10.12.
[8] 「尹海氏의 病床經過」, 『독립신문』, 1922.10.30.

로 독립운동에 참가하였다. 윤해는 일찍이 권업회(勸業會)에서 활동하며 『권업신문(勸業新聞)』의 총무로 활약하였다.[9] 해방 이후 이광수(李光洙)는 자신의 회고에서 "윤해는 논객이어서 당시 권업회의 중심인물"이라고 말하였다.[10] 그리고 윤해는 노령지방에서 조직된 전로한족중앙총회 부회장을 역임하였고, 이후 문창범(文昌範)과 뜻을 같이하며 대한국민의회(大韓國民議會)에 참여하여 주도적인 역할을 담당하였다. 3·1운동 직후에는 대한국민의회의 명령을 받아서 고창일(高昌一)과 함께 파리강화회의에 참석하기도 하였다. 이와 같은 경력을 가지고 있던 윤해가 상해에 온 것은 대략 1922년 2월 혹은 3월이었다.[11]

상해에서 윤해는 국민대표회(國民大表會)를 소집하기 위한 주비회(籌備會) 위원으로 활발하게 활동하였고, 그 결과 국민대표회 소집의 주도적 인물로 부상하였다. 『권업신문』에서 활동한 경력이 있는 윤해는 언론인으로서 저격 당시에 상해 독립운동의 중요한 여론기관이었던 『독립신문(獨立新聞)』의 주필도 맡고 있었다. 윤해는 당시 상해에서 정치가로서 뿐만 아니라 언론인으로서 활동하면서 독립운동의 지도적인 지위를 획득하고 있었다. 프랑스 총영사관은 윤해를 "불어를 잘 구사하는 정치적으로 중요한 인물"로 평가하였다.[12] 이처럼 상해지역 민족운동에서 지도적 위치에 있던 윤해가 암살의 대상이 되었던 것은 상해의 정치상황과 밀접한 관련이 있었다.

당시 상해는 임시정부에 대한 입장 차이로 인하여 심각한 갈등을 겪

---

9) 『勸業新聞』, 1914.2.8.

10) 李光洙, 「나의 告白」, 『李光洙 全集』 7, 삼중당, 1971, 243쪽.

11) 윤해가 상해에 도착한 시기에 관해서는 다음의 기록을 따랐다. 상해주재 프랑스 총영사, 앞의 문서, 17쪽.

12) 상해주재 프랑스총영사, 앞의 문서, 17쪽.

고 있었다. 1921년 초 박은식(朴殷植) 등이 '우리 동포에게 고함'이라는 선언을 통하여 국민대표회 소집을 제기하였다. 현재의 임시정부로는 독립운동을 제대로 지휘할 수 없다는 인식이 반영된 것이었다. 이후 임시정부의 역할과 구성에 불만을 가진 세력들을 중심으로 국민대표회 개최가 추진되었다.

기존의 연구에 따르면, 국민대표회에 참여했던 '반임정세력'을 넷으로 구분하였다. 첫째는 노령의 대한국민의회였다. 대한국민의회는 1919년 상해임시정부와 '통합'을 달성하지만, 운동노선·임시정부의 위치 등 본질적인 문제에 합의를 보지 못하면서 반임정세력이 되었다. 둘째는 북경을 중심으로 한 군사통일회였다. 신채호(申采浩), 박용만(朴容萬), 신숙(申肅) 등이 결합한 군사통일회는 이승만(李承晚)의 '외교지상주의'와 안창호(安昌浩)의 '실력양성론'에 반대하며 조직된 세력이다. 이들도 상해 임시정부와 운동노선의 차이로 대립하였다. 셋째는 한인사회당계열이었다. 이동휘(李東輝)를 중심으로 하는 한인사회당계열은 임시정부에 참여했지만, 이승만의 위임통치문제 등으로 대립을 계속하였다. 이들은 임시정부 내에서 임시정부를 전면적으로 개편하기 위해 노력하였지만 실패하였다. 결국 임시정부에서 탈퇴하여 반임정세력이 되었다. 마지막은 명확한 세력은 아니지만 임시정부 외부에서 문제를 해결해야 한다고 생각한 상해·만주의 인사들을 들고 있다.[13] 여기서 마지막은 단일한 세력이라고 보기 어렵기 때문에 국민대표회 개최를 지지하는 세력은 크게 대한국민의회, 한인사회당, 북경 군사통일회의 세 세력이라고 할 수 있다.

이 중에서 1922년에 상해에서 국민대표회를 조직하기 위해서 적극적

---

13) 조철행, 앞의 논문, 1995, 149~152쪽.

으로 노력한 세력은 대한국민의회로 대표되는 세력이었다. 이 세력의 배후에는 이르쿠츠크파 고려공산당이 있었다. 이들은 국민대표회 개최에 적극적이었으며, 국민대표회가 개최된 이후 '창조파'의 일원이 되는 세력이었다.[14] 윤해가 속해 있던 세력이 바로 대한국민의회였다. 윤해는 앞에서 본 것처럼 대한국민의회에서 주도적인 활동가였으며, 당시에는 상해에서 국민대표회 개최를 위해서 국민대표회주비회 위원으로 적극적인 활동을 전개하고 있었다.

국민대표회를 요구하는 세력들은 다소 차이가 있지만 세 가지 정세인식을 공유하고 있었다. 첫째는 상해 임시정부가 조직될 때 민족적 대표성이 결여되었으며, 둘째는 정부제도와 구성이 현실에 맞지 않아서 불필요한 내부 분열만 만든다는 것이었고, 마지막은 위임통치를 청원한 이승만을 임시대통령에 둘 수 없다는 것이었다. 첫째와 관련하여 국민대표회 '개조파'와 '창조파'의 입장이 다르지만, 대략 이러한 인식을 공유하고 있었다.[15] 이와 대립하는 세력이 '임시정부 세력'이었다.[16] 이들은 임시정부의 정통성을 주장하면서 국민대표회의 소집을 반대하고 임시정부 유지를 주장하였다. 이처럼 국민대표회 소집을 둘러싸고 벌어진 대립은 민족운동 내부의 운동노선과 깊은 관련을 맺고 있었기 때문에 이들의 대립은 독립운동의 전망과 관련하여 불가피한 측면이 있었다.

---

[14] 조철행, 앞의 논문, 2000, 241~242쪽.

[15] 윤대원, 앞의 책, 201~202쪽.

[16] 기존 연구에서는 '임시정부 옹호파' 등으로 임시정부 세력을 규정하고, 그 공통점을 '기호파'라는 지역적 근거로 설명하고 있다. 하지만 '기호파' 혹은 '임시정부 옹호파'라는 호칭에 대해서는 아직까지 충분히 설명되었다고 판단되지 않는다. 따라서 본 논문에서는 임시적으로 임시정부의 각원이던 아니던 상관없이 임시정부의 유지·옹호를 주장하며 국민대표회에 반대하는 인물들을 '임시정부 세력'이라고 지칭할 것이다.

이러한 대립을 더욱 첨예하게 만든 것은 소위 "한형권(韓馨權) 소지금"이라고도 불렸던 '모스크바 자금'이었다. 모스크바 자금은 한형권이 임시정부의 국무총리였던 이동휘의 명령으로 1920년 모스크바에 가서 레닌(Lenin)과 협상하여 받아온 돈을 말한다. 한형권이 약속받은 돈은 금화 200만 루불이었다. 한형권은 이 돈의 일부를 두 차례에 걸쳐서 상해로 가지고 왔다. 먼저 한형권은 금화 40만 루불을 김립(金立)을 통해 상해로 보냈다. 이 1차분은 임시정부가 아닌 이동휘와 김립의 한인사회당, 즉 상해파 고려공산당이 사용하였다. 그리고 한형권이 직접 20만 루불을 가지고 유럽을 거쳐 1922년에 상해로 가지고 온 것이 2차분이었다. 한형권은 2차분을 1차분과 다르게 상해파 고려공산당에게 넘기지 않고 윤해를 비롯한 국민대표회 세력 즉, 이르쿠츠크파 고려공산당에 넘겼다. 그 이유는 한형권이 상해파 고려공산당에서 제명당했기 때문이었다.[17]

재정궁핍에 시달리는 임시정부에게 모스크바 자금은 새로운 기회가 될 수 있었다. 그러나 모스크바 자금은 임시정부로 귀속되지 않았다. 임시정부는 모스크바 자금이 임시정부의 특사 자격으로 받은 것이므로 임시정부에 귀속되어야 한다고 주장하였다. 그런데도 이동휘와 김립이 모스크바 자금을 임의대로 사용하자 임시정부는 이들을 횡령 혐의로 비난하였다.[18] 결국 1차분과 관련하여 김립은 임시정부 세력에 의해서 1922년 2월에 암살당했다. 그리고 다시 2차분을 가지고 온 한형권은 그 돈을 이르쿠츠쿠파 고려공산당에 넘겼기 때문에 새롭게 문제

---

17) 구체적 이유는 아직 밝혀져 있지 않다. 「구술자료: 김소중 소장본」, 『遲耘 金錣洙』, 한국정신문화연구원 현대사연구소, 1999, 46~50쪽.

18) 「臨時政府布告 第一號(抄譯)」, 金正柱 編, 『朝鮮統治史料』 7, 韓國史料硏究所, 1971, 99~101쪽.

가 되었다. 이 자금이 국민대표회 개최에 사용될 것이라고 판단한 임시정부에서는 당연히 촉각을 곤두세울 수밖에 없었다.

윤해는 바로 한형권이 가져온 모스크바 자금을 바탕으로 국민대표회를 추진하던 세력의 주도인물이었다. 따라서 당연히 임시정부의 시선은 윤해와 한형권에게 집중될 수밖에 없었다. 더구나 한형권은 돈의 소재를 알고 있는 인물이었기 때문에 쉽게 죽일 수 없었다. 그에 비해 윤해는 그 돈을 집행하는 사람이었기 때문에 한형권보다는 쉽게 죽일 수 있었을 것이다. 윤해가 훨씬 더 위험에 노출된 상태였다. 그렇다고 이것만으로 윤해 저격 사건을 설명할 수는 없다. 어떤 상황이 존재한다고 해서 반드시 동일한 사건이 발생하는 것은 아니다. 갈등이 암살이라는 형태로 표출되기 위해서는 보다 역동적인 과정이 필요하다. 이러한 의미에서 윤해 저격 사건이 발생한 그 과정을 확인할 필요가 있다.

3. 갈등의 폭력으로의 전환

1922년 2월 기대를 걸었던 워싱턴회의가 아무런 성과 없이 끝나자 4월부터 국민대표회 소집 운동은 다시금 활기를 띠기 시작하였다. 국민대표회측에서는 국민대표회 소집문제를 당시 열리고 있던 제10회 임시의정원의 결의를 통해서 해결하려고 시도하였다. 그러나 임시의정원에서는 의정원의 결의를 통해 국민대표회 소집을 공식화하려는 지지파 의원과 이를 반대하는 의원 사이에 치열한 대립이 계속되었다. 6월 말까지 국민대표회 소집 문제에 대한 안건이 논의되었지만, 합의에 이르지는 못했다.[19]

결국 임시의정원을 통한 해결이 불가능해지자 국민대표회에 대한 논의는 정부 외곽에서 활발하게 전개되었다. 6월 8일 시국강연회를 시작으로 다양한 모임이 조직되었다. 시국강연회는 임시정부 의정원과 국민대표회의 의견을 듣기 위해 열렸지만 하나의 일치점도 찾지 못하고 해산되었다. 이어 6월 12일에는 김정목(金鼎穆) 등 청년들을 중심으로 유호청년임시대회(留滬靑年臨時大會)가 열렸다. 국민대표회 문제와 모스크바 자금 문제를 해결하기 위해서 다섯 차례의 집회가 열렸지만, 결국 7월 1일 마지막 집회에서 "현 임시정부를 절대로 옹호함"이라는 결의와 함께 끝났다.[20]

계속적인 노력에도 불구하고 국민대표회 소집을 둘러싼 대립이 해소되지 못하자, 그동안 한 발짝 물러나 있던 안창호가 국민대표회 지지자와 임시정부 지지자를 망라하여 시사책진회(時事策進會)라는 단체를 조직하였다. 상호 대립을 해소하기 위해 구성된 시사책진회였지만, 상호간의 불신은 너무나 깊었다. 결국 시사책진회의 성격을 둘러싸고 벌어진 논쟁으로 말미암아 7월 28일 임시정부 지지자들이 시사책진회에서 퇴장하기에 이르렀다.[21] 임시의정원에서 시작하여 시사책진회에 이르기까지 국민대표회 문제와 모스크바 자금 문제를 해결하기 위한 일련의 노력들은 결실을 맺지 못하였다. 오히려 상호간의 차이와 대립

---

[19] 제10회 임시의정원에서 처리한 주요 안건과 논의 과정에 대해서는 다음을 참조. 윤대원, 앞의 책, 210~214쪽.

[20] 金正柱, 앞의 책, 77~78쪽.

[21] 시사책진회 성질을 둘러싼 논의는 "조리(條理)와 궤도(軌道)로 협의결정"이라는 문구를 두고 벌어졌다. 첫 번째 문제는 여기서 말하는 조리와 궤도가 무엇이냐는 것이다. 두 번째는 협의결정이 강제성을 가지는가에 있었다.(「장붕이 이승만에게 보낸 편지」, 1922.7.26, 雩南李承晩文書編纂委員會 編, 『梨花莊所藏 雩南李承晩文書: 東文篇』 18, 中央日報社 現代韓國學硏究所, 1998, 151~155쪽; 「장붕이 이승만에게 보낸 편지」, 1922.8.1, 위의 책, 160~161쪽)

을 확인하는 자리가 되고 말았다.

민족운동 내부의 이견을 조정하기 위한 노력들이 사실상 실패로 돌아가자 상호 대립은 새로운 양상으로 변해갔다. 특히 계속적으로 세력이 위축되고 재정적으로 궁핍한 상태에 있었던 임시정부 세력이 발 빠르게 움직이기 시작하였다. 임시정부 세력은 국민대표회를 저지하고 임시정부의 재정궁핍을 해결하기 위해서 윤해와 고창일이 가지고 있다고 여겨지는 '모스크바 자금'을 확보하기 위해 노력하였다. 우선 국민대표회를 주도하는 윤해와 고창일 등의 활동을 위축시키고 이들을 압박하기 위해서 상해 프랑스 조계의 치안을 담당하고 있던 프랑스 총영사관을 활용하였다.[22] 프랑스 총영사관은 임시정부와 조선인 독립운동에 대해서 기본적으로 불간섭정책을 취하고 있었다. 단지 과격한 수단을 사용할 경우에만 단속하였다. 다만 공산주의자에 대해서는 엄격한 검거와 탄압정책을 취하였다.[23]

당시 프랑스 총영사관에서도 프랑스 조계의 치안 유지를 위해서 임시정부의 협조가 필요한 상황이었다. 1922년 3월 상해에서 발생한 일본 육군 대장 다나까 기이치(田中義一)에 대한 암살시도로 인하여 프랑스 총영사관은 일본의 압박을 받고 있었다. 따라서 조선인 '과격파'에 의한 테러행위에 민감할 수밖에 없는 상황이었다. 상해 프랑스 총영사관은 조선인들의 움직임을 효과적으로 통제하기 위해서 임시정부의 임원들과 긴밀한 관계를 맺을 필요가 있었다. 임시정부의 임원들은

---

[22] 在上海總領事 船津辰一郎, 1922.8.1., 「公信 第540號 當地不逞鮮人中南鮮北鮮兩派ノ爭鬪ニ關スル件」, 『鮮人ノ部: 在上海地方(4)』, 2~3쪽. 이 논문에서 사용된 일본 경찰 문서는 특별한 언급이 없으면 모두 『不逞團關係雜件』에 포함된 것이다. 원문은 국사편찬위원회 한국사데이터베이스(http://db.history.go.kr/)에서 볼 수 있다.

[23] 孫科志, 『上海韓人社會史: 1910~1945』, 한울, 2001, 213쪽.

공산주의에 적대적이었으며, 직접 "위험스러운 소요자들의 존재"를 종종 프랑스 경찰에 넘겨주기까지 하였던 것이다.[24] 이처럼 프랑스 총영사관과 밀접한 관계를 유지하고 있었던 임시정부는 임시의정원 의원이었던 민충식(閔忠植) 등 3명을 프랑스 경찰의 '탐정'(探偵)으로 보내서, 자신들의 반대파에 대한 정보를 넘겨주었다.[25] 민충식은 윤해와 고창일을 '과격파'라고 프랑스 경찰에 고발하였다.[26] 노백린(盧伯麟) 등의 임시정부 세력은 망명지라는 특수한 상황을 활용하여 직접적인 대립 대신에 일종의 이이제이(以夷制夷)의 계책을 사용한 것이다.

  하지만 이러한 사실이 언제까지나 비밀일 수 없었다. 윤해와 고창일 등은 임시정부 측에서 프랑스 경찰에 자신들의 정보를 넘겨주고 있다는 정황을 탐지하였다. 이들은 이에 대한 대책으로 임시정부가 프랑스 경찰을 이용하여 자신들을 핍박하고 있다는 사실을 의열단원이며 자신들과 뜻을 같이하는 최찬학(崔燦學), 박관해(朴觀海), 정유린(鄭有麟)에게 알렸다. 이들은 일종의 밀고 행위를 하였던 민충식의 행동에 격분하였다. 결국 이들은 7월 29일 오전 7시경 프랑스 조계 장빈로(長浜路) 애인리(愛仁里) 53호에 있는 민충식의 집으로 쳐들어갔다.[27] 이들은 민충식에게 "동족동포의 의리"를 지키지 않았던 그의 행동을 추궁하며 논쟁을 벌이다가 민충식을 구타하기에 이르렀다.[28] 이 와중에 민충식의 집안사람들과 격투가 벌어져서 최찬학과 정유린은 부상을 입었

---

[24] 상해주재 프랑스총영사, 「공산주의자들의 소요에 관한 건」, 1922.3.31., 앞의 책, 14쪽.

[25] 在上海總領事 船津辰一郎, 1922.8.1., 앞의 문서, 2~3쪽. 여기서 탐정이라는 것은 정보원을 의미한다.

[26] 「장붕이 이승만에게 보낸 편지」, 22.8.1., 앞의 책, 161쪽.

[27] 在上海總領事 船津辰一郎, 1922.8.1., 앞의 문서, 3쪽.

[28] 「장붕이 이승만에게 보낸 편지」, 22.8.1., 앞의 책, 161~162쪽.

고, 달려온 프랑스 경찰에 의해서 최찬학과 박관해는 체포되었다.[29]

이 사건이 처음부터 민충식에게 직접적인 폭력을 사용하려고 했던 것으로 보이지는 않는다. 단지 프랑스 경찰에 정보를 넘긴 행위를 따지러 갔다가 사건이 확대된 것으로 보인다. 하지만 최찬학 등의 민충식 습격사건은 상해의 분위기를 더욱 날카롭게 만들었다. 임시정부를 옹호하는 입장에 있었던 장붕(張鵬)에 따르면, 민충식 습격사건으로 상해의 인심은 불온해지고 상호간의 경계심은 더욱 심화되었다고 한다.[30]

상호간의 대립이 폭력사태로 비화되면서 이제 상호간의 대립은 노골적으로 폭력에 의존하는 형태로 변해갔다. 노백린을 중심으로 하는 임시정부는 우선적으로 자신들의 세력을 강화하기 위한 활동에 나섰다. 노백린을 비롯하여 신규식(申奎植), 식익희(申翼熙), 조완구(趙琬九), 이필규(李弼圭), 민충식 등이 프랑스 조계의 애인리로 옮겨와서 그곳을 자신들의 집합지로 만들었다. 그리고 먼저 공석인 임시정부의 내각 일부를 조직하였다.[31] 특이할 점은 폭력사태의 계기를 제공했던 민충식이 경무국장에 내정되었다는 사실이다. 임시정부 초기부터 경무국장을 맡고 있던 김구(金九)는 내각이 총사퇴를 하는 시기에 함께 사퇴한 것으로 추정된다. 김구가 경무국장에서 물러났다고 임시정부와 대립하거나 한 것은 아니다. 아마도 김구는 당시 직제로 상관이었던 내무총장이 물러나는 상황에 영향을 받아 동시에 사퇴한 것으로 추정된다.

---

29) 在上海總領事 船津辰一郎, 1922.8.1., 앞의 문서, 4쪽.

30) 「장붕이 이승만에게 보낸 편지」, 22.8.1., 앞의 책, 162쪽.

31) 내정된 각원은 대통령 이승만, 국무총리 겸 군무총장 노백린, 경무국장 민충식, 내무총장 신익희, 외무총장 신규식이었다. (在上海總領事 船津辰一郎, 1922.8.22., 「公信 第605號 南鮮人ノ內閣員內定ト國民大表會開催ニ關スル件」, 『朝鮮人ノ部: 上海假政府(4)』, 3쪽)

다음으로 노백린 등은 국민대표회 반대행동에 나설 목적으로 자신들의 지역적 기반인 '남선인'(南鮮人)을 광범위하게 규합하기 시작하였다.[32] 노백린 등은 강압적 수단을 사용해서라도 '남선인'을 규합하기 위해 노력하였다. 그래서 9월 1일부터 상해에서 퇴거하려는 '남선인'은 국무총리 노백린의 허가를 얻어야 한다고 발표하였다. 또한 비밀리에 퇴거하는 자를 막기 위해서 경무국장 민충식은 경무국 경호원 3명을 각 도항장(渡航場)에 배치하였다.[33] 이처럼 강압적 수단을 사용한다는 것 자체가 노백린 등의 의도와 다르게 '남선인'의 결집이 쉽지 않다는 것과 국민대표회 반대의 목소리가 그만큼 열세에 있다는 것을 방증하는 것이었다.

임시정부 옹호의 목소리는 세력과 여론에서 열세에 있었다. 따라서 이러한 상황을 반전시키기 위해 '암살대'가 구성되었다. 암살의 대상은 윤해와 한형권이었다.[34] 윤해는 국민대표회를 주도적으로 추진하는 인물이었고, 한형권은 국민대표회를 추진하는 윤해에게 자금을 지원한 혐의를 받고 있었다. 이 둘을 암살함으로써 국민대표회를 저지할 수 있다고 생각한 것이었다. 실제로 암살대가 조직되었는지, 이들이 암살을 목표로 했는지 등은 일제의 기록만으로는 확실히 판단하기 어렵다.

---

32) '남선인'이란 주로 경기도·충청도 등 조선 남쪽 출신 인물들을 지칭하는 표현이다. 일제는 당시 조선 독립운동의 대립을 지역에 근거하여 구분하였다. 안창호 세력은 '서북파', 이승만과 임시정부 유지세력은 '기호파' 혹은 '남선파'라고 하였다. 대한국민의회 세력은 '북선파'라고 하였다. (在上海總領事 船津辰一郎, 1922.8.22, 위의 문서, 3쪽)

33) 在上海總領事 船津辰一郎, 1922.9.7., 「公信 第649號 南鮮人派ノ行動ニ関スル件」, 『鮮人ノ部: 在上海地方(4)』, 1쪽.

34) 암살원은 박재룡(朴在龍), 유진오(劉進五), 장태우(張泰祐), 손두환(孫斗煥)이었다. 在上海總領事 船津辰一郎, 1922.9.15., 「公信 第674號 同志ノ暗殺隊及國民大表會延期ノ件」, 『鮮人ノ部: 在上海地方(4)』, 1쪽.

하지만 당시 임시정부를 옹호하는 청년들이 그런 의지를 가지고 있었던 것은 사실로 보인다. 일례로 장붕이 이승만에게 보낸 편지에서 장붕은 '기호(畿湖)청년' 40여 인이 자위자립을 목적으로 비밀리에 단체를 조직한다는 풍문을 전하고 있다.35) 구체적인 내용은 아니지만 청년들을 중심으로 물리적인 힘을 조직하고 있었던 분위기는 감지할 수 있다. 암살대의 일원으로 거론되는 손두환(孫斗煥)을 살펴보면 그런 점을 더욱 확실히 알 수 있다. 손두환은 정치적으로 임시정부 초창기 안창호와 함께 활동하였으나, 안창호가 국민대표회 개최를 지지한 이후부터는 같은 황해도 출신이며 스승이었던 김구와 함께 국민대표회 반대 입장에 서 있었던 것으로 판단된다.36) 그리고 손두환은 '사회부정자'(社會不正者)를 처리하는 것을 목적으로 하는 소독단(消毒團)의 단장이었던 경력도 가지고 있었다.37) 일종의 자경조직의 책임자였던 것이다.

이런 점으로 볼 때, 암살대에 대한 일제의 보고는 사실과 크게 다르지 않은 것으로 판단된다. 암살대는 자신들의 목적을 달성하기 위해서 활동을 벌였다. 9월 11일 이들은 한형권의 부인이 거주하는 집으로 쳐들어가서 한형권의 행방을 추궁하였다. 한형권의 부인을 고문했음에도 불구하고 원하는 답변을 듣지 못하자 그대로 물러나기도 하였다.38) 이런 암살대의 활동은 국민대표회 주도인물들에게 충분한 위협이 되었다.

국민대표회주비회에서도 격화되는 정세에 맞춰서 국민대표회 주도

---

35) 「장붕이 이승만에게 보낸 편지」, 1922.8.7., 앞의 책, 165쪽.

36) 손두환은 김구가 장련읍 봉양(鳳陽)학교에 근무하던 시절의 제자였다. (김구, 도진순 주해, 『백범일지』, 돌베개, 2002, 232~234쪽.

37) 「大正十年四月上海在住不逞鮮人ノ狀況」, 金正柱 編, 『朝鮮統治史料』 8권, 韓國史料硏究所, 1971, 359쪽.

38) 在上海總領事 船津辰一郎, 1922.9.15., 앞의 문서, 1~2쪽.

인물들의 경호와 국민대표회의 원활한 진행을 위해서 경호단체인 맹
호단(猛虎團)을 조직하였다. 맹호단은 한형권, 윤해, 고창일, 남형우(南
亨祐) 등을 경호하고, 국민대표회의 빠른 개최를 위해서 노력하였다.[39]
임시정부 경무국이 조사한 바에 따르면, 맹호단은 비밀결사로 "불량분
자의 일소"를 목적으로 1922년 7월에 설립되었다고 한다.[40] 일제는 이
단체의 단원을 10명으로 파악하였다.[41] 이 중에는 민충식 습격사건을
일으켰던 최찬학, 박관해, 정유린도 포함되어 있었다. 이들은 맹호단원
으로서 민충식의 밀고 행위를 추궁하러 나섰던 것이다. 맹호단은 국민
대표회주비회의 행동대로서 적극적으로 활동했다.

　여기서 또 하나 주목할 것은 맹호단이 김원봉(金元鳳)의 지도를 받
는 단체라는 기록이다.[42] 맹호단원의 대부분이 의열단(義烈團)에 소
속되어 있는 정황이 이를 뒷받침한다. 의열단원이 포함된 맹호단이 국
민대표회의 경호기관으로 조직된 것은 한형권이 가지고 온 모스크바
자금의 일부가 의열단의 운동자금으로 제공된 사실과 무관치 않을 것
이다.[43]

---

39)「장붕이 이승만에게 보낸 편지」, 1922.8.19., 앞의 책, 174~175쪽.

40) 朝鮮總督府 警務局, 1922.9.22.,「高警 第2760號 上海情報」,『朝鮮人ノ部: 在滿洲
ノ部(33)』, 6쪽. 이 문서에 임시정부 경무국이 조사한「團体調」가 첨부되어 있다.
동일한 문서가 金正柱 편,『朝鮮統治史料』7권, 85~94쪽에 수록되어 있지만, 그
곳에는 조사 주체가 밝혀져 있지 않다.

41) 10명이라는 일제의 기록은 앞의 장붕의 기록과도 일치한다. 단원은 강석훈(姜錫
勳), 이한호(李漢浩), 박태열(朴泰烈), 박관해, 최찬학, 정유린, 장덕진(張德震), 박
진(朴震), 방원성(方遠成), 김성득(金成得)이다. (朝鮮總督府 警務局長, 1922.8.30.,
「高警 第2746號 上海情報」,鮮人ノ部: 在上海地方(4)』, 1쪽) 다른 자료에는 김동
식(金東植), 송호(宋虎)도 맹호단이라는 기록이 있다. (朝鮮總督府 警務局, 1922.
9.28.,「高警 第3088號 上海ニ於ける國民大表會ノ經過狀況」,『鮮人ノ部: 在上海
地方(4)』, 4쪽)

42) 朝鮮總督府 警務局, 1922.9.22., 앞의 문서, 6쪽.

43) 김영범,『한국 근대민족운동과 의열단』, 창작과비평사, 1997, 88쪽.

두 세력의 대립이 폭력적인 형태로만 표출된 것은 아니다. 여론전의 형태로도 진행되었다. 국민대표회가 처음 열리기로 했던 9월 1일을 십여일 앞두고 맹호단의 단원 10명은 선언서와 결의서 300부를 배부하였다. 개인 연서로 발표된 이 선언서에서 이들은 지속적인 독립운동을 위해서는 국민대표회를 시급히 소집하는 것이 유일한 방책이라고 자신들의 입장을 밝혔다. 그리고 국민대표회를 방해하는 경우에는 어떠한 이유라도 용납하지 않을 것이라고 강력히 경고하였다. 결의문에서는 모스크바 자금에 대한 입장도 반영되었다. 어떠한 금전을 사용해서라도 시급히 대표를 소집할 것을 재촉한 것이다.[44] 맹호단원들이 국민대표회와 모스크바 자금에 대해서 가지고 있는 생각을 잘 보여준다.

이에 반발하여 국민대표회에 반대하는 청년들은 즉각 민충식 등 38명의 이름으로 '국민대표회 반대 선언서'를 발표하였다. 이들은 선언서에서 임시정부의 절대 옹호를 선언하며, "죄악적 횡포"를 제재할 것이라고 하였다. 또한 모스크바 자금에 대해서도 "국금(國金)의 탈취"로 규정하며 성토하였다.[45] 맹호단원들의 선언서와 근본적으로 다른 견해를 보여주고 있었다. 이런 인식의 차이가 끝내 해소되지 않았기 때문에 대립은 계속될 수밖에 없었던 것이다.

이처럼 상호간에 대립은 시간이 흐를수록 더욱 깊어만 갔다. 팽팽히 당겨진 실처럼 언제 끊어질지 모르는 파국전야의 상황이었다. 이런 조건에서 윤해 저격 사건은 그리 놀랄 만한 일이 아니었는지도 모른다. 갈등이 폭력으로 전환하고 타협의 지점이 존재하지 않는 이상 줄은 끊어질 수밖에 없었던 것이다. 그리고 그 지점에 윤해가 있었다.

44) 在上海總領事 船津辰一郎, 1922.8.22., 앞의 문서, 4~8쪽.
45) 在上海總領事 船津辰一郎, 1922.8.22.,「公信 第613號 國民大表會反對派ノ宣言書 配付二關スル件」,『鮮人ノ部: 在上海地方(4)』, 5~6쪽.

4. 암살을 선택한 사람들

그렇다면 윤해 암살을 직접 실행한 인물은 누구일까? 윤해와 한형권을 암살하기 위해 조직한 암살대의 소행인가? 그렇지는 않다. 일본 경찰의 첩보에 의하면 윤해를 암살하려고 한 인물은 김상옥(金相玉)이었다고 한다.[46] 이 보고를 뒷받침해주는 또 다른 기록도 존재한다. 김철수(金錣洙)의 구술에 의하면, 윤해 저격의 배후에는 김구가 있었다. 국민대표회의 수장인 윤해를 미워했던 김구가 부하를 시켜서 윤해를 죽이려 했다는 것이다. 허파에 총을 맞은 윤해는 겨우 회복했다고 말한다.[47] 김철수의 기억이 당시의 구체적 정황과 일치하고 있다는 점에서 이 기록에 신뢰가 간다. 김철수는 자신이 직접 쓴 회고록에서도 이 사건에 대한 기록을 남기고 있다. 모스크바 자금을 차지하기 위해서 윤해를 죽이려 한 인물이 김상옥이며, 그 배후에 임시정부가 있다는 것이다.[48] 정리하면, 국민대표회를 저지하고 모스크바 자금을 차지하기 위해서 윤해를 저격한 인물은 김상옥이고, 그 배후에는 임시정부 즉, 김구가 있었다는 것이다.

김구는 윤해 저격 사건 이전에도 이와 비슷한 사건에 연루되었던 전력을 가지고 있었다. 모스크바 자금을 임시정부에 넘기지 않고 개인적으로 유용하였다는 이유로 김립을 암살한 사건의 배후에 김구가 있었다.[49] 당시 김립은 임시정부 포고문에 의해서 공개적으로 임시정부의

---

46) 在上海總領事代理 副領事 田中莊太郎, 1922.10.23., 「公信 第770號 不逞鮮人ノ猛虎團組織並に共産黨員尹海狙擊事件ニ対スル居留民大會ニ關スル件」, 『鮮人ノ部: 在上海地方(4)』, 4쪽.

47) 「구술자료: 정진석 소장본」, 앞의 책, 226쪽.

48) 김철수, 「본대로, 드른대로, 생각난대로, 지어만든대로」, 앞의 책, 17쪽.

49) 김철수, 위의 글, 17쪽.

공금횡령범으로 지목된 상태였다.[50] 따라서 임시정부의 경무국장이었던 김구가 그 사건의 배후에 있었다는 것은 어떤 측면에서 보면 명분 없는 일은 아니었다. 하지만 윤해 저격 사건은 김립의 사건과는 경우가 다르다. 윤해는 어떠한 혐의도 공개적으로 받고 있지 않았다. 더구나 윤해 저격 사건이 발생한 시점에서 김구는 경무국장이라는 공식적 직함을 가지고 있지도 않았다. 어떤 명분도 없는 일이었다. 윤해 저격 사건은 우연적으로 발생한 것이 아니라 일련의 대립 속에서 발생한 구조적 측면이 존재하지만, 암살이라는 행위가 필연적인 것은 아니었다. 암살과 같은 폭력은 정치적 수단의 하나로서 선택되는 것이다.

김구는 상해시기 경무국장으로 재직하면서 폭력의 사용에 별다른 거리낌을 가지고 있지 않았다. 김구는 경무국장으로서의 자신의 역할을 심문관 · 검사 · 판사로서의 역할만이 아니라 형집행까지 담당하는 것으로 이해하였다. 김구의 처벌방식은 "말로 타이르는 것 아니면 사형"이었다.[51] 자신의 역할에 대한 김구의 극단적인 인식은 현실에서도 그대로 나타났다. 1921년 2월 박은식 등이 국민대표회 소집을 요구하는 '우리 동포에게 고함'을 발표하였다. 이에 김구는 임시정부를 비방한 박은식을 구타하고, 박은식의 아들 박시창(朴始昌)이 김규식(金奎植)을 방문하여 설명하려고 하는 것을 역시 구타하여 골절시킨 일이 있었다.[52] 김구는 자신과 다른 정치적 입장을 가진 세력에 상당히 공격적으로 반응하였다. 망명지라는 특수성과 경무국장이라는 직책을 고려하더라도, 김구가 정적(政敵)을 대하는 태도는 일제를 대하는 태도

50) 「臨時政府布告 第一號(抄譯)」, 金正柱 編, 『朝鮮統治史料』 7, 99~101쪽.
51) 김구, 도진순 주해, 앞의 책, 302쪽.
52) 朝鮮總督府警務局, 「上海獨立運動者の動向に關し調査報告の件」 1921.4.29., 白凡金九先生全集編纂委員會 編, 『白凡金九全集』 4, 대한매일신보사, 1999, 59쪽.

만큼이나 적대적이었다는 것을 알 수 있다. 김구가 1922년에 발생한 김립 암살과 윤해 저격 사건의 배후로 거론되는 것은 이와 같은 김구의 행동방식과 밀접한 관련이 있다.

이제 윤해를 직접 저격한 김상옥을 살펴보자. 김상옥은 3·1운동의 영향으로 항일운동에 본격적으로 참여하게 되었다. 뜻이 맞는 학생들과 혁신단(革新團)을 조직하여 『혁신공보(革新公報)』라는 신문을 간행하여 배포하다 체포된 적도 있었다. 1920년 봄에는 암살단을 조직하여 8월로 예정된 미의원단 내한방문에 맞춰서 조선총독인 사이토 마코토(齋藤實)를 암살하려고 시도하였다. 그러나 계획이 노출되어 김상옥은 혼자서 상해로 탈출한 경력을 가지고 있었다.[53] 김상옥은 상해에서 임시정부의 인물들과 밀접한 관계를 맺었다. 김구, 이시영(李始榮), 조완구, 김원봉, 윤기섭(尹琦燮) 등과 교우하며 이들의 지도로 의열단에 가입하였다.[54] 그리고 김상옥은 김구와 상당히 깊은 관계를 유지하고 있었던 것으로 판단된다. 김상옥의 애인이 일제의 고문 후유증으로 상해에서 죽자 김구가 관을 사라며 장례비를 주었는데, 김상옥이 이 돈으로 일제에 복수하겠다며 권총을 샀다는 일화가 있기도 하다.[55]

김상옥은 정치적으로 김구, 이시영 등과 마찬가지로 국민대표회를 반대하는 입장을 가지고 있었다. 1922년 6월 17일 상해청년회(上海靑年會) 주최로 개최된 연설회에서 김상옥은 의정원이 국민대표회 청원서를 처리한 것을 헌법을 무시한 "비법행위(非法行爲)"라고 규탄하였다. 그리고 이러한 "비법행위"를 그대로 두면 장래 폐해가 적지 않을 것이기 때문에 합당한 조치를 취해야 한다고 주장하였다.[56] 그리고 국민

<hr>

53) 김상옥·나석주열사 기념사업회, 『김상옥 나석주 항일실록』, 삼경당, 1986, 31~91쪽.
54) 김상옥·나석주열사 기념사업회, 위의 책, 96쪽.
55) 김상옥·나석주열사 기념사업회, 위의 책, 105~106쪽.

대표회 반대 선언서의 서명자 중에 한 명이기도 하였다.[57] 이력에서도 알 수 있는 것처럼 상당한 의기(義氣)를 가지고 있었던 김상옥은 다혈질적인 성격이었다. 안창호 주도로 시국을 수습하기 위해 열렸던 시사책진회에서 방청석에 있던 김상옥은 회원들의 논쟁에 끼어들었다가 경위들에게 구타당했던 적도 있었다.[58] 또한 김상옥은 국민대표회의 임시정부 비난을 불쾌하게 생각해서 단독으로 국민대표회의 '과격파' 몇 사람을 처치하려고 하였지만 이시영 등의 만류로 그만두었다고 한다.[59] 김상옥은 국민대표회에 대한 입장만이 아니라 기질도 김구와 비슷한 면이 많았던 것 같다. 그래서 국민대표회 주도인물을 처치하려던 김상옥의 생각은 이시영이 아닌 김구와 만나서 실행된 것으로 보인다.

윤해 저격 사건 이후 김상옥은 의열단과 임시정부가 협의한 내용에 따라, 폭탄 투척과 의연금 징수의 실행자로 선출되어 국내로 잠입하였다. 계획은 제대로 진행되지 못했지만, 김상옥은 1923년 1월 12일 종로경찰서 폭탄투척 사건과 삼판통(三坂通) 및 효제동(孝悌洞)에서 벌인 경찰과의 총격전으로 의열투쟁에 큰 족적을 남겼다. 김상옥은 1월 22일 효제동의 은신처를 포위한 수백의 경찰들과 총격전을 벌이던 중 최후의 일발로 자결하였다.[60]

---

[56] 在上海總領事 船津辰一郎, 1922.6.19., 「機密 第200號 京畿忠淸出身者發起ノ時局演說會狀況二關スル件」, 『鮮人ノ部: 在上海地方(4)』, 7쪽.

[57] 在上海總領事 船津辰一郎, 1922.8.22., 「公信 第613號 國民大表會反對派ノ宣言書配付二關スル件」, 5쪽.

[58] 「장붕이 이승만에게 보낸 편지」, 1922.7.26., 앞의 책, 154~155쪽.

[59] 김상옥 · 나석주열사 기념사업회, 앞의 책, 109쪽.

[60] 김상옥 · 나석주열사 기념사업회, 앞의 책, 111~161쪽.

5. 상해 조선인 사회의 반응

윤해 저격 사건은 당시 상해의 정치 지형도를 보여주는 상징적인 사건이었다. 독립운동자 내부의 너무나 깊은 불신과 갈등의 골을 보여준 것이다. 음으로 양으로 국민대표회를 둘러싸고 대립이 진행된 것은 사실이지만, 암살이라는 극단적 수단을 통해서 독립운동의 동지를 제거하려 했다는 사실이 상해 조선인 사회에 미치는 영향은 상상을 초월할 것이었다. 따라서 윤해 저격 사건의 진실을 있는 그대로 밝히는 것은 향후 독립운동자 상호간의 신뢰는 물론 연대의 가능성조차도 찾기 어렵게 만들 것이었다. 이런 맥락에서 상해 조선인 사회의 반응은 프랑스 총영사관이나 일본 총영사관의 제3자적 반응과 다른 양상으로 나타났다.

윤해 저격 사건에 우선적으로 관심을 기울인 것은 상해 프랑스 총영사관이었다. 사건이 발생한 곳이 프랑스 조계지였기 때문에 당연한 것이었다. 프랑스 총영사관은 임시정부에 소속된 통역들을 통해서 필요한 정보를 수집하고 있었다. 프랑스 총영사관에서는 윤해가 모스크바 자금을 수령하였는지 확인할 수 없지만 막대한 자금을 사용하고 있는 것은 틀림없다고 보았다. 이런 정황에 근거해서 프랑스 총영사관은 윤해의 저격범을 윤해의 정적 중 한 명일 것이라고 추측하였다.[61]

조선인의 독립운동을 예의 주시하던 일본 총영사관에서도 윤해 저격 사건에 대한 분석을 진행하였다. 일본은 윤해 저격 사건의 원인을 한형권이 모스크바에서 받아온 자금 사용처를 둘러싸고 벌어진 대립의 결과로 파악하였다. 임시정부를 유지하자고 주장하는 세력은 이 자

---

[61] 상해주재 프랑스 총영사, 앞의 문서, 1922, 16~17쪽.

금을 임시정부에 제공해야 한다고 주장하였지만, 국민대표회의를 통해서 현재의 정부를 '창조'하자고 주장하는 세력에서는 이에 불응하면서 대립이 지속되었다는 것이다. 이런 정세파악에 근거해서 일본 총영사관도 프랑스 총영사관과 마찬가지로 윤해와 정치적으로 대립하고 있던 세력이 윤해를 저격했을 것으로 추측하였다.[62]

두 곳 모두 현하의 정세를 기초로 윤해가 정적의 손에 저격당했을 것으로 분석하면서 보다 정확한 정보를 얻기 위한 노력을 계속하였다. 이에 비해 상해 조선인 사회는 윤해 저격 사건에 대해 미온적인 태도를 보였다. 사건의 실체를 밝히는 것보다는 사건의 봉함에 방점이 찍혔다.

윤해가 주필로 있었던 『독립신문』은 조선인 사회의 미온적 태도에 대해서 사설을 통해 지적하였다. 『독립신문』의 사설은 저격 사건이 벌어진지 10일 여가 흘렀지만 상해의 조선인 사회에서는 어떠한 반응도 보이지 않고 있음을 지적하였다. 윤해와 같이 독립운동의 주도적 인물이 저격을 당했음에도 불구하고 임시정부도, 거류민단도, 어떤 단체들도 이에 대해 전혀 입장을 밝히지 않았다는 것이다. 그러면서도 이 사설은 윤해 저격 사건의 범인에 대해서 프랑스나 일본 총영사관과는 다른 해석을 내놓았다. 윤해에게 "우리 배달(倍達)의 혈족이요 독립운동자의 자격으로는 결코 일호(一毫)의 해를 가할 자 없"기 때문에 "필시 왜노(倭奴)의 소위(所爲)"라는 것이다. 범인이 "국민대표회를 반대하는 자"라는 세간의 평가를 의식하면서도, "독립운동에 동참한 인물을 음해하고 공격하는 자는 곳 왜적(倭賊)"이라는 논리로 윤해 저격 사건의 범인은 조선인이 아니라고 주장하였다.[63]

이러한 주장은 구체적 증거에 의한 것이 아니라 당위적 논리에 따른 것으로 설득력이 떨어진다. 그러나 이러한 주장은 사건이 발생하고 20여 일이 지난 뒤에 발행된 10월 21일자 『독립신문』에서도 찾아 볼 수 있다. 방관(傍觀)이라는 필명으로 작성된 논설에서 독립운동자라면 결코 조선인을 살해하지 않을 것이며 더구나 독립운동 간부를 가해한 자가 조선인 일리가 없다는 당위적 논리가 반복되어 나타났다.[64] 이러한 『독립신문』의 반응은 의도적인 것으로 이해된다. 윤해 저격 사건이 조선인 내부의 대립으로 부각되는 것을 피하려 했던 것이다.

이런 상황은 상해 거류민단의 주최로 열린 교민대회에서도 또다시 나타났다. 상해 교민대회는 남형우, 이동녕(李東寧) 등 19명의 요구로 윤해 저격 사건에 대한 진상과 그 방지책을 논의하기 위해서 소집되었다. 교민대회는 10월 21일 프랑스 조계 팔선교(八仙橋) 삼일예배당에서 열렸다. 이 자리에서 안창호는 윤해 저격 사건이 "적의 행위인지 도적의 행위인지 하허인(何許人)의 행위인지" 아무도 모르기 때문에 모르는 일을 가지고 조선인의 행위라고 다수가 의심하는 것은 옳지 못하다고 지적하였다. 그러면서 안창호는 내일 또 누군가가 실상 조선인의 총에 맞았을지라도 조선인이 쏘았을 리 없고 확실히 적이 쏜 것이라고 충심으로 생각할 것을 당부하였다.[65]

안창호의 당부 역시 당위적인 주장이지만, 여기서 강조하고 있는 것은 서로 의심치 말고 믿자는 것이다. 서로를 의심하며 반목하는 것을 경계하는 주장이다. 안창호가 윤해와 다르게 '개조파'에 속하기 때문일 수도 있겠지만, 상해 조선인 사회의 단결을 위해서 윤해를 저격한 인물

63) 「尹海氏 被傷事件에 對하여」, 『독립신문』, 1922.10.12.
64) 傍觀, 「大夢을 覺하야 新人을 作하라」, 『독립신문』, 1922.10.21.
65) 「尹海氏 被傷에 對한 上海我僑民大會」, 『독립신문』, 1922.10.30.

이 누구인지를 군이 확인할 필요가 없다는 것이다. 윤해 저격 사건이 조선인 내부의 대립으로 확대되지 않고 잘 마무리되기를 바라는 의도가 엿보인다.

『독립신문』의 주장과 안창호의 연설 내용은 모두 윤해 저격 사건이 확대되는 것을 바라지 않는다는 공통점을 가지고 있었다. 프랑스와 일본의 총영사관이 사건의 실상에 주목한 것에 비해서 상해 조선인 사회는 사건의 봉합에 더욱 신경을 기울였다고 할 수 있다. 조선인 사회에서 범인의 윤곽을 몰랐기 때문이라기보다는 밝히지 않으려고 했던 것이다. 이러한 차이는 프랑스와 일본의 총영사관이 제3자의 위치에서 사건을 바라보았다면, 상해 조선인 사회는 사건의 당사자로서 이후의 활동을 염두에 두고서 판단해야 했기 때문이다.

다행스럽게도 이후 윤해가 건강을 회복하여 활동을 재개하였기 때문에 이 문제는 이 상태로 마무리될 수 있었다. 더구나 국민대표회 개최가 가시권에 들어오면서 군이 사건을 확대할 필요가 없었다. 그리고 국민대표회 개최를 반대했던 임시정부 세력은 물리적 수단을 강구했음에도 결과적으로 실패하면서 상해 조선인 사회에서 주도권을 상실했던 것으로 보인다. 임시정부 세력은 국민대표회가 개최되기까지 끊임없이 반대를 표현하지만, 더 이상의 강력한 반대 움직임은 찾기 어렵다. 윤해 저격 사건을 기점으로 상해 정국의 주도권은 국민대표회 추진 세력에게로 옮겨갔다.

6. 맺음말

윤해 저격 사건은 1922년 국민대표회 개최를 둘러싸고 벌어졌던 일련의 갈등이 만들어낸 사건이었다. 국민대표회를 열어서 현재의 임시정부를 바꾸려고 하였던 사람들과 현재의 임시정부를 유지하고자 했던 사람들의 갈등이 사건의 배경을 이루었다. 여기에 모스크바 자금의 소유권 문제가 결부되면서 상해의 정치상황은 언제 폭발할지 모르는 활화산 같은 상황이었다. 윤해는 국민대표회주비회의 위원이며『독립신문』의 주필을 맡고 있는 지도적 인물로서 이러한 갈등의 최전선에 있었다. 한형권의 자금을 활용하여 국민대표회를 추진하려 하였기 때문이다.

합의를 위한 다양한 노력들이 실패로 돌아가면서 상호간의 갈등은 민충식 습격사건을 계기로 폭력적 상황으로 바뀌었다. 한편에서는 상황을 반전시키기 위해서 상대의 주도적 인물들을 암살할 계획을 세웠고, 다른 한편에서는 이러한 위협에 대항하기 위해서 자경단체를 조직하였다. 갈등은 접점을 찾지 못한 채 극단으로 치달았고 결국 윤해 저격 사건으로 표출되었다.

윤해 저격 사건은 갈등의 누적이라는 측면에서는 필연적이었다고 할 수 있다. 갈등을 해소할 수 없는 상태에서 선택할 수 있는 수단은 극히 제한적이기 때문이다. 더구나 자신의 세력이 열세라서 자신의 견해를 관철하기 어려운 경우에는 더욱 그럴 것이다. 윤해를 저격한 김상옥과 그 배후에 있었다고 판단되는 김구는 교착되어 있는 상황을 돌파하기 위해서 암살을 선택하였다. 이들이 암살이라는 수단을 선택한 것에는 정치적 대립의 상황만이 아니라 이들의 기질도 많은 영향을 미쳤다. 암살이라는 선택을 할 수 있는 인물이 임시정부를 옹호하는 사람들 중에 있었던 것이다. 그런 의미에서 암살이 상황에 따른 필연적 선택이기만 한 것은 아니다. 폭력으로 전환된 대립의 상황과 이미 실천적으로 폭력을 거부하지 않는 주체가 결합된 결과인 것이다.

윤해 저격 사건에 대해서 상해 조선인 사회는 미온적으로 반응하였다. 이러한 반응은 윤해 저격 사건에 동조했기 때문은 아니었다. 오히려 윤해 저격 사건이 초래할 조선인 사회의 분열을 염려한 때문이었다. 더구나 윤해 저격 사건은 윤해가 죽지도 않았을 뿐만 아니라 사건 이후의 정치상황도 임시정부 유지세력에게 유리하게 전개되지 않았다. 이미 국민대표회 소집은 힘을 받으며 진행되고 있었다. 윤해 저격 사건을 굳이 확대할 필요가 없었던 것이다. 김구와 김상옥의 윤해 저격은 국민대표회에 모스크바 자금이 투입되는 것을 막아서 국민대표회를 무산시키려고 했던 개회 이전의 마지막 노력으로 볼 수 있다. 실제로 국민대표회가 개최되는 1923년 1월까지 국민대표회를 반대하는 특별한 행동은 찾아보기 어렵다. 1923년 6월이 되어서 국민대표회가 내분으로 분열되자 임시정부 유지세력은 김구의 포고령을 통해 국민대표회를 무력화시킬 수 있었던 것이다.

암살이 반드시 행위자가 원하는 결과로 연결되지는 않는다. 윤해 저격 사건이 민족운동 내부의 갈등을 해소한 것은 아니지만 고조되어 있던 갈등을 완화하는 효과가 있었다고 판단된다. 고조된 갈등이 윤해 저격 사건으로 폭발하면서 갈등의 강도는 일순간 완화될 수밖에 없었다. 이런 점에서 윤해 저격 사건은 상해지역 민족운동 내부의 정치지형을 변화시킨 분기점으로 볼 수 있을 것이다. 물론 김구와 김상옥이 원했던 변화는 아니었다.

1927년 영남친목회 반대운동 연구

—

임경석

1. 머리말

영남친목회는 서울에 거주하는 경상남북도 출신자들의 친목단체였
다. 이 단체가 창립된 1927년 9월 즈음에는 동향 출신자들의 친목단체
가 서울에 여럿 존재했다. 호남 출신자들의 친목단체인 호남동우회, 서
북 5도 출신자들이 결성한 오성구락부, 일부 영남 출신자들이 따로 만
든 상우회 등이 그것이다. 어느 것이나 다 서울에 거주하는 이를 회원
대상으로 삼았다. 식민지시대에 지방에서 태어나 서울에서 생활하고
있는 사람들이 출신지의 동일성을 식별 기준으로 하여 이러한 단체들
을 조직했다.

이 단체들 속에는 다양한 인간 집단이 참여했다. 출신지가 같으면
누구든 가리지 않고 입회할 수 있었다. 조선총독부의 관리, 부유한 지
주와 상공업자도 있고 노동운동 참가자와 사회주의 문필가도 포함되

어 있었다.

영남친목회는 결성됨과 동시에 부정적인 여론에 부딪혔다. 영남친목회 규탄 성명서가 발표되고, 반대운동을 전개하기 위한 단체가 만들어졌다. 이 움직임은 다른 동향 출신자 친목단체에게도 파급됐다. 출신지의 동일성을 유일한 식별 기준으로 삼아 출현한 친목단체들은 지방열을 고취하는 단체로 지목됐고, 사회적으로 배척의 대상이 됐다.

지방열단체반대운동은 1927년 9월~12월 시기에 전 조선을 풍미했다. 서울에 근거를 둔 전국적 범위의 대규모 대중단체와 지방도시의 크고 작은 단체들이 지방열단체가 조선 사회를 분열시키고 퇴화시킨다고 비판하고 나섰다. 그런데 주목할 만한 현상이 눈에 띈다. 지방열단체 반대운동을 앞장서서 고취한 사람들도 사회주의자였다. 사회주의자들의 행동 양상이 둘로 나뉘는 모습을 관찰할 수 있다.

영남친목회와 지방열단체반대운동은 1927년 하반기 식민지 조선의 가장 뜨거운 사회적 쟁점이었다고 평가할 수 있다. 그 의의와 관련하여 다음 두 가지 문제를 해명하고자 한다. 왜 영향력 있는 사회주의자들이 지방별 친목단체에 참여했을까? 단지 참여했을 뿐 아니라 회장을 맡거나 창립 취지서를 쓰는 등 주도적 역할을 맡은 이유는 무엇인가? 이 글에서 규명하고자 하는 문제 가운데 하나는 바로 이것이다.

이에 대해서 한홍구는 사회주의자들의 신간회 정책과 관련된 것이라고 보았다. 지방별 친목단체에 사회주의자들이 참가한 이유는 "신간회에 지주와 자본가 층을 끌어들이려는 것" 때문이라고 진단했다.[1] 그 시기가 신간회 창립 첫 해이고 사회주의자들의 관심이 민족통일전선

---

[1] Scalapino, Robert A, & Lee Chong-Sik, Communism in Korea, Part 1: The Movement, University of California Press, 1972.; 로버트 스칼라피노 · 이정식 저, 한홍구 역, 『한국공산주의운동사(합본개정판)』, 돌베개, 2015, 183쪽 역주 36번.

을 강화하는 데에 쏠려있었음을 감안하면, 개연성이 있어 보인다. 하지만 조선공산당의 내부 문건에서는 민족통일전선 정책과 신간회에 관련하여 그 어디서도 지방별 친목단체의 활용에 관한 언급을 찾아볼 수 없다. 새로운 분석을 요한다고 생각한다.

또 하나의 문제는 사회주의자들의 태도이다. 지방열단체를 결성하는 데에도, 그를 반대하는 사회적 캠페인에도 사회주의자들이 공히 참여했음이 주목된다. 왜 이렇게 상충되는 현상이 나타났는가? 이 글에서는 이 물음에 답하고자 한다.

이에 관련해서는 공산당 중앙기관 내부의 영향력있는 개인들의 알력으로 보거나, 기왕에 존재하던 서울파 등의 분파 행동으로 해석하는 견해가 있다.[2] 틀린 얘기는 아니지만 정확히 사실을 반영한다고 보기는 어렵다. 이 시기는 공산당 내부의 분파 구도가 급격히 변동되던 시기이므로, 그에 연관하여 새로운 고찰이 필요하다고 판단된다.

2. 영남친목회의 결성

영남친목회라는 단체가 세상에 모습을 처음 드러냈다. 1927년 9월 4일이었다. 서울 시내에 위치한 조선요리 전문점 국일관(國一館)에서 성대한 창립총회가 열렸다. 참석자가 많았다. 200여 명이었다는 기록도 있고,[3] 300여 명이라는 기록도 있다.[4] 내로라하는 번듯한 고급 음

---

2) 로버트 스칼라피노 · 이정식 지음, 한홍구 옮김, 위의 책, 183쪽; 조형열, 「협동조합운동사의 조직 과정과 주도층의 현실 인식(1926~1928)」, 『한국사학보』 34, 2009.2, 164쪽.
3) 「영남친목회 발기」, 『매일신보』 1927.9.5.

식점에서 대낮에 수백명이 모여 공공연하게 대규모 집회를 개최하는 것이니만큼 그 외관이 화려했다. 회의장 입구에는 커다란 깃발이 내걸려 있어서 자못 당당한 느낌을 주었다.[5]

참석자 면면이 주목을 끌었다. 모두 다 영남 출신자들이었다. 경상남도와 경상북도에서 태어나고 자란 사람들이었다. 그중에는 박중화(朴重華)와 같은 애국계몽운동과 노동운동 참가자도 있었고, 사상가나 사회주의자로 지목받는 이들도 있었다. 하지만 그보다 훨씬 더 많은 관변 유력자 층이 자리를 잡고 있었다. 친일단체 국민협회 부회장과 중추원 참의를 지낸 정병조(鄭丙朝, 65세)를 비롯하여, 조선총독부 군수 13년 재임 뒤에 중추원 현직 참의에 오른 오태환(吳台煥, 56세), 경상남도평의회 의원 김기태(金琪邰, 41세), 총독부 내무국 촉탁 이각종(李覺鍾, 40세) 등이 그 자리에 참석했다. 망국 이후 하얼빈과 장춘 등지에서 일본 총영사관의 밀정으로 활동한, 유명한 친일 여성 배정자(裵貞子, 58세)의 얼굴도 보였다. 참석했는지 여부는 확인되지 않지만 일본군 헌병대 대좌 박두영(朴斗榮)도 이 단체의 회원으로 알려져 있었다.[6] 그 자리에 참가했던 어떤 사람은 '잡동산이가 혼합되어 있는' 양상이었다고 비꼬아서 논평했다.[7] 요컨대 친일 세력과 반일 성향의 인물이 섞여 있었고, 영남의 이름있는 부호가 있는 반면에, 부자들을 공격하던 사회주의자들도 있었다. 그 외에 영남출신 기생들도 8~9명이나 자리를 잡고 있었다. 화려하게 의상을 갖추어 입은 젊은 여성들의 존

---

4) 「質問戰 중에 영남친목회 發會」, 『조선일보』 1927.9.5.

5) 卞東祚, 「"영남친목회"란 무엇이냐」, 『조선일보』 1927.9.13.

6) 朝鮮共産黨中央幹部 代表 金榮萬・金鏐洙, 「報告」 1928.2.24, 5쪽, РГАСПИ ф.495 оп.135 д.155 л.10~30.

7) 卞東祚, 앞의 글.

재는 사람들의 눈길을 끌었다.[8]

마이크를 박중화가 잡았다. 창립총회 의장 자격이었다. 불과 7년 전에 한국노동운동사의 출발을 고하는 조선노동공제회 창립총회 석상에서 회장에 선임된 그였다.[9] 노동운동 지도부에서 물러선지 4~5년 지나긴 했지만 여전히 사회적인 신망을 누리고 있었음을 짐작할 수 있다. 그는 영남친목회 창립총회 석상에서 의사 진행을 이끌었다.

그러나 의사 진행이 원활하지 않았다. 회의를 이끄는 기술이 부족해서가 아니었다. 의사 진행에 맞서는 능동적인 발언자들이 많았기 때문이다. 참석자들의 신원을 확인하는 '회원 점명(點名)'에 들어갔을 때였다. 항의가 제기됐다. 단체가 미처 설립되기도 전에 회원 정체성을 갖는 사람이 있을 수 있는가? 라는 반론이었다. "나도 입회한 적 없소!"라는 노기 띤 목소리가 빗발치듯 쏟아졌다. '의론이 백출'하여 회의장은 소란으로 가득 찼다.[10]

겨우 무마되어 다음 순서로 넘어갔으나, '경과보고'를 진행하는 중에 다시 소란이 일었다. 설립 취지를 둘러싼 반론이 제기됐기 때문이었다. 영남 출신자들의 친목이 과연 가능한가? 라는 근본적인 의문을 던지는 사람들이 여기저기서 나왔다. "아무리 다 같은 영남 안에 사는 사람이라도 서로 계급이 다르고 이해가 다른데 어찌하여 친목을 할 수 있느냐"는 반론이었다. 의장은 노련한 사람이었다. 오후 1시 30분이 되었으니, 우선 점심 식사를 먼저 한 뒤에 의사를 계속 진행하겠노라고 선언했다.

식사를 마친 뒤 속개된 총회 석상에서도 반대 의견은 계속 나왔다.

---

8) 「質問戰 중에 영남친목회 發會」, 『조선일보』 1927.9.5.

9) 「노동공제창립」, 『동아일보』 1920.4.12.

10) 卞東祚, 앞의 글.

발언 요지는 대체로 비슷했다. 신간회가 출범하여 전 민족적 일치 운
동이 진행 중인데, 지방별 친목단체를 설립하면 그에 장애가 된다는 주
장이었다. 지방간의 알력을 우려하는 목소리도 있었다. 일찍이 애국계
몽운동 시기에 지방별 단체를 조직한 탓에 여러 가지 폐해가 많았는데,
이제 또 영남의 친목을 표방하게 되면 그를 되풀이할 염려가 있다는
내용이었다.[11]

　주최 측은 분란이 지속되는 것을 바라지 않았다. 강제력을 사용하기
로 했다. 회의장을 정돈하기 위해서 사찰(司察)이라는 명칭의 질서 유
지 요원의 힘을 빌렸다. 그리하여 참석자들 내부에 언쟁이 일어났고,
그 결과 상당수의 참석자들이 회의장에서 퇴장해 버렸다. 이제 회의
진행을 방해하는 사람들은 없었다. 순조롭게 이어진 의사 진행 끝에
무사히 임원진까지 선임했다. 임원은 60명이었다. 이리하여 마침내 영
남친목회가 세상에 모습을 드러냈다.

　도대체 이 단체를 무엇 때문에 만들고자 했는가? 주최 측의 의도를
이해하는 데에는 「영남친목회 취지서」라는 문서가 유용하다.[12] 글자
수가 1천자에 미치지 못하는, 한 페이지에 다 담을 수 있는 적은 분량
의 문서였다. 총회 석상에서 참석자들에게 배부됐을 이 문서는 영남친
목회라는 단체가 왜 필요한지를 서술하고 있다.

　설립 목적은 '단결'에 있다고 한다. 세상만사 중에서 "단결로써 이룩
하지 못한 일을 이산(離散)으로써 성취한 사례를 발견할 수 없다"고 전
제하고선, 역사 이래 인간은 단결과 친목을 강구해 왔다고 썼다. 어떤

---

11) 「영남친목 반대성명, 불일간 발표」, 『조선일보』 1927.9.6.
12) 「영남친목회 취지서」 1927.9, (김철수, 「福本트로츠키주의자들에 대한 중요 재료」 1928.4.1, 4~5쪽 수록), РГАСПИ ф.495 оп.135 д.155 л.43~450б. 이 문서는 창립총회 당시에 배포된 원본이 아니라 일어 번역본이다. 영남친목회 취지서 원본은 아직 학계에 제공된 적이 없다. 이 번역본이 현존하는 유일한 텍스트다.

사람들의 단결인가? 인간의 보편적 단결을 주장하는 것은 아니었다. 「취지서」가 제안하는 것은 특정한 인간 집단의 단결이었다. 「취지서」는 "교남(嶠南) 인사로서 한북(漢北)에 기우(羈寓)하는 자"라고 명시했다. 경상남북도 출신자로서 서울에 거주하는 사람들의 단결과 친목을 도모한다는 말이었다.

출신지를 같이하는 인사들만의 단결을 필요로 하는 이유도 두셋 적었다. 눈 내리고 달 밝은 밤이면 고향 생각이 간절하고, 계절이 바뀔 때마다 낙동강 산천이 그립기 때문이라고 한다. 동향 사람들만이 나눌 수 있는 추억의 공통성을 들었다. 그에 더하여 사회적 이유도 거론했다. '조선 민족사'가 '일대 과도기'에 처해 있기 때문이라고 한다. 영남 사람들은 "역사적으로 보든, 사회적으로 보든, 인재가 풍부한 점으로 보든, 조선 민중을 인도하는 무거운 임무를 자담(自擔)하지 않을 수 없"다고 썼다. 과도기, 역사와 사회, 민중의 인도 등의 레토릭을 구사하고 있지만, 그것이 구체적으로 무엇을 뜻하는지는 지면에 더 이상 명시되지 않았다.

취지서는 영남친목회가 할 일에 대해서 적었다. 그중 하나는 상부상조였다. "급난(急難)을 상구(相救)하고 애경(哀慶)을 상조(相弔)하는 것"이었다. 이것은 특별히 이채로울 게 없었다. 친목회를 표방한 단체이므로 구성원의 경조사를 함께 챙기는 것은 자연스런 일이었다. 눈에 띄는 것은 그 다음 문장이었다. "사회진화법칙에 따라 구 질곡(舊桎梏)을 벗고 신문화를 창(創)하"겠다고 썼다. 그 당시에는 '사회진화법칙'이란 일반적으로 마르크스주의의 사적유물론을 뜻하고, '신문화'란 민족문화 혹은 프롤레타리아문화를 가리키는 용어로 사용되고 있었다. "재경(在京) 교남(嶠南) 인사의 단합"을 꾀한다고 자임한 영남친목회로서는 이물감이 느껴지는 언어였다.

뭐니 뭐니 해도 가장 눈길을 끄는 것은 그 다음 문장이었다. "용기를 고취하여 전 민족적 사업에 적극적으로 참가 분투"하겠노라고 천명했다.[13] '전 민족적 사업'이란 다의적으로 해석될 수 있는 언어였다. 식민지 약소민족의 해방을 뜻할 수도 있고, 일본제국의 소수 민족으로서 민족 자치제를 실시하거나, 제국의회나 지방의회의 선거에 참여할 수 있게끔 참정권을 획득하자는 말로도 해석될 수 있었다. 맥락 여하에 따라서는 상충되는 의미로 곡해될 여지가 있었다.

취지서의 행간을 읽기 위해서 콘텍스트를 확인할 필요가 있다. 이 글의 지은이는 안광천(安光泉)이었다. 1926년 12월 비밀결사 조선공산당 제2회 대회에서 중앙집행위원회 책임비서로 선임된, 조선 사회주의 운동의 최고위 지도자였다. '재경 교남 인사의 단합'이라는 구절과 '전 민족적 사업에 적극적 참가'한다는 구절의 교집합에 주목해야 한다. 그것은 1926년 11월 15일자 「정우회선언」에서 말한, 정치운동의 활용 가능성을 시사하는 것이었다. 안광천은 그 글도 지은 사람이다. 거기서 대중의 개량적 이익을 위해서 소아병적 자세를 벗어나 "현실의 모든 가능의 조건을 충분히 이용"하자고 주장했었다.[14] 재경 영남 출신인사들의 전 민족적 사업이란 곧 대중의 개량적 이익을 위해 현실적으로 가능한 정치운동과 같은 것이었다.

정치운동 활용론은 일부 사회단체 참가자들에게는 조선총독부 지방자문기구 선거 참여론으로 받아들여졌다. 「정우회선언」의 영향력이 확대됨에 따라, 조선총독부의 지방자치 선거에 사회운동자들이 참여하는 사례가 나타난 것은 그 때문이었다. "근일에 경기와 및 기타 모모

---

13) 김철수, 「福本트로츠키주의자들에 대한 중요 재료」 1928.4.1, 4~5쪽, РГАСПИ ф.495 оп.135 д.155 л.43~450б.

14) 「선언 초안」, 『조선일보』 1926.11.17.

지방에서는 각해(各該) 지방의 유력한 청년단체들로서 도평의원 선거운동에 몰두한 사실"이 있었다.[15] 보기를 들면 서울에 소재하는 연강(沿江)청년연맹이 그랬다. 서울의 13개 청년단체가 연합하여 경기도 평의원 선거에 출마한 김지환(金之煥)을 지지하고 그를 위한 선거운동에 참여했다.[16] 이러한 사례는 더 있었다. 함경남도 안변에서도 청년운동 참가자들이 도평의원 선거운동에 참가했다. 예전에는 생각하기 어려운 일이었다. 도평의원 선거운동에 참가하는 행위는 침을 뱉고 꾸짖으며 욕설하는 대상이었는데, 상황이 일변했던 것이다.

영남친목회 취지서에서 말하는 재경 영남인사들의 단합이란 곧 정우회선언에서 거론된 정치운동 활용론과 무관하지 않았다. 그것은 도평의회 등 조선총독부 지방자문기구 의원 선거를 염두에 둔 문장으로 해설될 여지가 있었다.

취지서는 강렬한 호소로써 끝을 맺었다. "동지 제군이여! 와서 참여하라. 아등(我等)의 전도는 낙동강 물처럼 양양(洋洋)하다"라고. 앞길이 순조롭기를 바라는 열망이 드러나 있다. 그러나 실제는 그와 달랐다. 참가자들 면면의 이질성과 단체 성격의 모호함 때문에 영남친목회의 앞길은 그다지 양양하지 못했다.

3. 영남친목회 반대운동

이미 보았듯이 영남친목회는 결성되는 첫날부터 반대자들의 항의에

---

15) 金萬圭, 「비약인가? 停頓인가?」, 『조선지광』 1927년 5월호, 12쪽.
16) 「신흥청년결의」, 『동아일보』 1927.4.19.

부딪쳤다. 그날 회의장에서 퇴장한 사람들은 주로 '재경 경상남북도 신진 청년들'이었다.17) 이들은 영남친목회 반대 운동을 전개해야 한다는 데에 의견의 일치를 보았다. 영남친목회 반대운동의 첫 동력을 바로 영남 출신의 신진 청년들이 제공했던 것이다. 이 청년들이 구체적인 행동을 위해 회합한 것은 영남친목회 창립총회가 열린 이틀 뒤인 1927년 9월 6일이었다. 이날 회의에서 규탄 성명서를 내는 데에 필요한 조치들을 논의했다. 그리하여 7명의 위원을 선정하여 성명서 문안을 작성하는 한편, 반대성명서에 연서명할 사람들을 규합하기로 결정했다.

「영남친목회 반대 성명서」가 발표된 날짜는 창립 1주일 만인 9월 11일이었다. 이 문서에는 영남친목회를 반대하는 논리가 정연하게 표현되어 있었다. 먼저 영남친목회의 목적이 허구적인 것임을 지적했다. 성명서는 "영남 사람 중에도 그중에는 빈부의 계급적 차이도 있고, 신구의 사상적 형수(逈殊)도 있다."고 전제한 뒤, "주의와 이해(利害)가 불일치되는 각층의 민중을 그들은 장차 어떠한 방식으로 친목시키려는가?"라고 되물었다. 구성원 내부의 불일치와 모순 때문에 영남 사람들의 친목은 불가능하다는 주장이었다.18)

이어서 단체 성격에 대해서 논했다. 그에 따르면 영남친목회는 과거의 국민협회나 시국대동단과 같은 것이었다. 즉 관변 유력자 층으로 이뤄진 친일 단체라고 규정한 셈이었다. 그 단체가 수행하는 역할에 대해서도 비판적으로 논평했다. "과거 지방열(地方熱)의 유허(遺墟)를 부흥시키어, 바야흐로 전 민족의 역량을 집중하려는 우리 운동선을 교란시키는 것"이라고 말했다. '지방열'이라는 말이 영남친목회 반대운동

의 초기부터 사용되고 있음이 눈에 띈다. 또 그 단체가 지방열을 조장하며, 그를 통하여 전 민족 역량을 집중하려는 민족통일전선 운동을 방해할 우려가 있다고 규정했다. 이 언어와 규정은 이후에도 영남친목회 반대운동의 전개과정에서 줄곧 되풀이 나타난다는 점에서 중요한 의의를 지닌다.

성명서는 행동의 목표를 제시했다. "우리가 한갓 그 회의 정체를 폭로시킬 뿐 아니라 한 걸음 더 나아가 우리의 손으로 그 회를 박멸하고, 그 회의 주동분자를 토죄(討罪)하지 아니치 못할 것"이라고 언명했다. 영남친목회의 정체를 '폭로'하고, 그 단체의 존재를 '박멸'하며, 주동분자의 책임을 묻겠다는 세 가지 목표를 들었다.

이 성명서에는 79명이 연서명했다. 이 서명자들은 모두 영남 출신자들이라고 자임했다. 그 면면을 보면 민족통일전선 단체인 신간회 임원과 회원들이 포함되어 있음이 눈에 띈다. 강상희(姜相熙), 권태석(權泰錫), 박의양(朴儀陽), 이옥(李鈺), 이원혁(李源赫), 이지호(李芝鎬), 이희춘(李熙春), 전진한(錢鎭漢), 정희찬(鄭喜燦), 하필원(河弼源) 등이 그들이다. 여성계의 통일전선 단체인 근우회 임원도 있었다. 강석자(姜石者), 김수준(金繡準), 정칠성(丁七星) 등이다. 노동운동과 청년운동을 비롯한 공개 영역의 사회운동 참가자들이 많았다. 강용(姜鎔), 권숙범(權肅範), 김남수(金南洙), 김성애(金聖愛), 박동수(朴東秀), 박윤석(朴尹錫), 박정곤(朴定坤), 변동조(卞東祚), 서팔(徐叭), 신주극(申周極), 안상길(安相吉), 안준(安浚), 유용목(俞龍穆), 인동철(印東哲), 임유동(林有棟), 조태연(趙台衍), 추병환(秋秉桓), 한일청(韓一淸), 허일(許一) 등이었다. 요컨대 서명자 가운데 적어도 32명은 사회운동에 참가하고 있음을 확인할 수 있다. 이 중에서 연령을 확인할 수 있는 사람들 가운데 최연장자(인동철)는 1891년생으로서 36세였고, 최연소자(이지호)는 1901

년생으로 26세였다. 이로부터 미뤄보면 영남 출신자로서 20~30대 연령
층에 속하는 사회운동 참가자들이 영남친목회 반대운동의 주축이었다
고 판단된다.

이 중에서 주목할 만한 존재는 권태석과 김남수다. 이 두 사람은 그
당시 비밀결사 조선공산당의 중앙집행위원으로 재임 중이었다. 1927년
9월 즈음의 조선공산당은 국내에 존재하던 기존의 대규모 공산주의 그
룹을 통합한 유력한 존재였다. 당 외에 버티고 있던 가장 강력한 경쟁
자 '고려공산동맹' 구성원들은 대다수 1926년 11월과 1927년 3월, 두 차
례에 걸쳐서 입당했다.[19] 사실상의 '통일 공산당'이라고 부를 만했다.
종래 화요파와 서울파라고 부르던 가장 영향력 있는 공산그룹들을 망
라했기 때문이었다.

1927년 6월 현재 공산당 중앙집행위원은 7인이었다. 그 멤버는 책임
비서 안광천을 비롯하여 한위건(韓偉健), 김준연(金俊淵), 권태석, 김남
수, 하필원, 양명(梁明)이었다. 이 중에서 권태석과 김남수는 다른 5인
의 위원들과 불화를 보이는 일이 잦았다. 말하자면 당 중앙 내에서 비
주류의 위치에 머물러 있었다. 당 주류의 입장에서 쓰여진 기록에 따
르면, 권태석은 당내에 독자적인 분파 조직을 건설하려고 암암리에 노
력한다는 비판을 받았다. 김남수도 중앙집행위원에 선임된 이후 줄곧
분파적 행동을 계속했으며, 당 중앙의 결의에 복종하지 않았고, 회의
중 자리를 박차고 나가거나 욕설을 서슴지 않았다고 한다.[20]

비밀결사의 중앙기관 내에서 비주류의 위치에 있는 두 사람이 영남
친목회 반대운동에 초기부터 참여하고 있었던 것이다. 공교롭게도 주

---

[19] 임경석, 「1927년 조선공산당의 분열과 그 성격」, 『사림』 61, 수선사학회, 2017, 147쪽.
[20] 「중앙집행위원회 보고, 제1호」, 3쪽, РГАСПИ ф.495 оп.135 д.156 л.69~74об.

류에 속하는 당 중앙집행위원들의 이름은 하필원 한 사람 외에는 발견되지 않는다. 당 중앙이 둘로 나뉜 느낌이다. 비주류 위원들은 영남친목회 반대운동에 적극적으로 참여하고 있는데 반하여, 주류 위원들은 소극적이거나 아예 불참하는 양상을 띠고 있다.

9월 11일에 성명서만 발표된 게 아니었다. 조직화도 병행되었다. 그날 서울 시내에서 '영남친목회반대책강구회'라는 명칭의 집회가 열렸다. 이 집회에는 영남 인사들만이 온 게 아니었다. 출신 지역에 상관없이 영남친목회에 반대하는 사람들이 모였다. 이 집회에서 반대운동을 전개하기 위한 다각적인 방법이 모색됐다.

먼저 영남친목회 뿐만 아니라 '지방열'을 고취하는 유사 단체에 대해서도 반대운동을 확장하기로 했다. 지방열 고취 단체로 지목된 것으로는 영남친목회 외에도 호남동우회, 오성(五星)구락부가 있었다. 호남동우회란 전라남북도 출신자로 서울에 거주하고 있는 이들의 친목단체로서, 이미 전년도인 1926년 7월에 창립되어 활동하고 있었다.[21] 오성구락부는 관서와 관북지방의 5개도 출신자들의 친목단체였다. 두 달 전인 1927년 7월에 이미 설립되어 있었다.[22] 집회 참석자들은 이 외에 유사한 단체가 더 있는지 조사하기로 했다.

이 집회에서는 또 다른 중요한 문제가 논의됐다. 「개인관계자 조사의 건」이었다. 그 결과 지방주의 단체에 참여한 '사회운동자'들이 있는지 여부를 조사하기로 결정했다. 사회운동자란 사상단체와 노동단체, 청년단체 등 공개 영역의 대중단체에 참여하거나, 언론 매체를 통하여 사회주의 담론의 확산에 참여하는 사람을 가리키는 말이었다. 사회운

---

21) 「지방열단체박멸 성명서 발표(상)」, 『조선일보』 1927.10.16.
22) 「五星구락부 발기」, 『동아일보』 1927.7.2.

동자로서 지방열 고취단체에 참가하는 것은 도의적으로 용납할 수 없
는 범죄적인 행위로 간주됐다.

　문제는 영남친목회 설립 과정에 안광천이 적극적으로 참여한 데에
있었다. 그가 영남친목회 취지서를 기초했다는 사실은 이제 널리 알려
지게 됐다.23) 물론 안광천이 비밀결사 조선공산당의 책임비서라는 사
실은 극비 사항이었다. 하지만 그가 일본 유학생 출신의 사회주의 지
식인으로서 활발한 문필 활동을 통하여 여론을 주도하고 있는 사실은
두루 알려져 있었다. 안광천이 관변 유력자 층과 더불어 지방열단체
결성에 연루되었다는 사실이 밝혀지자 많은 사람들이 실망감을 느꼈
다. 그뿐 아니라 격렬한 분노를 표출했다.

　'영남친목회반대책강구회'에 모인 사람들은 반대운동의 규모를 더욱
확대하기로 했다. '지방열고취단체박멸대회'라는 명칭의 대규모 집회
를 소집하기로 결정했다. 나아가 그 대회 소집 사무를 맡는, 20명으로
구성된 준비위원회까지 선출했다.24) 그중에서 「영남친목회 반대 성명
서」에 서명한 인사는 7명(임유동, 강상희, 안준, 유용목, 이옥, 허일, 안
병희, 정칠성)이었다. 새로이 거명된 사람들은 영남 이외 여러 지방 출
신자들이었다. 이영(李英), 박원희(朴元熙), 송내호(宋乃浩), 서태석(徐
邰晳), 김정기(金正琪), 이황(李晃), 임형일(林炯日), 좌공림(左公琳) 등
과 같은 지명도 높은 사회주의자들이었다. 그 외에 이관구(李寬求)도
있었다. 그의 존재가 주목된다. 교토 제국대학을 졸업한 그는 조선일
보사 정경부장을 지내는 등 언론계에 종사하고 있었으며, 민족통일전
선 단체인 신간회에도 참여하고 있었다. 또 민족주의 비밀결사인 흥업

---

23) 「지방열박멸 준비위원 결의」, 『조선일보』 1927.12.19.
24) 「영남친목회 반대책 강구」, 『동아일보』 1927.9.16.

구락부의 일원이기도 했다. 결국 준비위원으로 선임된 이들은 사회단
체나 언론계에서 활발히 활동하고 있는 사회운동자로서 민족통일전선
의 필요성에 공감하는 사람들이었으며, 그중 다수는 비밀 공산주의 단
체나 민족주의 단체의 구성원들이었다. 특기할 만한 점은 조선공산당
중앙집행위원회의 주류 그룹에 속한다고 판단되는 사람은 하나도 없
었다는 사실이다.

4. 지방열단체 반대운동으로의 확산

　영남친목회 반대운동은 확대일로를 걸었다. 먼저 운동의 외연이 확
장됐다. 단지 영남친목회 한 단체만이 아니라 그와 성격을 같이하는
모든 지방열단체를 반대하는 사회적 캠페인으로 확장됐다. 그것을 '지
방열단체 반대운동'이라고 불렀다.
　반대운동은 조선인 사회의 광범한 호응을 받았다. 전국 규모의 3대
대중단체로 촉망받고 있던 노총(조선노동총동맹), 농총(조선농민총동
맹), 청총(조선청년총동맹)이 지방열단체를 반대한다는 데에 한 목소리
를 냈다.[25] '3총'이라는 약칭으로 즐겨 불리던 세 단체는 연석회의를 열
어서 지방열단체 반대운동의 열기를 고조시키고자 기도했다. 비록 경
찰의 집회 금지 명령에 걸려서 좌절되긴 했지만, '3총'이 일치된 태도를
취한다는 사실 자체가 여론의 흐름을 선도하는 효과를 갖고 있었다.
　그 뿐인가. 전조선의 '민족유일당'으로 존중받는 신간회도 지방열단
체 배척을 결의했다. 9월 29일에 열린 신간회 간사회에서 그러한 결정

---

25) 「지방주의단체 박멸운동 치열」, 『조선일보』 1927.9.20.

이 나왔다. 24명의 간사들은 "영남친목회, 호남동우회 급 오성구락부 등 지역적 단체는 현하 대중의 절실한 요구인 민족단일당 정신에 배치되므로 차를 철저 배척함"이라는 결의를 채택했다. 신간회 회원으로서 지방열단체에 입회한 사람이 있다면 속히 탈퇴할 것을 명령한다는 결정도 아울러 통과시켰다.[26] 막중한 무게감을 갖는 결정이었다. '3총'에 더하여 '민족유일당'까지 가세했으니, 여론의 향배는 결정된 거나 진배없었다.

　서울에서 시작된 반대운동은 사방으로 확산되어 나갔다. 전국 방방곡곡에서 지방열반대운동의 기치가 올랐다. 다른 지방에 앞서서 영남지방에서 먼저 반대운동이 전개됐다. 지방 도시 중에서는 경북 안동이 가장 앞섰다. 9월 11~12일에 신간회 안동지회에서 영남친목회에 관한 대책을 논의한 것을 필두로 하여, 같은 달 14일에는 안동청년동맹에서 이 문제를 다뤘다. 그에 뒤이어 경남 고성 사회단체 연합위원회(9월 20일), 경북 상주 신간지회(9월 22일), 상주청년회(9월 25일), 대구 신간지회와 대구청년동맹(9월 25일, 10월 1일), 군위청년동맹(10월 9일), 진주청년동맹(1928년 1월 29일), 신간회 김천지회(1월 31일) 등이 영남친목회 반대운동에 나섰다.

　영남지방 뿐만이 아니었다. 전국적인 현상이었다. 전북 이리청년회(9월 24일), 전남 영광 토우회(土友會, 9월 24일), 강릉에 소재하는 강원청년연맹(9월 29일), 함남 원산청년동맹(9월 28일), 평북 정평청년동맹(12월 11일), 충남 당진청년동맹(1928년 1월 28일), 전북 전주청년동맹 이동지맹(伊東支盟, 2월 19일), 황해도 사리원청년동맹(3월 12일) 등이 지방열단체 대응 문제를 논의했음을 신문 기사를 통해 확인할 수 있다.

---

26) 「지방열단체 배척, 신간회 간사회에서 결의해」, 『동아일보』 1927.10.2.

이외에도 다수의 지방도시에서 지방열단체에 관한 문제를 다뤘다. 「지방열단체에 관한 건」은 1927년 9~10월 시기에 각 지방도시의 사상단체, 청년단체, 노동단체의 회합에서 반드시 오르는 의제가 됐다. 유행처럼 전국을 휩쓸었다. 논의 결과는 대체로 같았다. 보기를 들어 함남 원산 청년동맹은 총회 안건으로 '지방열단체 박멸에 관한 건'을 올렸으며, 그 결과 "반동단체와 반동분자를 조사하여 철저적으로 박멸할 것"을 결의했다.[27] 지방열 고취단체는 '반동단체'로, 그에 참여한 사회운동자들은 '반동분자'로 간주되고 있었음을 본다.

바다 건너 일본 도쿄에서도 지방주의 단체 배척 문제를 제기했다. 9월 10일에 재일본조선노동총동맹이 이 문제를 논의했다. 그 결과 "영남친목회는 그 발기취지, 조직형태, 구성분자로 보아서 일종 유령 같은 지방주의 단체에 불과한 것"이라고 규정했고, 그에 대해서는 "절대 배격하기를 결의"했다. 날짜에 유의해 보자. 도쿄의 조선인들이 서울과 거의 같은 시기에 영남친목회 반대운동을 전개하고 있음이 눈에 띈다. 도쿄의 다른 조선인 단체들도 뒤를 이었다. 9월 12일에는 신간회 도쿄지회가, 그 이튿날에는 도쿄 조선인청년동맹이 이 문제를 다뤘다. 그리하여 "그 정체를 해내 해외에 적극적으로 폭로하는 동시에 지방주의에 대한 박멸 건을 전국적으로 일으킬" 것을 결정했다.[28]

언론도 영남친목회에 대해서 비판적이었다. 『조선일보』는 두 차례에 걸쳐서 이 문제를 다뤘다. 1927년 9월 20일자 「시평」에서는 지방열단체반대운동이 고조되는 현상을 가리켜 '민족적 단일운동의 기세'가 왕성하다고 논평했다. "이렇듯 발랄한 우리 사회의 운동을 뉘라서 흔희

---

27) 「원산청년동맹, 4개단체 해체하고 28일에 새로 조직」, 『동아일보』 1927.10.1.
28) 「각 지방주의 단체 전부 배격 결의」, 『조선일보』 1927.9.19.

(欣喜)치 아니하"겠냐고 지지 의사를 명백히 했다.[29]

열흘 뒤에는 아예 「사설」을 통하여 뜻을 더욱 명료히 드러냈다. 「사설」은 영남친목회를 조금이라도 긍정적으로 평가할 여지가 없는지를 물었다. 예컨대 "민족단일운동의 한 부분운동, 준비운동이라도 삼을 수 있는가?"를 자문했다. 그에 참여한 사회운동자들이 내세울 법한 논리였다. 「사설」은 아니라고 답했다. 두 가지 이유 때문이었다. 첫째, 민족단일운동은 '금일의 대동의 목표'를 향하여 조금도 타협함이 없이, 동류의식을 가진 역량을 규합하는 것이기 때문이었다. '대동의 목표'란 민족해방을 암시하는 메타포였다. 영남친목회의 구성원들은 이 부류에 속하지 않는다고 판단했다. 둘째, 조직 형태가 부적절함을 들었다. 민족단일운동을 수행하는 데에는 지역 단위의 '분산적 지방단체'는 적합하지 않았다. 계획적이고 계통적이며 집중과 통일을 기할 수 있는 단체여야 하는데 그렇지 않기 때문이었다. 요컨대 영남친목회의 성격은 "반동단체 혹은 반동될 가능성이 많은 단체"였다. 따라서 그와 같은 종류의 단체를 대하는 올바른 태도는 '박멸'에 있다고 결론 맺었다.[30]

잡지 『조선지광』에 기고한 언론인 안재홍(安在鴻)은 좀 더 부드러운 태도를 취했다. 지방열단체가 반동적인지 여부는 아직 단정하기 어렵다고 조심히 접근했다. 그는 지방열단체가 조선 사회에 끼치는 부정적인 역할에 주목했다. 둘이었다. 하나는 지방열단체가 파벌의 온상이 될 우려가 있다는 점이었다. 다른 하나는 전 민족적 총역량을 집중하자는 민족단일당의 정신에 배치되는 점이었다. 그래서 그는 지방열단체 반대운동을 지지한다고 결론 맺었다.[31]

---

29) 「시평, 지방열단체 박멸운동」, 『조선일보』 1927.9.20.
30) 「사설, 지방열단체박멸대회」, 『조선일보』 1927.9.30.
31) 안재홍, 「소위 지방열단체 문제」, 『조선지광』 1927.10. 2~7쪽.

『조선지광』잡지의 발행인이자 신간회 경성지회 간사인 김동혁(金東爀)의 논조는 좀 더 격렬했다. 지방열단체란 '시대착오의 영웅주의자들'이 "개인적 야심을 충족코자 하는 외에 아무 것도" 아니었다. 그 단체를 조직하는 것은 곧 "민중의 적이오, 사회의 죄인"이라고 극언했다. 그는 사회운동자 가운데 지방열단체에 가담하는 자가 있음을 비판했다. "민족적 사업을 표방하는 자"나 "대중의 지도자로 자임하는 자" 중에서 그에 참여하는 이가 있는지를 똑똑히 지켜보겠다고 말했다.[32]

반대운동의 구심체가 있었다. 서울에서 활동하는 '지방열박멸대회 준비위원회'(이하 준비위원회)가 그 운동의 우이를 쥐었다. 이 단체는 회의를 거듭하면서 반대운동의 확산에 필요한 조치를 하나씩 실행에 옮겼다. 9월 11일(제1회), 9월 20일(제2회), 9월 27일(제3회), 9월 30일(제4회), 10월 12일(제5회), 12월 17일(제6회)에 순차적으로 회의를 열었다.

준비위원회의 임무는 지방열박멸대회를 개최하는 데에 있었다. 과연 어떤 단체들이 지방열단체에 해당하는지, 그에 협력한 사회운동자들은 누구인지를 조사하고, 그 결과를 대회 석상에 보고하는 것이 그들의 임무였다. 준비위원회는 두 차례에 걸쳐서 '지방열박멸대회'를 소집했다.

첫 번째 개최 예정일은 9월 30일이었다. 실내에서 수백명의 군중이 모일 수 있는 천도교당에서 대회를 개최하기로 결정했다. 그러나 이 대회는 열리지 못했다. 일본 경찰이 불허했기 때문이었다.[33] 경찰은 마침 진행 중이던 조선 초유의 조선공산당 공판을 빌미로 내세웠다. 1927년 9월 13일부터 이듬해 2월 13일까지 경성지방법원에서 진행된,

---

32) 晩吾生, 「시사 평단: 지방열을 배격함」, 『조선지광』 1927.10, 20~21쪽.
33) 「지방열박멸위원 성명, 결의 발표」, 『동아일보』 1927.10.16.

피고 101인에 대한 대규모 재판으로 인해 치안이 위태롭게 될 우려가 있다는 핑계였다.

두 번째 개최 예정일은 12월 14일이었다. 장소도 같았다. 하지만 이번에도 경찰은 대회 개최를 금지했다. 대회 취지가 불온하다는 이유를 내세우면서 말이다. 요컨대 일본 경찰의 본의는 수백명이 집결하는 수준의 집회는 어떤 이유를 내세워서라도 열리지 않게끔 억압하는 데에 있었다.[34]

준비위원들은 크게 분개했다. 그러나 합법 영역에서 공개적으로 진행되는 사회운동이 겪어야만 하는 한계였다. 준비위원들은 대책을 강구했다. 경찰의 금압에도 불구하고 지방열단체반대운동을 실질적으로 진전시킬 수 있는 방법을 고안해야만 했다.

5. 반대운동의 결과

대안은 선전을 강화하는 데에 있었다. 준비위원회는 9월 30일자 대회가 봉쇄되자 「성명서」와 「결의」를 발표하는 것으로 대응했다. 대회가 열릴 경우에 회의석상에서 채택될 예정이었던 문서들이었다. 「결의」는 2개항으로 이뤄진 짧은 기록이었지만, 「성명서」는 '상, 하'로 나누어 이틀에 걸쳐서 신문에 연재할 만큼 장문의 기록이었다. 12월 14일자 대회가 금지됐을 때도 그랬다. 준비위원회는 「결의」에 더하여 「조사 전말서」, 「성토문」, 「성명서」 3종의 문서를 작성하기로 결정했다. 이 문서들은 경향 각지의 사회단체와 그 임원들에게 발송됐다. 그중 몇몇은

---

[34] 「지방열단체에 대한 박멸대회 遂 금지」, 『조선일보』 1927.12.14.

신문에도 보도됐다. 어느 것이나 다 지방열단체반대운동의 논리를 대변하는 역사적인 문서들이었다.

이 문서들에 따르면, 준비위원회가 '지방열을 고취하는 단체'라고 지목한 것은 모두 네 개였다. 앞서 말한 세 단체(영남친목회, 호남동우회, 오성구락부)에 더하여 상우회(尙友會)가 추가됐다. 상우회는 지방열 반대운동이 한참 고조되던, 1927년 9월 20일에 결성된 신설 단체였다. 평화를 추구하고 인권을 옹호한다는 '취지'를 표방하고 있었다. 그러나 실질적으로는 영남친목회와 다름없는 단체였다. 중추원 참의 정병조, 경상남도평의회 의원 김기태 등이 영남친목회 내부의 주도권 다툼에 밀려서 분립되어 나온 것이었다. 일본 경찰의 정보 기록에도 "이 단체의 배경에 부정한 이익을 독점하려는 야망이 숨어 있"다고 기록되어 있었다. 창립총회 석상에 보고된 회원 숫자는 236명이었고, 그중 실제 참석자는 133명이었다.[35] 회원 숫자만으로 본다면 사실상 영남친목회가 양분됐다고 볼 수 있었다.

준비위원회가 역점을 둔 또 하나의 문제는 지방열단체에 가담한 사회운동자에 관한 것이었다. 도대체 누가 그에 가담했는지를 조사하고, 그들을 징계하는 문제였다. 12월 17일 준비위원회 제6차 회의 결의문에 따르면, '지방열단체 관계 개인'으로 지목되어 조사를 진행한 사람은 5인이었다. 이 중에서 권태석에 관한 혐의는 "전연 허구이므로 그에 대한 문제는 취소"한다는 결정이 내렸다. 한때나마 그가 지방열단체에 가담했을지도 모른다는 혐의가 씌어져 있었음을 알 수 있다.

김병숙(金炳璹)도 의심의 대상이 됐다. 조선노농총동맹 상무위원을

---

35) 경성종로경찰서장, 「京鍾警高秘 제12063호, 尙友會 제1회 정기총회에 관한 건」, 1927.10.14, 2쪽, 『思想問題에 關한 調査書類 3』, 국사편찬위원회 한국사데이터베이스.

지냈던 그는 신설 지방열단체인 상우회에 연루되어 있다는 혐의를 받았다. 하지만 그에 대한 의심은 사실로 확인되지 않았다. 더 진전된 조사가 필요했다. 그에 관한 '상세 조사 보고서'가 작성되기를 기다려 상응한 처분을 가하기로 결정했다.

그에 반해서 다른 세 사람은 지방열단체 가담자로 판정받았다. 첫째, 신간회 본부 간사인 김준연이었다. 그는 도쿄제국대학과 독일 베를린대학에서 유학한 수재로서, 그즈음 동아일보사 편집국장으로 재직 중이던 언론인이었다. 사회적으로 큰 영향력을 행사하고 있었다. 전남 영암 출신자인 그는 전년도 7월에 창립한 호남동우회에서 위원장에 재임한 사실이 있음이 드러났다. 준비위원회는 김준연을 '기회주의자'로 판정하고, 그의 소속단체인 신간회를 통하여 '응징'한다고 결정했다.

둘째, 조선노농총동맹 중앙상무집행위원에 재임 중인 인동철(印東哲)이 거론됐다. 경남 김해 출신자인 그는 영남친목회 창립총회에 참석하여 회의 진행에 협력한 사실이 드러났다. 준비위원회는 인동철을 가리켜 '지방열단체의 추종자'로 지목했고, 소속단체인 노농총동맹을 통하여 징계를 가한다고 결정했다.

셋째, 안광천이 지목됐다. 합법 사상단체 정우회의 상무집행위원을 지낸 그는 가장 무거운 비판을 받았다. 준비위원회 결의문에 따르면 "안광천 군은 사회운동자로 자처하면서 지방열 고취 단체인 영남친목회 취지서를 기초하여 암중(暗中)에서 기 단체 성립을 책동"했다. 이는 용서할 수 없는 범죄였다. "민족단일전선을 교란하는 반동자로 인(認)하고 사회운동선상으로부터 구축(驅逐)"한다는 혹독한 징벌을 받았다.[36] 가장 높은 수준의 징계였다. 사회적으로 매장된 셈이나 다름없었다.

---

36) 「지방열박멸 준비위원 결의」, 『조선일보』 1927.12.19.

공교롭게도 세 사람은 모두 조선공산당의 주류에 속하는 이들이었
다. 김준연은 공산당의 중앙집행위원 가운데 1인으로 재임 중에 있었
다. 1926년 12월 6일에 비밀리에 열린 공산당 제2차 대회에서 그는 7인
중앙집행위원회의 일원으로 선출된 이래 줄곧 그 직무를 수행 중에 있
었다. 그는 안광천과 더불어 당내 주류 세력의 요인으로 일컬어지는
인물이었다.[37] 인동철은 비록 당 중앙집행위원은 아니지만, 공산당 내
부의 비밀조직인 '엠엘당'의 구성원으로 지목받고 있었다.[38] 안광천은
제2차 당대회에서 중앙집행위원회 책임비서에 취임한 이래 줄곧 그 직
위에 재임하고 있었다. 말하자면 셋 다 조선공산당의 지도적 인물이자
당내 분파 엠엘당의 일원이라는 공통성을 갖고 있었다.

지방열단체 관련자로 의심을 받고 있던 김병숙도 그랬다. 공산당 내
부의 비밀조직 엠엘당의 구성원이었을 뿐 아니라,[39] 그 비밀조직이 처
음 결성된 때부터 '당수'로 활동하던 사람이었다.[40] 공산당 내에서도
그는 고위직에 올라 있었다. 조선공산당에 입당한 1926년 11월에 이미
중앙검사위원장에 선임됐고, 그해 12월에 열린 제2차 당대회에서도 그
직위를 그대로 유지했다.[41]

요컨대 지방열단체에 연관을 맺고 있다고 지목됐거나 의심받는 이
들은 일정한 공통성을 지니고 있었다. 합법공개영역에서 사회운동의

---

[37] 김철수, 「福本트로츠키주의자들에 대한 중요 재료」 1928.4.1, 1쪽, РГАСПИ
ф.495 оп.135 д.155 л.43~45об.

[38] 「엠엘당원 성명」 1쪽, РГАСПИ ф.495 оп.135 д.155 л.8.

[39] 위와 같음.

[40] 김철수, 「福本트로츠키주의자들에 대한 중요 재료」 1928.4.1, 2쪽, РГАСПИ
ф.495 оп.135 д.155 л.43~45об.

[41] 조선공산당 제2회 대회 임시의장 盧百容, 「대회보고서」 1926.12.7, 23쪽, РГАСПИ
ф.495 оп.135 д.123 л.49~71.

중진으로 활동하고 있으며, 그와 동시에 비밀 비공개 영역에서도 조선
공산당의 최상층 간부직에 속해 있었다는 점이다. 그뿐만이 아니었다.
조선공산당 내부의 한 분파인 '엠엘당'의 중요 구성원이라는 공통성도
아울러 지니고 있었다. 엠엘당은 조선공산당 중앙집행위원회 내에서
다수를 점하고 있다는 점에서 당내 주류의 입지를 확보하고 있었다.
이들은 당내의 여타 구성원들에게 '엠엘파'라고 불렸다.

지방열단체 반대운동은 큰 효과를 발휘했다. 지방열을 고취한다고
지목받은 단체들은 존폐의 위기를 겪어야 했다. 그중 어떤 것은 실제
로 해체됐으며, 어떤 것은 아무런 활력도 발휘하지 못하고 사실상 해체
된 것이나 다름없는 상태로 빠져 들었다. 호남동우회는 전자의 사례였
다. 1926년 7월에 결성됐던 이 단체는 1년 3개월 만에 생명을 다했다.
신문 보도에 따르면, "호남동우회에서는 재작(1927년 10월: 인용자 주)
15일 오후에 시내 혜화동 정석호(鄭錫好) 씨 집에서 총회를 개최하고,
동회를 해체하기로 결의하였다"고 한다.[42] 지방열단체 반대운동의 거
센 압력에 밀려서 존재를 마감할 수밖에 없었던 것이다.

영남친목회와 오성구락부, 상우회는 후자의 사례에 해당했다. 이들
은 비슷한 운명의 길을 걸었다. 이 단체들은 사실상 해체된 거나 다름
없었다. 그 구성원들이 일체 발걸음을 끊었던 것이다. 이 시점 이후에
그 어떤 언론매체나 경찰의 정보 기록에서도 이 단체들에 관한 정보는
전혀 찾아볼 수 없었다.

---

[42] 「호남동우회 해산」, 『동아일보』 1927.10.17.

6. 반대운동의 이면

지방열단체 반대운동은 비밀결사 조선공산당의 중앙 간부를 당혹케 했다. 민중을 조직화하고 의식화할 임무를 가진 전위 조직의 지도부가 도리어 대중운동으로부터 격리되는 현상이 나타났기 때문이었다. 단지 격리되는 정도가 아니었다. 적대적인 반응에 마주쳤다. 당의 간부들이 '기회주의자', '지방열단체의 추종자', '민족단일전선을 교란하는 반동자'로 지목됐다. 공산당의 주요 지도자들이 대중단체로부터 징계를 요구받았다. 심지어 대중운동으로부터 축출되어야 한다는 극단적인 비판마저 쏟아졌다.

그뿐만이 아니었다. 지방열단체 반대운동은 조선공산당 내부의 분쟁을 격화시켰다. 당 중앙집행위원회의 7인 위원 가운데 권태석과 김남수가 문제제기의 선두에 섰다. 그들은 자신과 의견을 같이하는 평당원들과 더불어 중앙집행위원들에 대한 징계를 요구하고 나섰다. 공산당의 야체이까(세포), 각도 간부, 당중앙검사위원회 등이 공동으로 그를 요구했다.[43]

당내 비주류의 위치에 있는 당원들의 요구는 강경했다. 그들의 비판을 직접 들어보자.

"안광천·김준연 등은 계급적 정책 대신에 지방적 정책을, 계급과 계급간의 대립 대신에 지방과 지방의 대립을 힘썼다. 그들은 사실상 프롤레타리아 헤게모니 획득에 힘쓰지 않고, 지방적 헤게모니 획득에 몰두했다. 국가 독립의 기치 하에서 군중적 혁명투쟁을 지

---

43) 조선공산당 대표 이동휘, 김규열, 「일본공산당 대표단 귀중」 1928.8.10, 별지 8쪽, РГАСПИ ф.495 оп.135 д.156 л.459~468.

도하지 않고, 친일파·자치파와 함께 지방열 단체에 협동사업을 했
다. 농민의 토지 획득을 위해 투쟁하지 않고, 자기「고향」의 대지주
층과 타협하기에 이르렀다."[44]

거듭된 대조법을 통해서 화자의 의도를 뚜렷이 드러내고 있다. 수사
학적 분식을 걷어내고 보면, 진술의 요점은 '안광천·김준연 등'이 '친
일파·자치파와 함께 협동 사업'을 했다고 규탄하는 데에 있다. 공산당
의 지도적 지위에 있는 간부들이 누가 혁명의 적이고 누가 벗인지를
가르는, 혁명운동의 근본 문제를 혼란시켰다고 비판했다. 농민의 토지
획득을 위한 투쟁을 이끌어야 함에도 불구하고, 대지주 층과 타협하는
데에 몰두하고 있다는 비판이었다. 요컨대 혁명운동을 오도하고 있다
는 지적이었다.

당내 비주류 세력은 과오에 상응하는 징계를 가해야 한다고 주장했
다. "안광천·김준연 등의 이러한 행동이 당원은 물론이고 일반 노농군
중의 노호(怒號)를 폭발시킴과 동시에 당 군중의 신망(信望)을 잃게"
했으므로,[45] 중징계에 처하는 것이 마땅했다. 관련자들의 거취 문제가
부각됐다. 그중 핵심은 조선공산당 책임비서인 안광천에 관한 징계였
다. 그를 책임비서 직책에서 면직시킴과 아울러 당에서 제명시켜야 한
다고 요구했다.[46]

이 시기 비주류 세력을 구 서울파 공산그룹 출신자들이라고 보는 시
각이 있다. 하지만 이 판단은 사실에 합치하지 않는다. 서울파 출신자
들은 주류와 비주류 가릴 것 없이 고루 분포되어 있었다. 그들은 더 이

---

44) 朝鮮共産黨中央幹部 代表 金榮萬·金鍰洙,「報告」1928.2.24, 6쪽, РГАСПИ
   ф.495 оп.135 д.155 л.10~30.
45) 위와 같음.
46) 朝鮮共産黨中央幹部 代表 金榮萬·金鍰洙, 앞의 글, 12쪽.

상 서울파 공산그룹의 정체성에 입각해서 행동하지 않았다. 보기를 들면 김준연과 권태석은 둘 다 서울파 공산그룹의 중앙위원이었고, 1926년 11월 16일자로 나란히 조선공산당에 입당했다.[47] 하지만 이 시점에 와서는 두 사람은 갈라섰다. 당의 주류와 비주류의 중진으로서 대립적인 위치에 서 있었다. 당의 주류인 엠엘파 지지자들 가운데 가장 많은 수가 구 서울파의 소장 그룹이었음을 상기할 필요가 있다. 이 시기에는 더 이상 서울파라고 부를 공산그룹은 존재하지 않았다.

비주류를 이끄는 김남수를 가리켜서 화요파 공산그룹을 대표한다고 보는 시가도 옳지 않다. 왜냐하면 화요파 공산그룹은 1925년 4월 조선공산당 창립 당시에 자체를 해소하고 전체 구성원들이 입당했기 때문이다. 이들은 1926년 6월 조선공산당 제2차 검거사건이 있기 전까지는 당내 주류였다. 따로 분파 조직을 비밀리에 결성할 이유가 없었다. 대대적인 제1, 2차 검거 사건을 겪고도 당내에는 여전히 구 화요파 출신자들이 수십명 정도 남아 있었다. 이들은 '엠엘파'의 '전횡'에 맞서 다른 비주류 인사들과 행동을 함께 했다. 이들이 독자적으로 자기네 분파 조직을 결성한 것은 1928년 3월에 가서였다.[48]

요컨대 지방열단체 반대운동을 이끈 공산당내 비주류 세력은 과거에 존재했던 분파 조직을 재현하거나 계승한 것이 아니었다. 구 서울파, 구 상해파, 구 화요 등에 몸담았던 이들이 많았지만, 그렇다고 해서 그들이 과거의 정체성에 입각해서 행동하지는 않았다. 이들은 당내에 비밀리에 암약하고 있는 '엠엘파'에 반대한다는 공통성에 입각해 있

---

47) Доклад о съезде: Протокол 2-го съезда Корейской Коммунистической Партии(당 대회 보고, 조선공산당 제2차 대회 회의록), с.10, РГАСПИ ф.495 оп.45 д.19 л.121~130об.

48) 조선공산당 중앙집행위원회 책임비서 河均, 「중앙집행위원회 보고」 1928.3.15, 2~3쪽, РГАСПИ ф.495 оп.135 д.156 л.66~68.

었다. 이들이 독자의 세포 조직과 집행부를 갖추고서 하나의 공산그룹
으로 결집한 것은 좀더 시간이 흐른 뒤였다.

당 중앙집행위원회 다수 그룹은 문제를 해결해야만 하는 처지에 몰
렸다. 권태석과 김남수를 제외한 5인의 중앙집행위원들의 태도가 관심
을 끈다. 그 속에는 문제의 당사자인 안광천과 김준연이 포함되어 있
었다. 결국 5인 위원들의 의견은 나뉘지 않았다. 그들은 단일한 행동양
상을 보였다. 날짜를 특정할 수는 없지만 1927년 9월에 있었던 일이다.
아마도 하순경이었으리라고 추정된다.

먼저 안광천의 책임비서 직위를 면직시켰다. 영남친목회에 참여하
여 사회적 분란을 야기한 책임을 물은 셈이었다. 그러나 반대파의 요
구에 응했던 것은 아니다. 단지 책임비서 직위에서만 벗어날 뿐이지
중앙집행위원 자격은 그대로 유지시켰다. 또 한 사람 김준연의 당내
지위에 대해서는 아무런 조치도 취하지 않았다. 두 사람을 당에서 제
명할 것을 요구하는 반대파의 주장과는 커다란 차이가 있었다.

다른 한편으로 다수 그룹은 2인의 중앙집행위원에게 징계를 가했다.
김남수의 중앙집행위원직을 박탈했고, 권태석의 중앙집행위원 직위도
사임케 했다.[49] 다시 말하여 그들을 중앙집행위원회에서 축출하기로
결정했던 것이다. 이 조치는 본인들의 의사와는 무관했다. 이유는 당
파괴행동이었다. "김남수 동무는 해외의 조봉암(曺奉岩), 조동호(趙東
祜) 등 동무와 연락하여 화요 프랙션의 당내 건설을 음모"했다는 혐의
였다. "권태석 동무는 허일, 이영, 김영만(金榮萬) 등의 테러리스트와
합작하여 서울 프랙션의 재건을 음모"했다고 비난했다.[50] 요컨대 두

---

49) 「중앙집행위원회 보고, 제1호」 3쪽, РГАСПИ ф.495 оп.135 д.156 л.69~74об.
50) 위의 글, 4쪽.

중앙집행위원은 당의 단결을 위해서 노력하지 않고, 당내에 분파를 구축하는 범죄행위를 일삼았다는 비난이었다. 이 조치는 당 중앙의 구성을 주류 그룹으로 일색화했음을 의미했다.

이로부터 미뤄보면 당 중앙집행위원회의 다수를 점하고 있는 '엠엘당' 그룹은 지방열단체에 참여한 행위를 범죄적인 것으로 보지 않았던 것 같다. 민족통일전선 정책을 수정하거나 위배했다고 간주하지 않았던 것이다. 그들이 보기에는 당의 계급 정책은 변함이 없었다. 지방열단체에 가담한 행위는 반동적인 것이 아니라고 해석한 셈이었다.

그러나 이 조치는 지방열단체 가담행위가 가져온 당내 분란을 잠재울 수 없었다. 특히 기층 세포단체의 평당원들을 납득시키지 못했다. 안광천과 김준연을 후퇴시키는 새로운 조치가 필요했다. 당 중앙을 장악한 '엠엘당' 그룹은 좀 더 적극적이고 파격적인 방안을 제시했다. 총사직안이었다. 단지 책임비서를 교체하는 데에 머무는 것이 아니었다. 그를 포함하여 중앙집행위원회를 전부 교체한다는 수습안을 제시했다. 그해 10월 하순경이었다. 새로 선임된 위원은 5인으로 구성됐다. 책임비서 김세연(金世淵)을 비롯하여 양명, 김영식(金泳植), 최창익(崔昌益), 최익한(崔益翰)이 그 면면이었다. 이들은 예외없이 전부 당 주류에 속한다고 지목받는 이들이었다.[51]

이 쇄신안도 분란을 해결하지 못했다. 그러기는커녕 문제를 더욱 키웠다. 제2차 당대회 이후에 유지되어 온 조선공산당의 통일성이 무너지고 말았다. 당 중앙을 장악한 다수 그룹이 소수 그룹의 대표자들을 축출함으로써 당내 평화가 깨지고 말았다. '엠엘당' 그룹은 당 중앙집행위원회에서는 다수를 점했지만, 평당원 숫자나 도당 위원회 레벨에

---

51) 임경석, 앞의 논문, 139~140쪽.

서는 도리어 소수파였다. 조선공산당이 둘로 나뉘기 시작했다. 당 중
앙에서부터 기층 세포조직에 이르기까지 둘로 분열되는 현상이 나타
났다.

7. 맺음말

1926~1927년에 걸쳐서 안광천, 김준연을 비롯한 조선공산당 지도자
들이 영남친목회나 호남동우회와 같은, 동향인들의 친목단체에 참여하
는 현상이 나타났다. 단지 소극적으로 참가만 한 게 아니라 주도적 역
할을 맡았다. 회장에 취임하거나 취지서를 쓰는 등 적극적으로 가담했
다. 그 단체들은 지방열을 고취하는 단체라는 부정적인 평가를 받았는
데도 그들은 기꺼이 그에 참가했다. 그럴만한 이유가 있었다. 개인적
일탈이나 실수 탓이 아니었다. 능동적이고 자각적인 의도가 있었다.

바로 10개월 전에 발표한 「정우회선언」 논리의 연장선에서 그렇게
행동했던 것이다. 정우회선언 제3항은 정치운동의 활용 가능성을 논하
고 있다. 대중의 개량적 이익을 위해서 현실적으로 가능한 모든 조건
을 이용할 것을 제안했다. 안광천이 영남친목회 설립에 참여하고, 그
취지서를 직접 집필한 이유는 바로 여기에 있었다. 바로 조선총독부
지방자문기구 의원 선출과정에서 형성되는 정치운동의 가능성 때문이
었다. 그 공간을 이용하여 대중의 개량적 이익을 도모하고, 정치운동을
활성화할 현실의 모든 조건을 이용하고자 했던 것이다.

그 정책은 모든 사회주의자들을 설득하지는 못했다. 엠엘파라고 부
르는, 조선공산당 내부의 주류 그룹은 지방열단체의 활용 가능성을 긍
정적으로 평가했다. 하지만 공산당 중앙집행위원회 내에서 소수파에

해당하는, 권태석과 김남수가 이끄는 평당원들은 그에 동의하지 않았다. 동의는커녕 맹렬한 반대운동에 나섰다. 반대운동자들은 지방열단체를 관변 유력자 층으로 이뤄진 친일 단체라고 규정했다. 그 정체를 폭로하고, 그 존재를 박멸하며, 주동 분자의 책임을 물어야 한다고 주장했다. 그것은 민족통일전선 단체인 신간회를 강화하는 효과를 가져온다고 판단했다.

지방열단체 반대운동은 식민지 조선사회에서 폭넓은 지지를 받았다. 그 결과 큰 효과를 거뒀다. 지방열단체로 지목받은 단체들은 스스로 해체를 선언하거나 아무런 활력도 발휘하지 못한 채 사실상 해체된 거나 다름없는 상태에 빠졌다.

지방열단체 반대운동은 비밀결사 조선공산당의 당내투쟁을 일정하게 반영하고 있었다. 그것은 공산당 중앙을 장악하고 있는 엠엘파의 정책에 대한 반대투쟁이기도 했다. 지방열단체 반대운동의 주도세력은 조선공산당 내부의 비주류 연합 세력이었다. 반대운동의 고조 탓에 엠엘파가 장악하고 있던 공산당 중앙기관은 부득이 개편되어야 했다. 당 중앙의 주류 그룹은 지방열단체에 참가한 지도자들을 책임있는 지위로부터 물러서게 했다. 그러나 방어만 하지는 않았다. 반대파에 대한 공격도 병행했다. 반대파 지도자들을 당 중앙기관에서 축출하는 강경한 대응책을 취했다.

이러한 조치는 조선공산당에 파국을 가져왔다. 비주류 지도자들을 축출한 이후 공산당 중앙기관은 엠엘파 구성원들로 일색화됐다. 비주류에 속하는 공산당원들은 그를 용납하지 않았다. 결국 조선공산당이 둘로 분열되는 새로운 상황이 도래했다. 지방열단체 반대운동은 1927년 10월 조선공산당 분열을 가져온 원인 가운데 하나로 작용했다.

'코민테른 권위주의' 성립에 관한 한 시론

소위 '후쿠모토주의'를 둘러싸고

—

후지이 다케시

1. 머리말: '코민테른 권위주의'와 '후쿠모토주의'

1) 지금 왜 '코민테른 권위주의'인가

1930년대 일본에서도 조선에서도 수많은 공산주의자들이 전향을 하게 되었다. 1933년에 옥중에서 발표된 일본공산당 간부 사노 마나부(佐野學)와 나베야마 사다치카(鍋山貞親)의 전향성명을 계기로 대량으로 발생한 일본에서의 전향과 중일전쟁시기에 잇따라 발생한 조선인 공산주의자들의 전향을 안이하게 동일시할 수는 없지만, 그 배경에 코민테른 노선에 대한 의문이 존재했으며 코민테른에서 벗어난 굴절된 자주성의 발로라는 측면이 있었다는 점은 공통적이라고 할 수 있을 것이다.[1] 1920년대 후반부터 나타나기 시작한 코민테른의 토대환원론적인 경향과 소련의 국익과 당내 사정 때문에 생긴 일관성이 없는 노선 전환의 반복 등은 열성적인 공산주의자들을 곤혹스럽게 만들지 않을 수 없었지만, 당시 각지의 공산주의자들에게 내면화된 '코민테른의 권위'는 그런 의문을 입에 담고 논의하는 것 자체를 계속 억눌렀다. 물론 대부분의 경우 전향은 천황 또는 일본제국이라는 또 다른 권위에 대한 종속을 낳고 말았지만, 그래도 전향이라는 실천이 권위주의에서의 탈출과 독자적인 사상의 모색이라는 측면을 (적어도 잠재적으로는) 지녔다는 점 또한 간과할 수 없다.

그런데 그러한 역사를 되돌아볼 때 드는 의문이 있다. 그렇다면 전향을 결심하기에 이르는 1930년대까지 공산주의자들 사이에서 독자적인 사상의 모색이 없었다는 것인가? 일본이나 조선의 공산주의자들은 처음부터 코민테른 노선을 무조건적으로 따랐을까? 사실 이 부분에 대한 언급 없이 1930년대의 전향이라는 현상을 논의하게 되면 전향이라는 행위에 대해 지나치게 의미부여를 하게 될 우려가 있다. 문제는 각지의 공산주의자들을 그토록 억누르고 결국에는 거기서 이탈하게 만든 '코민테른의 권위'라는 것이 어떻게 형성되었느냐에 있다. 이 과정을 역사적으로 밝히는 작업이 선행되지 않으면 전향을 논의하는 일 자체가 결과적으로 그것을 합리화시키는 역할을 하게 될 수도 있다.

이 글은 이런 문제의식을 바탕으로 코민테른 권위주의가 일본에서

---

1) 일본 공산주의자들의 전향에 대해서는 오래 전부터 많은 연구 성과들이 축적되어 왔는데, 비교적 최근의 성과물로서는 伊藤晃´『転向と天皇制』, 東京: 勁草書房, 1995가 전향시키려는 사상검사들의 공작과 검거된 공산주의자들의 내면의 동요가 맞물리면서 만들어진 특수한 사상공간으로서의 전향을 잘 분석해냈다. 조선인 공산주의자들의 전향에 대해서는 洪宗郁,『戰時期朝鮮の転向者たち』, 東京: 有志舍, 2011이 일제 탄압과 그것에 대한 굴복이라는 도식을 넘어 오히려 전향이라는 행위 속에서도 그들의 주체성을 찾으려는 시도를 하고 있어 흥미롭다. 이 책에 대해서는 다음 토론 기록도 참조. 「역사문제연구소 제41회 토론마당: 전시기 조선 지식인의 전향」, 『역사문제연구』 28호, 역사문제연구소, 2012.

성립되는 계기로서, 소위 '후쿠모토주의'[2])가 청산되는 과정에 주목해보고자 한다. 주지하다시피 '후쿠모토주의'는 한때 일본 공산주의운동을 풍미했을 뿐만 아니라 조선에서도 '정우회선언'이 나오게 될 계기로서 중요한 역할을 했으며, 또 그 청산 이후에는 '뜨로쯔끼'와 더불어 '福本'이라는 이름이 대립하는 당파를 공격하고 스스로의 정통성을 주장할 때 사용되는 등 부정적 역할을 하기도 했다.[3]) 그런데도 '후쿠모토주의' 자체에 대해서는 거의 연구가 없다시피 하며 뒤에서 살펴보겠지만 몇 안 되는 연구들 또한 충분히 역사학적으로 검토된 것이라고 보기 어렵다. 그래서 이 글에서는 후쿠모토의 사상이 실제로 어떤 것이었는지 검토하고 그것과 코민테른의 관계가 어땠는지 살펴볼 것이다. 이러한 작업은 한국 사회주의운동사를 다시 생각하기 위한 하나의 우회로가 될 수도 있을 것이다.

2) 한국 민족해방운동사 연구들에 나타난 '후쿠모토주의'에 대한 평가

한국 민족해방운동사 연구에서, 특히 공산주의운동사에서는 '후쿠모토주의'는 '정우회선언'과 관련해서 거듭 언급되어 왔다. 한국 공산주의운동 사상 한 획을 그었다고 할 수 있는 정우회선언이나 그 기초자인 안광천 및 일원회의 사상이 과연 '후쿠모토주의'의 영향을 받은 것이냐

---

2) 이 글에서는 '후쿠모토주의'라는 용어에 대해서는 따옴표를 붙여서 사용한다. 왜 냐하면 이 용어 자체가 당시 일본 공산주의 운동의 문제들을 후쿠모토 사상 탓으로 돌리기 위해 사용된 말이기 때문이다. 처음 이 용어를 사용한 사람은 공산주의그룹에서 『무산자신문』 편집을 맡고 있다가 당 재건 직후에 반당행위로 제명당한 기타우라 센타로(北浦千太郎)였으며, 그가 『改造』 1927년 3월호에 발표한 「アンチ福本イズム: 『弁証法』の美衣を纏へる神秘主義の最後の避難所」에서 비롯된 이 말은 그 뒤에도 후쿠모토를 공격하는 맥락에서만 사용되었다.

2) 전명혁, 『1920년대 한국사회주의 운동연구』, 선인, 2006, 333쪽 등 참조.

아니냐에 대해서도 논의가 있었는데, 대체로 영향은 받았지만 독자적으로 수용·원용한 것이었다는 견해가 지배적인 것으로 보인다. 그런데 문제는 정우회선언 또는 안광천의 사상과 대비되는 '후쿠모토주의'를 어떻게 파악하고 있느냐에 있다. 그럼 그 대표적인 연구 성과 몇 편을 검토해보자.

안광천이 주장한 '방향전환론'을 주제로 다룬 글에서 김기승은 "그(안광천: 인용자 주)에게 찍혀진 후쿠모토주의자라는 낙인은 일본에서 후쿠모토가 비판받게 되면서 반대파들이 그를 비판하기 위해 새긴 것"이라며 "안광천의 사상에는 후쿠모토와 달리 사회주의운동의 대중화와 식민지 조선의 특수성에 입각한 민족협동전선에 대한 지향성이 두드러지게 나타난다. 그는 '결합 이전의 분리'보다 결합을 중시하는 경향이 있었다"고 주장하고 있다.[4] 즉 여기서 볼 수 있는 '후쿠모토주의'란 대중화를 저해하고 분리만을 강조하는 사상이며 안광천의 사상을 긍정적으로 평가하기 위한 부정적 매개 역할을 하는 것에 불과하다. 또 '후쿠모토주의'와 한국 사회주의운동의 관계를 주제적으로 다룬 유일한 논문에서 김석근은, 정우회선언이 '후쿠모토주의'에서 받은 영향은 "피상적이고 단편적인 것이었을 뿐"[5]이라고 결론을 내렸는데, 그 논증 방식은 정우회선언의 문구와 '후쿠모토이즘' 및 '야마카와이즘'을 단순히 대조하는 피상적인 수준이며 그 '후쿠모토이즘' 이해 또한 주로 저널리스트 다치바나 다카시(立花隆)가 쓴 『일본공산당사』와 사전류에 의거한 것이라는 한계를 갖는다.[6]

---

4) 김기승, 「1920년대 안광천의 방향전환론과 민족해방운동론」, 『역사와 현실』 제6호, 역사비평사, 1991, 115~116쪽.

5) 金錫根, 「후쿠모토이즘(福本主義)과 식민지하 한국 사회주의 운동」, 『亞細亞硏究』 38卷第2號, 高麗大學校出版部, 1995, 121쪽.

2. 일본 사회주의운동과 후쿠모토 가즈오

이론가 후쿠모토 가즈오(福本和夫)의 등장에 대해서는 흔히 '혜성과 같이' 등장했다고 표현되듯이 그 갑작스러운 등장과 몰락이 역사적 흐름에서의 일시적 일탈인 것처럼 취급되는 경향이 있다. 사실 후쿠모토 스스로도 자신이 맑스주의를 배우게 되는 구체적인 과정에 대해서는 거의 언급을 하지 않았기 때문에 어쩔 수 없는 부분도 있지만, 후쿠모토의 사상을 제대로 평가하려면 그 역사적 맥락을 재구성하는 작업은 필수적이다. 그래야만 '후쿠모토주의'와 코민테른의 관계에 대해서도 올바로 이해할 수 있을 것이다.

후쿠모토가 주로 유럽에서 맑스주의를 배웠다는 것은 잘 알려져 있는데, 그 과정은 당시 유럽에서 생겨나기 시작한 새로운 움직임과 밀접히 연관되어 있었다. 후쿠모토가 문부성 재외연구원으로 유학길에 올라 미국, 영국을 거쳐 독일에 도착한 1922년 여름, 독일 튀링겐의 일메나우(Ilmenau)라는 작은 도시에서 '제1차 맑스주의 연구주간(Erste Marxistische Arbeitwoche)'이라고 불리는 회의가 열렸다. 독일공산당에 소속한 연구자, 활동가들을 비롯해 칼 코르쉬(Karl Korsch), 루카치 죄르지(Lukács György) 등이 참여해 코르쉬의 『맑스주의와 철학』 초고를 주된 소재로 한 토론 등이 진행된 이 회의는, 나중에 '프랑크푸르트학파'의 거점으로 알려지게 되는 '프랑크푸르트 사회연구소(Institut für Sozialforschung)' 창립에 관한 논의를 하는 자리이기도 했다. 그 자리에서 문제가 된 것이 연구소 명칭이었는데, '맑스주의 연구 주간'의 주최자였던 펠릭스 바일(Felix Weil)의 회고에 따르면, 먼저 생각했던 '맑스주의연구소'라는

---

6) 위의 글 72쪽의 각주 36) 참조. 그러한 한계는 "야마카와 이론으로 무장한 총동맹 등 우익의 공격"이라는 어이없는 구절에서 잘 드러난다.

명칭으로는 대학 측에서 받아들여질 가능성이 만무했기 때문에 다른 명칭에 대해 고민하게 된 상황에서 한 일본인 유학생이 한 '일본에는 사회연구(Sozialforschung)라는 말이 있는데 이 말을 사용하면 어떻겠느냐'는 제안으로 연구소 명칭이 정해졌다고 한다.[7] 이 유학생이 다름 아닌 후쿠모토 가즈오였다.

1922년 여름에 독일에 도착하자 바로 자료 수집을 시작한 후쿠모토는 바로 그 해에 출판된 코르쉬의 『유물사관의 핵심』을 접하게 되었고, 직접 코르쉬를 찾아간 후쿠모토는 그 뒤에도 종종 코르쉬를 찾아가서는 개인적으로 배울 기회를 가졌다. 아마도 후쿠모토는 이 기회를 통해서 맑스주의에 대한 이해를 심화시킬 수 있었을 것이다. '맑스주의 연구자간'에 참석한 것 또한 코르쉬가 데리고 간 것이었는데 후쿠모토와 루카치는 이 자리에서 만나게 되었다. 후쿠모토가 읽게 된 루카치의 『역사와 계급의식』도 이 인연으로 루카치가 선물해준 것이었다고 한다.[8] 후쿠모토의 사상이 루카치의 영향을 받았다는 지적 자체는 일찍부터 있었지만, 단순히 영향이라기보다는 직접적인 교류를 통해서 당시 코르쉬, 루카치 등을 중심으로 시도되었던 맑스주의 재활성화를 위한 노력이 공유된 것이라고 보아야 할 것이다.

당시 루카치나 코르쉬를 비롯한 사람들이 변증법이나 철학을 강조한 것은 헝가리혁명의 패배, 독일혁명의 후퇴와 같은 경험을 통해서 느낀 어떤 위기감에서 비롯된 것이었다. 즉 경제적으로는 착취당하고 정치적으로도 억압된 사람들이 혁명에 참여하기는커녕 반혁명 세력을 지지하기조차 한다는 역사적 현상에 대한 고민이 그들로 하여 토대환

---

7) 池田浩士編訳, 『論爭・歷史と階級意識』, 東京: 河出書房新社, 1977, 30~32쪽.

8) 위의 책, 32~33쪽.

원론으로 대표되는 기계적 유물론을 비판하고 변증법적 유물론을 강
조하게 만든 것이다. 그런 의미에서는 이들의 저작은 흔히 말하는 것
처럼 난해할 수는 있지만 결코 현학적인 것이 아니라 이론과 실천의
관계라는 문제를 통한 '주체 형성'에 대한 진지한 고민의 산물이었다는
점에 주목할 필요가 있다. 특히 후쿠모토에게 지대한 영향을 주었다고
볼 수 있는 코르쉬의 당시 문제의식은, 프롤레타리아혁명을 앞에 두고
'사회혁명에 대한 이데올로기의 관계와 이데올로기에 대한 사회혁명의
관계라는 물음'을 회피한다면 제2인터내셔널의 맑스주의자들이 혁명적
인 국가론을 회피했을 때와 마찬가지로 기회주의를 돕고 맑스주의의
내적 위기를 초래할 것이라는 것이었으며,[9] 1930년에『맑스주의와 철
학』재판을 찍을 때 추가된 서문「『맑스주의와 철학』문제의 현황」에
서 정리한 것에 따르면, 근본적인 이론적 적대자는 카우츠키였다.[10] 카
우츠키 이론의 특징은 "모든 사회적 적대나 요소의 의미를 이미 자본주
의적 생산양식의 논리에 의해 고정된 특정한 구조적 장소로 환원함으
로써 단순화시켰다"[11]고 요약할 수 있는데, 주체들의 실천을 구조의 효
과로 환원시키고 맑스주의를 그러한 구조를 연구하기 위한 자연과학
과 같은 '객관적' 분과학문으로 만들어버리는 이러한 경향과 맞서기 위
해서 루카치나 코르쉬는 '전체성', '과정', 그리고 '의식'을 중요시한 것이
다. 후쿠모토 또한 이러한 분위기 속에서 맑스의 초기 저작들을 연구
하면서 특히 '소외'라는 개념에 주목하면서『자본론』중심으로만 이해

---

9) Karl Korsch, *Marxismus und Philosophie,* Frankfurt am Main: Europäische
   Verlagsanstalt, 1966, S. 110.
10) *A. a. O.,* S. 33. 여기서 코르쉬는 자신을 공격한 코민테른의 '정통 맑스주의자'들
   또한 카우츠키 이론을 반복하는 것에 불과하다고 지적하고 있다.
11) Ernesto Laclau & Chantal Mouffe, *Hegemony & Socialist Strategy,* London: Verso,
   1985, 15~16쪽.

되었던 기존의 맑스주의 이해를 쇄신했다.

  독일을 거쳐 프랑스에서 유학을 마치고 후쿠모토가 귀국길에 오른
것은 1924년 8월이었다.[12] 그때 그의 가방 안에는 유학 중에 써놓은 세
편의 논문, 즉 「사회의 구성 및 변혁의 과정」, 「경제학비판의 방법론」,
「당 조직론의 연구」의 초고가 들어 있었는데,[13] 귀국하자마자 후쿠모
토는 이 초고들을 바탕으로 논문을 발표하기 시작했다. 그가 귀국해서
쓴 첫 논문은 「경제학 비판 속에서 맑스 『자본론』의 범위를 논함」이라
는, 『자본론』을 그 한 부분으로 하는 맑스의 경제학 비판이라는 작업의
전체상을 밝히려고 한 글이었는데, 그는 고민 끝에 그 논문을 『맑스주
의』라는 잡지에 기고해 1924년 12월호에 게재되었다.[14] 이어서 1925년
2월호에 「유물사관의 구성과정」[15]이, 3월호에는 「경험비판주의의 비
판」[16]이 실렸는데, 이 글들을 통해 후쿠모토는 당시 일본 맑스(주의)
연구를 이끌었던 가와카미 하지메(河上肇)를 '경험비판주의자(=경험비
판론자)'라고 신랄하게 비판했을 뿐만 아니라 엥겔스나 부하린마저도
비판적으로 다루었다. 당시 학생 이론가로서 『맑스주의』 편집을 도왔
던 하야시 후사오(林房雄)는 후쿠모토의 글들이 "일본의 맑스주의자들
이 얼마나 무식했는지 뼈저리게 느끼게 하는 신선한 내용을 담고 있다"
고 느꼈다고 하는데,[17] 일종의 사회진화론처럼 받아들여졌던 맑스주의

---

12) 福本和夫, 『革命回想』 1部, 東京: インタープレス, 1977, 27쪽.

13) 위의 책, 22~23쪽.

14) 福本和夫, 「經濟學批判のうちに於けるマルクス『資本論』の範圍を論ず」, 『マル
    クス主義』 8號, 東京: マルクス協會, 1924.

15) 福本和夫, 「唯物史觀の構成過程」, 『マルクス主義』 10號, 東京: マルクス協會,
    1925.

16) 福本和夫, 「經驗批判主義の批判」, 『マルクス主義』 11號, 東京: マルクス協會,
    1925.

17) 林房雄, 『文學的回想』, 東京: 新潮社, 1955, 16쪽.

를 변증법적 유물론으로서, "유산자적 역사관에 대해, 나아가 공상적 사회주의 이론에 대해서도 혁명적 비약"[18]일 수 있는 것으로 후쿠모토는 제시한 것이다.

이러한 비교적 학술적 차원의 비판 작업에 이어 1925년 4월부터 후쿠모토는 호조 가즈오(北條一雄)라는 필명으로 『맑스주의』에 「유럽에서의 무산자계급 정당 조직문제의 역사적 발전」이라는 긴 논문을 발표하기 시작한다. 6월호까지 세 번에 걸쳐 발표된 이 논문은 '부기(附記)'에서 스스로 밝혔듯이 루카치의 『역사와 계급의식』 마지막 장 「조직문제의 방법론」에서 많은 영향을 받은 것이었지만,[19] 무산자계급의 역사적 사명과 인식의 특성을 분명히 하고[20] 이론과 실천의 변증법적 통일로서 조직문제의 중요성을 논의한[21] 다음 레닌과 로자 룩셈부르크 사이의 논쟁을 통해 공산당 조직의 방법론을 추구한 이 논문을 통해 후쿠모토의 사상은 직접적으로 일본 사회주의 운동에 영향을 미치기 시작했다. 특히 레닌과 대비시키면서 로자가 "혁명의 순무산자적 성질의 과중평가, 따라서 무산자계급이 혁명의 첫 단계에서 가질 수 있고 또 실제로 가질 수 있었던 외부적 힘 및 내부적 명료함과 성숙에 대한 과중평가가 다른 한편에서 동시에 혁명에서의 **비무산자적** 요소의 의의

---

[18] 福本和夫, 「唯物史觀の構成過程」, 27쪽.

[19] 北條一雄, 「歐洲に於ける無産者階級政黨組織問題の歷史的發展(三)」, 『マルクス主義』 14號, 東京: マルクス協會, 1925, 115쪽. 하지만 루카치의 견해를 그대로 받아들인 것은 아니었다. 그 '부기'에서 후쿠모토는 『역사와 계급의식』 332쪽(한국어판 504쪽)에서 다루어진 점, 즉 공산당이 형성되는 유형이 다양할 수 있다는 루카치의 견해에 대해서는 시각을 달리한다고 밝혔다.

[20] 北條一雄, 「歐洲に於ける無産者階級政黨組織問題の歷史的發展(一)」, 『マルクス主義』 12號, 東京: マルクス協會, 1925.

[21] 北條一雄, 「歐洲に於ける無産者階級政黨組織問題の歷史的發展(二)」, 『マルクス主義』 13號, 東京: マルクス協會, 1925.

의 과소평가, 나아가 무산자단 자신의 내부에서의 비무산자적 이데올로기의 과소평가를 결과했다"[22])는 점을 강조한 것은, (이 대목이 후쿠모토가 독자적으로 생각한 것이 아니라 루카치의 말을 그대로 옮긴 것이라 하더라도[23]) 사회주의혁명을 위해서는 충분한 자본주의 발전을 기다려야 되는 것이 아니라 오히려 비무산자적인 요소와의 결합이 중요하다는 것을 시사함으로써 구체적인 혁명 전략을 보여주는 것이었다.

후쿠모토의 이러한 주장은 공산당 조직의 필요성을 느꼈던 사람들의 욕구를 충족시켜주는 것이었다. 후쿠모토가 계속 기고한 『맑스주의』라는 잡지는 코민테른과 연락을 취하면서 활동하는 코뮤니스트 그룹이 내는 합법잡지였는데, 1925년 당시 코뮤니스트 그룹 속에는 이론적 지도자인 야마카와 히토시(山川均)가 당 재건에 소극적인 자세를 보이는 것에 대한 불만이 쌓여 있었다. 특히 1925년 1월에 코민테른 집행위원회 극동부에서 작성된 소위 '상하이테제'가 당 조직문제에 대해 소극적인 지도자들을 비판하고 절대주의와의 투쟁을 위한 당 조직의 필요성을 강조했었기 때문에 그 불만은 결코 막연한 것은 아니었다.[24]

이러한 기대에 호응하듯이 후쿠모토는 25년 8월에는 호조 가즈오 명의로 「계급 및 계급투쟁론(1)」을 발표해 "우리 무산자계급은 그 발전에 필연에 의해 소위 '방향전환'기에 있다"는 일본 사회운동에 대한 인식 아래 "우리나라에서의 계급 = 및 계급투쟁론을 비판에 의해 aufheben (揚棄)"하고 "무산자적 – 맑스적 – 계급 = 및 계급투쟁론을 전개"하며

---

22) 北條一雄, 「歐洲に於ける無産者階級政黨粗織問題の歷史的發展(三)」, 102쪽. 강조는 후쿠모토.

23) 게오르크 루카치, 박정호·조만영 옮김, 『역사와 계급의식』, 거름, 1986, 427쪽.

24) 「日本共産主義者会議に提出された組織問題テーゼ」, 村田陽一編訳, 『資料集 初期日本共産党とコミンテルン』, 東京: 大月書店, 1993, 6~15쪽.

"나아가 일본에서의 계급 및 계급 투쟁의 사적 발전 및 현재의 형세를 탐구하는 것"에 착수하기 시작했다.25) 또한 같은 호에 후쿠모토 가즈오 명의로 발표한 「방향전환'과 '자본의 현실적 운동'」에서도 "일본의 자본주의는 급속하게 발전했음과 동시에 이제 또한 급속하게 몰락 과정을 하향해가고 있는 것처럼 일본의 무산자운동은 이에 대응해 또한 급속하게 발생 전개되었음과 동시에 이제 또한 급속하게 약진 과정을 상향해가고 있는 것처럼 **보인다**"26)라는 정세 인식과 더불어 '방향전환'으로 나아가기 위해서는 "무산자계급적 의식을 의식하고 맑스주의적 인식을 인식하며 성취하는" 것의 필요성을 주장했다.27) 그 다음에 호조 가즈오 명의로 1925년 10월에 발표된 글이 유명한 「방향전환'은 어떠한 과정들을 거치는가 우리는 지금 그것의 어떠한 과정을 과정하고 있는가: 무산자 결합에 관한 맑스적 원리」이다.28) 『맑스주의』18호 권두에 실린 이 논문에서 후쿠모토는 무산정당 조직을 둘러싸고 야마카와가 주도한 방향전환을 평가한 다음에 현 단계의 문제로서 "대중포용성, 정치성 획득을 위해서는 어떠한 원칙을 세워야 할 것인가"라고 문제를 설정하고 그것을 '무산자 결합에 관한 맑스적 원리'의 문제라고 명명하면서 "일단 스스로를 강하게 결정(結晶)시키기 위해 '결합하기에 앞서 먼저 깨끗하게 분리해야 한다.'"라고 주장한다.29) 레닌의 『무엇을

---

25) 北條一雄, 「階級および階級鬪爭論(一)」, 『マルクス主義』16號, 東京: マルクス協會, 1925, 8~10쪽. 제목에서는 (1)이라고 되어 있지만 속편은 끝내 발표되지 않았다.

26) 福本和夫, 「『方向轉換』と『資本の現實的運動』」, 『マルクス主義』16號, 東京: マルクス協會, 1925, 20쪽. 강조는 후쿠모토.

27) 위의 글, 24쪽.

28) 北條一雄, 「『方向轉換』はいかなる諸過程をとるか 我々はいまそれのいかなる過程を過程しつゝあるか—無産者結合に關するマルクス的原理」, 『マルクス主義』18號, 東京: マルクス協會, 1925.

할 것인가』에서 인용된 이 구절이 유명한 '분리－결합'론의 근거가 되었다.[30] 그런데 유의해야 할 것은, 후쿠모토가 "이 원칙을 쟁취하기 위한 투쟁은 **당분간 이론적 투쟁**의 범위에 제한될 수밖에 없을 것"[31]이라고 이 원칙의 적용 범위를 한정시켰다는 점이며, 또 앞부분에서는 외국의 경험을 섭취할 때 따를 수밖에 없는 위험성을 언급했는데 그 위험성이란 "이해의 **방법**이 왕왕 이해 그 자체와 혼동되는 일이 그것이다. 이리하여 여기에 소위 '교훈'의 '공식화'가 출현한다"[32]고 '방법'과 '공식'의 혼동에 대해 경고했다는 점이다. 여기서는 나중에 만들어진 이미지와 달리 절제된 이론가로서의 자세가 엿보인다.

1926년에 들어서면서 후쿠모토의 실제 운동에 대한 개입은 구체성을 더해갔다. 1926년 1월에 호조 가즈오 명의로 발표된 「노농정당과 노동조합」에서는 직접적으로 야마카와의 방향전환론을 비판하기 시작했다. 즉, 경제투쟁이 정치투쟁으로 발전하는 것이 "무산자운동의 변증법적 발전"이라고 하면서 "그러나 우리의 지도자이자 '방향전환'의 제창자인 야마카와 히토시 씨의 방향전환론의 기조를 이루는 것은 여전히 경제투쟁과 정치투쟁의 단순한 절충, 내지 **'종합'**에 불과한 것처럼 보인다"[33]는 것이다. 그러면서 이 논문에서 처음으로 일본 사회구성에 대한 후쿠모토의 견해가 구체적으로 피력되었다. 즉, 첫째. 일본 부르주아지는 아직 소위 절대적, 전제적 세력을 완전히 타파하지 못했다. 둘째, 우리 자본주의는 이제 세계자본주의와 더불어 현실적으로 몰락 과

---

29) 위의 글, 18쪽.

30) 레닌, 최호정 옮김, 『무엇을 할 것인가』, 박종철출판사, 1999, 27쪽.

31) 北條一雄, 위의 글, 19쪽. 강조는 후쿠모토.

32) 위의 글, 5쪽. 강조는 후쿠모토.

33) 北條一雄, 「勞農政黨と勞動組合」, 『マルクス主義』 21號, 東京: マルクス協會, 1926, 7~8쪽. 강조는 후쿠모토.

정에 있다. 셋째, 우리 무산자계급은 **이러한 형세 아래서 비로소 정치투쟁**의 무대에 올라왔다. 넷째, 농촌에서 피억압계급인 대다수 소농들의 궁핍화를 찾아볼 수 있다.[34] 이러한 정세 인식을 바탕으로 당면 투쟁 목적을 "우리는 자본의 지배를 타파할 철저한 투쟁을 위하여, 이 투쟁으로 향하는 필연적 발전을 준비하기 위하여 필요한 투쟁의 한 과정으로서 부르주아민주주의를 쟁취하여야 할 필연에 당면하고 있다"[35]고 정의한 다음 "당면 투쟁 목적을 쟁취하기 위하여 무산자계급, 농민, 소부르주아 사이에서 무산자계급을 지도세력으로 하는 계급적 대중적인 협동전선이 전개되어야 한다"[36]며 "우리는 이제 대중화하여야 한다. 협동전선을 전개하여야 한다"[37]고 주장한다. 그러면서도 **그와 동시에** 우리는 모든 기회주의—소위 현실입각주의, 소부르주아·이데올로기, 조합이데올로기, 소위 의회주의 등—에 대해서는 주저할 것 없이 과감한 의식적 정치적 투쟁을 진행해 대중 앞에서 그들의 본질을 폭로" 할 것을 주장해 이러한 투쟁이 단순한 대중화가 아니라 "무산자계급의 인식 그 자체를 **제고하고 풍요롭게 하며 결정**"[38]시키는 것임을 강조했다. 즉, 여기서도 분리와 결합이라는 '맑스적 원리'가 관철되는 것이다. 그런데 여기서 후쿠모토는 이 원리 적용에 대해서는 신중한 태도를 보인다. 즉, "정당에 대해서 적용되어야 함은 이제 오늘날에는 명백하다. 다만 문제는 현제 운동의 발전단계에서의 그 한도, 형태에 있다. 그러나 노동조합에서는 전혀 다르다. 왜냐하면 앞에서 말한 것처럼 조합은 원

---

34) 위의 글, 10쪽.
35) 위의 글, 12쪽.
36) 위의 글, 13쪽.
37) 위의 글, 14쪽.
38) 위와 같음. 강조는 후쿠모토.

칙상 전국적 집중적 조직으로 발전하기 위해서 어떠한 경우에도 의견
차이는 내부적으로 투쟁되어야 하는 것으로 **분열**해서 별개 진영, 조직
으로 대립하는 것은 전 운동의 진전상 바람직하지 않기에. 따라서 그
런 한에서 그 원리는—그 충분한 형태로는—여기에 전혀 적용되어서
는 안 된다고 해야 한다."[39] 물론 후쿠모토는 일본노동총동맹을 깨고
1925년 5월에 따로 조직된 좌파 조합인 일본노동조합평의회를 부정하
지는 않는다. 후쿠모토는 이 분열의 역사적 필연성을 설명하고 "이 분
열에 의해 좌익 전위는 좌익 대중단체를 제고했을 뿐만 아니라 방향전
환기에 대중으로부터 고립화될 위험—가능한 한 좌익적 정신에 의해
전환을 수행하려고 노력하는 한 필연적으로 오는—을 극복할 수 있었
다"고 평가하기도 한다.[40] 하지만 지금 단계에서는 우파 대중단체에
있는 대중들을 획득하기 위해서 "집요하게 조합의 협동-합동을 제의
하야 한다"[41]고 오히려 적극적으로 협동을 주장하는 유연한 모습을 보
였다. 이어서 그 다음 달부터 발표되기 시작한 것이 야마카와 노선에
대한 전면적 비판을 가한 「야마카와 씨의 방향전환론의 전환부터 시작
하지 않으면 안 된다」이다.[42] 앞에서도 보았듯이 후쿠모토는 이미 야
마카와 비판을 했었지만 이제 그것을 중심적으로 다루기 시작한 것이
다. 하지만 그러면서도 야마카와를 존중하는 태도는 견지되었다. 야마
카와가 "오늘날 공산주의적 견지에 서 있는 것은 물론 의심할 수 없"지

---

39) 위의 글, 23쪽. 강조는 후쿠모토.
40) 위의 글, 24~26쪽. 참고로 이 분열을 주도한 사람은 다름 아닌 야마카와 히토시였
다. 伊藤晃, 『日本労働組合評議会の研究』, 東京: 社会評論社, 2001, 40~42쪽 참조.
41) 위의 글, 26쪽.
42) 北條一雄, 「山川氏の方向轉換論の轉換より始めざるべからず(一)」, 『マルクス主
義』 22號, 東京: マルクス協會, 1926 및 「山川氏の方向轉換論の轉換より始めざ
るべからず(二)」, 『マルクス主義』 25號, 東京: マルクス協會, 1926.

만 그 "인식론적, 방법론적 근본견지는 꼭 유물변증법적—맑스주의적
—진실로 무산자계급적—이지 않다"는 것이 문제가 되는 것이다. 그리
고 그 이론이 "속학주의와 맑스주의의 혼합이며 절충"이기 때문에 그가
"제창하고 지도하는 방향전환 역시 필연적으로 내가 보기에는 진실로
우리 무산자계급이 쟁취하려는 방향전환이 아니라, 이러한 전환과 조
합주의자가 희구하고 있는 방향전환과의 혼합이며 절충"이라고 비판했
다.[43] 즉, 야마카와는 당위적으로는 공산주의자로서 방향전환을 주도
하려고 하지만 변증법적 사고의 결여 때문에 결국에는 조합주의적인
방향전환에서 완전히 벗어나지 못한다는 것이다. 이제 이 논문들을 통
해 후쿠모토는 오랫동안 일본 공산주의운동을 이끌었던 야마카와와
완전히 다른 새로운 지도적 이론가로서 등장하게 되었다.

사실 후쿠모토가 이론적 저술에서 벗어나 직접적으로 정치적인 논
문을 쓰게 되는 배경에는 코뮤니스트 그룹과의 접촉이 있었다. 『맑스
주의』 편집을 맡고 있던 니시 마사오(西雅雄)를 매개로 1925년부터 코
뮤니스트 그룹 중심 멤버들과의 빈번한 접촉이 있었으며[44] 1926년 1,
2월경에는 코뮤니스트 그룹의 합법기관지인 『무산자신문』의 주필이었
던 사노 마나부가 투옥될 자신을 대신해서 『무산자신문』을 맡아 달라
고 부탁하는[45] 등 이미 코뮤니스트 그룹 쪽에서도 후쿠모토를 영입하
려는 움직임이 있었던 것이다. 그러한 상황 속에서 1926년 3월 후쿠모
토는 근무하던 야마구치(山口)고상 교수를 그만두고 도쿄에 올라왔
다.[46] 이제 본격적으로 정치활동을 할 수 있는 조건이 갖추어진 것이

43) 北條一雄, 「山川氏の方向轉換論の轉換より始めさるべからず(一)」, 13쪽.
44) 伊藤晃, 『天皇制と社会主義』, 東京: 勁草書房, 1988, 253쪽
45) 「福本和夫聽取書」, 山辺健太郎編, 『現代史資料(20)』, 東京: みすず書房, 1968, 303쪽.
46) 위의 글, 300쪽.

다. 그러던 차에 코민테른에서 새로운 테제('모스끄바 테제') 작성에 참
여했던 도쿠다 규이치(德田球一)가 귀국했다. 1926년 3월에 코민테른
집행위원회 간부회 회의에서 승인된 이 테제는, 일본 공산주의자가 군
주주의 체제의 최종적 파괴를 위해 노동자 계급을 결집시킬 것을 당면
임무로 제시하면서 특히 그 과정에서 노농당에서 좌익을 끊임없이 사
상적 및 조직적으로 강화할 것과 혁명운동의 자연발생성을 신봉하고
당을 신속히 조직하는 문제를 그리 중요시하지 않는 경향이나 조류와
단호하게 싸울 것을 지시한 것이었다.[47] 도쿠다는 이 테제를 바탕으로
6월에 코뮤니스트 그룹의 확대뷰로회의를 열어 27년 초두에 당 재건대
회를 열 것과 좌익을 배제시켜서 결성된 노농당에 대해서 문호개방을
요구할 것, 그리고 후쿠모토를 그룹에 가입시킬 것 등을 결정했다.[48]
이때부터 후쿠모토는 코뮤니스트 그룹의 일원으로서 논문을 발표하게
된다.

그런 위치에서 후쿠모토가 처음 발표한 논문이 1926년 7월에 『맑스
주의』에 실린 「당면의 임무」이다.[49] 그런데 이 논문에서 후쿠모토가
제시한 임무란 그 제목만큼이나 심플한 것이었다. 즉, "우리의 임무는
노동자 대중이 오늘까지의 발전에서 성취한 소위 조합주의적 정치의
식을 여기서 전 무산계급 정치의식으로까지 전화 발전시킴에 있"으며
"우리가 사회주의적 정치의식을 의식할 수 있는 것은 '노동자와 고용주
사이의 관계 권내에서가 아니라 오로지 인민의 **모든** 계급, **모든** 층과
국가 및 정부 사이의 관계 권내, **모든** 계급 상호간의 관계 권내에서이
다'"라며 "모든 계급에서 발산하는 '정치적 폭로'를 맑스주의의 견지에

---

47) 「日本問題についての決議」, 村田陽一編訳, 앞의 책, 56~60쪽.

48) 伊藤晃, 『天皇制と社会主義』, 249쪽.

49) 北條一雄, 「當面の任務」, 『マルクス主義』 27號, 東京: マルクス協會, 1926.

서 (중략) 할 수 있는 일대 전국적 일간신문"의 필요성을 제시했다.[50] 쉽게 알아볼 수 있듯이 이 내용은 레닌의 『무엇을 할 것인가』를 거의 그대로 옮긴 것에 지나지 않다.[51] 사실 운동 경험이 전혀 없는 후쿠모 토가 할 수 있는 것은 원칙을 제시하는 것에 그칠 수밖에 없었던 것이다. 그 결과 그 뒤 후쿠모토의 작업은 주로 코뮤니스트 그룹의 노선을 합리화하는 역할을 하게 된다.

1926년 10월에 발표된 「이론적 투쟁 개전(開展)의 사회적 근거」는 당시 치열하게 전개되던 노농당을 둘러싼 좌우대결 상황을 "우리나라 오늘날의 형세에서는 오히려 '형세의 가장 순당한 발전'이자 '예기된 진행'이며 따라서 또 '무산계급운동에게 가장 유리하다'"고 보고 이론적 투쟁을 통해서 "진실로 전 무산계급적인 정치행동주의 의식에까지 성숙"된 "**우리에 의해서만** 진실로 전 무산계급의 견지에서 **모든 문제**가 해결되기 **시작하고** 있는 것을 의미한다"고 하면서 좌우대립 완화를 위해서 중간파 좌익 결성을 주장했던 잡지 『대중』을 "**진정한 우익** 결합에 귀추될 수밖에 없는 운명"이라고 강하게 비판했다.[52] 그런데 중간파에 대한 이러한 공격 방침은 1926년 9월에 코뮤니스트 그룹의 임시특별위원회에서 조직부장인 와타나베 마사노스케(渡邊政之輔)가 제의해서 결정된 것이었다.[53] 이때 후쿠모토의 역할은 이론가라기보다 대변인에 가깝다. 그 다음 달에 발표된 「노농당과 소위 좌익 진출」에서는 야마카와가 당시 주장하던 '좌익 진출'론을 좌익의 내적 발전에 대

---

50) 위의 글, 31~33쪽. 강조는 후쿠모토.

51) 레닌, 앞의 책, 104쪽 참조.

52) 北條一雄, 「理論的鬪爭開展の社會的根據」, 『マルクス主義』30號, 東京: マルクス協會, 1926, 1~21쪽. 강조는 후쿠모토.

53) 岩村登志夫, 『コミンテルンと日本共産党の成立』, 東京: 三一書房, 1977, 290쪽.

한 인식이 결여된 절충주의라고 비판하면서 실제로 좌익의 진출을 가능케 한 것은 "소위 절충주의에서 진실로 전 무산계급적인 정치투쟁주의 의식으로의 발전"[54]이라며 '좌익 진출'이 아닌 '좌익의 전선(全線)적 전개'를 주장했다.[55]

그런데 이 '좌익 진출'과 '좌익의 전선적 전개' 사이에는 전술상의 차이는 거의 없는 것처럼 보인다. 그런데도 야마카와를 강하게 비판한 것은 종파주의의 발로라고 볼 수밖에 없을 것이다. 사실 이 배경에는 노농당을 둘러싼 좌우 대립에서 중간파 간부들을 비판함으로써 중간파 대중을 획득하려는 전략이 성공한 것에서 오는 자신감이 있다. 중간파에서 스스로를 분리시킨 결과 얻어진 노농당에서의 결합은 바로 후쿠모토의 주장을 뒷받침한 것처럼 보인 것이다. 그 결과 후쿠모토의 권위는 완전히 인정되었지만, 후쿠모토가 원래 제시했던 '분리와 결합'이 공산당 조직에 관한 원리였지 무산정당 조직에 관한 것이 아니었다는 원칙이 흐려지고, 과거에 그가 경고했던 '공식화'가 진행되었다.

1926년 12월 4일에 열린 당 재건대회는 그러한 분위기 속에서 이루어졌다. 이 대회에서 후쿠모토는 상임중앙위원으로 선출되어 정치부장의 요직을 맡게 되었으며,[56] 후쿠모토의 견해를 크게 반영한 방침이 채택되었다. 이 때 채택된 '선언 요지'를 보면, 먼저 일본 자본주의가 세계 자본주의 몰락에 합류해가고 있으며 부르주아지는 반동화해서 전제적 유제와 결합해 파시즘적 독재의 맹아를 보이기 시작했다고 객관 정세를 분석하고, 이론투쟁의 전개에 의해 진정한 맑스주의 의식을

---

54) 北條一雄, 「勞農黨と所謂左翼進出」, 『マルクス主義』 31號, 東京: マルクス協會, 1926, 30쪽.

55) 위의 글, 31~32쪽.

56) 福本和夫, 앞의 책. 86쪽.

획득한 혁명적 인텔리겐치아와 노동운동이 결합되기에 이르렀다고 주체적 상황을 설명한 다음 '일본공산당의 임무'를 아래와 같이 제시했다.[57]

> 우리는 노동자계급을 선두로 전제적 지배에 대한 모든 피억압층의 반항을 지도 촉진 전화시켜야 한다. 이상의 분석 규명은 우리의 당면 투쟁목표가 부르주아민주주의 획득에 있음을 가르쳐준다. 우리의 투쟁은 그것을 위해 먼저 전제적 유제 타파로 향해야 한다. 하지만 이 전제적 유제를 향한 혁명은 그 내적이고 필연적인 변증법적 전화로 인해 프롤레타리아혁명으로 전화될 것이다. 먼저 이미 혁명을 수행한 일국을 제외하고는 과감한 이론투쟁에 의해 세계 어느 나라에서보다도 첨예한 의식을 획득한 우리 당은 이 투쟁의 임무를 견뎌낼 수 있을 것이다. 만국의 공산당 단결하라!

소련에 버금가는 맑스주의 의식을 획득했다는 자신이 넘치는 이 선언은 이론가 후쿠모토 가즈오의 승리선언과도 같은 것이었다. 하지만 이 선언이 후쿠모토의 몰락을 준비하게 된다.

3. 코민테른은 '후쿠모토주의'를 어떻게 보았는가

코민테른 측에서 후쿠모토를 문제 삼기 시작한 것은 1926년 12월의 당 재건대회를 거친 시기부터였다. 일본에서 당 조직을 지도하기 위해 1925년 6월에 코민테른 및 프로핀테른 주일대표로 파견되었던 얀손(Янсон)[58]이 1926년 12월 18일자로 코민테른 집행위원회 서기국과

---

57) 「宣言要旨」, 山辺健太郎編, 『現代史資料(14)』, 東京: みすず書房, 1964, 63~67쪽.

프로핀테른 집행뷰로 앞으로 보낸 보고에서 재건대회에서 채택된 노
선의 문제점을 지적했는데, 그 주관주의적 성격을 언급하면서 그 사례
로 후쿠모토와 사노 후미오(佐野文夫)를 거론했으며 정치영역에서는
후쿠모토의 '분리와 결합' 이론이 지도이론이라고 하면서 '이론가'로서
의 후쿠모토는 '네덜란드 학파(голландская школа)'[59]의 추종자이
며 후쿠모토와 그 추종자들의 '이론'은 좌익소아병이자 코민테른과 프
로핀테른의 지도를 폐기한 것이라고 보고했다.[60] 얀손은 이어서 1월에
아라하타 간손(荒畑寒村)을 만나 '후쿠모토파'를 와해시키기 위해 200
엔 을 주면서 분파 결성을 유도했으며 여기에 기타우라 센타로, 사카이
도시히코(堺利彦), 사노 마나부, 야마카와 등이 참여했다고 한다.[61]

결국 이 움직임은 금방 무산되었지만, 이 가운데서도 기타우라는 러
시아어를 할 줄 알고 『무산자신문』 편집에 관한 관계도 있어서 원래
얀손과 자주 만났던 사람인데[62] 재건대회 이후에 '중앙위원회는 모두

---

58) 얀손에 대해서는 村田陽一, 「カール・ヤンソンについて」, 村田陽一編訳, 앞의
   책, 299~301쪽 참조.

59) 1918년에 결성된 네덜란드공산당에 있다가 1920년에 독일공산당에서 제명된 좌
   파세력에 의해 결성된 독일공산주의노동자당으로 자리를 옮겨 활동했던 헤르만
   호르테르(Hermann Gorter)를 중심으로 한 이들을 가리킨다. 레닌이 『공산주의에
   서의 "좌익"소아병』(1920)을 통해 비판한 대상이 이들을 포함한 좌파공산주의
   자들이었는데 특히 호르테르 등은 이론의 순수함을 지키기 위해 대중에서 유
   리된 것으로 비판받았다. Anders and Vauter(Amsterdam), "On the "Dutch School",
   INTERNATIONAL PRESS CORRESPONDENCE(English edition) vol.1 No.15, Berlin:
   Central Bureau, 1921

60) "ДОКЛАДНАЯ ЗАПИСКА КИАМОТО(К. ЯНСОН) В СЕКРЕТАРИАТ ИСПОЛКОМА
   КОМИНТЕРНА И ИСПОЛБЮРО ПРОФИНТЕРНА О ВОССОЗДАНИИ КПЯ
   И ЕЕ ДЕЯТЕЛЬНОСТИ', ВКП(б), Коминтерн и Япония. 1917-1941, Москва:
   РОССПЭН, 2001, с. 386~388.

61) 岩村登志夫, 앞의 책, 313~315쪽.

62) 「北浦千太郎子審訊問調書」, 山辺健太郎編, 『現代史資料(20)』, 東京: みすず書房,
   1968, 491~492쪽.

제명될 것이다', '얀손이 지금 당에는 자금 지원을 하지 않겠다고 한다',
'얀손은 자기편이 야마카와, 도쿠다, 사노 마나부, 아라하타, 그리고 나
(기타우라)라고 한다'라는 식의 말을 하고 다녔다고 한다.[63] 1927년 3월
에 발표된 「안티 후쿠모토이즘」이라는 글은 이 흐름에서 나왔다고 보
면 될 것이다.

얀손의 보고서는 후쿠모토의 이론이 코민테른 노선에서의 일탈임을
주장하면서도 아직 애매한 부분이 있었는데, 1927년 1월에 제출된 한
문서가 코민테른의 후쿠모토 인식을 결정적으로 규정하게 되었다. 다
카하시 사다키(高橋貞樹), 나베야마 사다치카, 가타야마 센(片山潛)의
연서로 1월 17일자로 코민테른 집행위원회에 제출된 「분리와 결합' 이
론. 일본의 게오르크 루카치 추종자는 어떻게 새로운 일본 공산당을
잘못된 길로 유혹하는가」가 그것이다.[64] 다카하시가 주로 쓴 것으로
보이는 이 문서는[65] 후쿠모토를 루카치 지지자라고 먼저 규정해 놓고
그 이론의 특성을 13개항에 걸쳐 설명했다.

1. 루카치를 따라 프롤레타리아트의 계급투쟁을 의식성에서 나오
   는 것으로 규정했다.
2. 의식성의 역할을 과대평가했다.
3. 당의 역할을 과소평가했다. 즉, 당과 코민테른을 신뢰하지 않
   았다.

---

[63] 淺野(渡邊政之輔), 「コミンテルン執行委員会への日本共産党活動報告」, 村田陽
一編訳, 앞의 책, 122쪽.

[64] МАТЕРИАЛ 《ТЕОРИЯ "РАСКОЛА И ЕДИНСТВА". КАК ЯПОНСКИЙ
ПОСЛЕДОВАТЕЛЬ ГЕОРГА ЛУКАЧА СОВРАЩАЕТ С ПУТИ МОЛОДУЮ
КОМПАРТИЮ ЯПОНИЙ》, ПРЕДСТАВЛЕННЫЙ В ИККИ", Там же, с.
389~394.

[65] 「高橋貞樹第四回子審訊問調書」, 村田陽一編訳, 앞의 책, 290~293쪽.

4. '분리와 결합' 이론은 사회민주당을 깨고 나올 때의 조직론이기에 현재 일본의 무산정당에 대해 그러한 태도를 취할 수 없으며 노동조합운동에도 그 적용을 주장함으로써 운동에 분열을 초래할 것이고 이러한 주장은 어느 정도 반혁명 칼 코르쉬의 좌경한 말투를 상기시킨다.

5. 좌익 쪽에서 분리정책을 취했다.

6. 그의 이론은 코민테른과 프로핀테른의 노선에서 벗어난 것이며 반당행위이다.

7. 이론투쟁을 잘못 해석해 지식인, 특히 학생의 역할을 과대평가하는 결과를 낳았다.

8. '프롤레타리아트의 자연발생적 경제투쟁'의 중요성을 과소평가했다.

9. 프롤레타리아트의 일상적 투쟁과 노조활동에 대해 무관심한 태도를 취했다.

10. 정치적 폭로에 비해 경제적 폭로를 경시했다.

11. '의식성'이라는 철학적 문구로 계급적 적대를 은폐했다.

12. 일본 자본주의가 몰락단계에 있다고 주장했다.

13. 그의 이론은 유물론에서 벗어나 관념론으로 가고 있으며 그 전술적 귀결은 잘못된 좌편향, 무례한 비판, 극좌적 경향, 반당적인 행위와 정책, 코민테른과 프로핀테른에 대한 적의였다. 그의 이론의 사회적 지지자는 말할 나위도 없이 쁘띠부르주아이다.

이렇게 비판한 다음 '우리의 지도 기관'이 루트 피셔(Ruth Fischer)와 마슬로프(Arkadij Maslow)[66]를 소환한 것처럼 후쿠모토를 모스끄바에

---

[66] 루트 피셔와 마슬로프는 1924년 4월부터 독일공산당 지도부를 구성한 좌파 지도자였는데 1925년 8월에 코민테른에서 전면적인 비판을 받게 되어 그 해 8월에 지도부에서 물러나고 26년 8월에 당에서 제명당했다. 이들과 코민테른의 관계에 대해서는 野村修,「時代背景とコルシュの軌跡」, カール・コルシュ/野村修訳,『危機のなかのマルクス主義』, 東京: れんが書房新社, 1986, 247~257쪽을 참조했다. 그런데 이들이 모스끄바에 언제 소환되었는지는 분명하지 않다.

소환할 것을 희망한다고 주장했다.

　이 문서의 특징은 제목에서도 알 수 있듯이 단순히 일본공산당의 당시 노선의 문제점을 지적하는 수준을 훨씬 넘어서 후쿠모토의 이론을 루카치 및 '반혁명'(!) 코르쉬와 연결시키면서 독일공산당에 대해 한 것처럼 코민테른이 적극적으로 개입할 것을 호소했다는 점에 있다. 이 문서를 작성한 다카하시 사다키는 1922년에 조직된 1차 공산당의 구성원이었으며 주로 전국수평사의 좌익화를 위한 활동에 종사하다가 1926년 봄에 도쿠다 규이치의 추천으로 소련으로 건너가 맑스 · 엥겔스연구소 부속 레닌강습소에서 교육을 받으면서[67] 코민테른 집행위원회의 일본공산당 대표부에서 일하는 사람이었다.[68] 다카하시도 초기에는 후쿠모토의 이론이 "오랫동안 우리나라 좌익운동을 지도한 야마카와 씨의 이론 정책에서 이탈하려고 하는 것으로 야마카와 씨의 비변증법적인 이론, '프롤레타리아' 전위 결성에 대해서는 생각하지 않고 노동자 · 농민 · 소'부르주아'분자를 하나로 포괄한 소위 무산정당의 문제에만 국한시키는 것을 감수하는 태도 등에 대해 대중 사이에는 암암리에 불만이 있었던 이상 이 새 이론이 좋든 나쁘든 간에 다대한 공명으로 받아들여진 것은 당연하다고 보았"으며 "변증법적 유물론의 의의, 그 '프롤레타리아'의 이론적 무기로서의 중요한 역할 등을 처음으로 강조한 것은 지극히 당연한 일이며 또 당시 운동의 필요에 맞는 것"으로 보았다고 한다. 그런데 1926년 중반부터 후쿠모토가 "운동의 지도정책에 관한 논책을 쓰게 되면서부터 그 변증법적 유물론에 관한 이론의 불충분함, 운동의 무경험에서 비롯된 잘못된 관찰과 분열주의적 좌익주의

---

[67]　別所敬太 · 小山弘健, 「渡辺政之輔 · 高橋貞樹」, 小山弘健編, 『日本の革命思想6: 永続 革命の構想』, 東京: 芳賀書店, 1970, 151~153쪽.

[68]　*Там же*, с. 394.

적 정책, 그 모든 이론의 소'부르주아'적 근거 등을 드러내기에 이르렀"
으며 그 "변증법의 이해는 두드러지게 관념적이었으며 유물론의 기초
를 두드러지게 벗어난 것"이었는데 "이 점이 '게오르크 루카치'나 '칼 코
르쉬'와 같은 편향 철학에 아주 근사한 것임을 발견"하고 그와 싸울 필
요를 느꼈다고 나중에 진술했다.[69]

　그가 말하는 '1926년 중반'이라는 시기가 후쿠모토가 코뮤니스트 그
룹에 참여한 시기임과 동시에 코민테른에 의한 독일공산당에 대한 개
입이 가장 극심했던 시기임을 상기할 필요가 있다. 아마도 다카하시는
모스끄바에서 독일공산당 좌파의 '오류'에 대해 배우면서 일본 상황을
바라보았을 것이다. 또한 코민테른에 제출된 문서에서 루카치를 언급
한 부분에서는 루더시 라슬로(Rudas László)가 『새로운 맑스주의 수정
에 반대하여』에서 한 루카치 비판을 참조했음을 밝혔는데[70] 이 루더시
야말로 코민테른에서 루카치와 코르쉬가 비판받게 되는 계기를 만든
사람이었다. 코민테른에서 처음으로 루카치와 코르쉬가 비판을 받은
것은 1924년 6월 코민테른 5차 대회에서 당시 코민테른 집행위원회 의
장이었던 지노비예프(Зиновьев)가 한 보고를 통해서였다. 이 보고에
서 지노비예프는 이탈리아의 그라치아데이(Graziadei)와 헝가리의 루카
치, 그리고 독일의 코르쉬를 이론상의 수정주의라고 비판했는데, 지노
비예프에게 수정주의자 루카치를 반대해야 한다는 편지를 보낸 사람
이 바로 헝가리공산당의 일원인 루더시였던 것이다.[71] 과거 후쿠모토
가 루카치나 코르쉬와 더불어 맑스주의 쇄신 움직임을 접하면서 이론

---

[69] 「高橋貞樹第四回予審訊問調書」, 村田陽一編訳, 앞의 책, 290~291쪽.

[70] *Там же*, c. 390.

[71] *PROTOKOLL; FÜNFTER KONGRESS DER KOMMUNISTISCHEN INTERNATIONALE BAND 1*, Hamburg: Verlag Carl Hoym Nachf., 1924, S. 53.

가로서 성장한 것과 마찬가지로 이제 후쿠모토는 그들과 그 몰락 또한 함께 하게 된 것이다.

　논의가 약간 앞서갔지만 다카하시 등이 호소한 대로 후쿠모토를 비롯한 재건 일본공산당 대표들은 3, 4월에 모스끄바에 모이게 되었다. 하지만 이 과정은 코민테른에 의한 일방적 소환이라기보다는 오히려 얀손의 지도성을 의심한 재건 공산당 간부들이 스스로 코민테른에서의 문제해결을 원한 결과였다.[72] 특히 중앙위원 중에서도 모스끄바에서의 해결을 강력히 주장한 사람은 와타나베였는데[73] 약간 일찍 모스끄바에 도착한 와타나베는 다카하시나 나베야마의 설득에도 불구하고 후쿠모토의 이론이 옳다는 입장을 견지했다.[74] 그러나 후쿠모토와 더불어 모스끄바에 온 도쿠다는 도착하자마자 태도를 바꾸어 '구로키(黑木)[75]주의'와 싸워야 한다고 주장하기 시작했다.[76] 몇 번에 걸친 회의에서는 후쿠모토에게도 발언 기회는 주어졌지만, 당시 그 자리에 있던 가와이 에쓰조(河合悅三)가 "다카하시는 후쿠모토의 통역은 안 해준다고 할 정도였다. 이 다카하시가 후쿠모토주의를 모두 '코민테른'에 소개했기에 후쿠모토주의는 틀렸다 하더라도 정당하게는 이해되지 않았다고 할 수 있을 것 같다"고 회고한 것에서도 알 수 있듯이[77] 거의 완전히 고립된 상황이었다. 처음에는 후쿠모토도 얀손에 의한 비판이 오해에서 생긴 것이라고 항변했지만[78] 끝내 그 비판을 받아들이게 되었

---

72) 浅野(渡邊政之輔), 앞의 글, 村田陽一編訳, 앞의 책, 120~121쪽.

73) 「福本和夫第七回訊問調書」, 村田陽一編訳, 앞의 책, 273~274쪽.

74) 浅野(渡邊政之輔), 앞의 글, 村田陽一編訳, 앞의 책, 116~123쪽.

75) '구로키'는 코민테른에서 사용된 후쿠모토의 별명이다.

76) 「コミンテルン執行委員会日本地域書記局, 一九二七年四月二六日会議議事録」, 村田陽一編訳, 앞의 책, 131~132쪽.

77) 伊藤晃, 『転向と天皇制』, 31쪽.

다. 1927년 7월 15일에 열린 코민테른 집행위원회 간부회의에서 후쿠모토는 짧은 연설을 통해 자아비판을 했는데 그가 스스로 시인한 3가지 과오 중 하나는 '코민테른의 지시에 대한 경시'였다.[79] 1928년 3월에 후쿠모토가 익명으로 『맑스주의』에 발표한 「우리 프롤레타리아트의 근본전략과 당면 주요한 조직적 임무」에서 "오늘날 세계 프롤레타리아트의 전위는 앞에서 말했듯이 철화(鐵火)의 세례를 통해 단련된 xx이론과 경험과 용기로 무장한 통일된 세계적 주체를 확립하고 있기 때문이다. 따라서 **한 나라에서** 전위주체 완성 문제에 **특수한 절차**를 거듭하는 것은 설사 그것이 특정한 발전단계에서만 이루어지든, 또 사실 주관적으로는 그럼으로써 세계적 주체와의 연결을 더욱 긴밀하게 하고 그 세계정책을 더욱 민속하고 정확하게 실현시킬 수 있는 조건을 만들어내는 것을 목적으로 하든 간에 국제xxxx의 견지에서 볼 때 그것은 결국 '기다리는 이론' '기다리는 태도'이며 적어도 그만큼 세계정책에서 격리되거나 세계정책의 민속한 수행을 게을리 하거나 지연시키는 위험을 안고 있는 것이다. 그것은 바로 국제xxxx의 견지에서, 세계x의 세계정책 수행의 견지에서 보면 용서받지 못할 오류이며 죄악이 아닐 수 없다. 최근 특수한 의의에서 투쟁된 이론투쟁은 그 근본에서 바로 이러한 오류를 범한 것"[80]이라며 코민테른을 절대적 주체로 설정한 것은 바로 그 자아비판의 연장선상에서 이루어진 것이었다.

이러한 태도는 후쿠모토 개인에게서만 나타난 것이 아니었다. 1927

---

78) 黒木(福本和夫), 「関(ヤンソン)同志の攻撃に答えて声明す」, 村田陽一編訳, 앞의 책, 165~168쪽.

79) "ВЫСТУПЛЕНИЕ КУРОКИ (К.ФУКУМОТО) НА ЗАСЕДАНИИ ПРЕЗИДИУМА ИККИ ПО ЯПОНСКОМУ ВОПРОСУ", *Там же.* с. 448.

80) 「わがプロレタリアートの根本戦略と當面主要の組織的任務」, 『マルクス主義』47號, 東京: マルクス協會, 1928, 37쪽. 강조는 후쿠모토.

년에 비밀리에 배포된 내부문서인 「보고의 요점」은 '1927년 테제' 내용을 요약 정리한 것인데, 거기서도 공산당 조직 문제와 관련해 "주체는 오늘날 국제적으로 만들어져 있다. 어째서 그와 별개로 만들 필요가 있는가"라고 코민테른만을 유일한 주체로 보는 시각을 제시했다.[81] 이제 일본에서 사회주의 운동을 하려면 무조건적으로 코민테른을 따라야 하는 시대가 온 것이다.

4. 맺음말

후쿠모토의 사상은 루카치나 코르쉬를 통해서 배운 맑스주의의 창조적 가능성을 일본에 도입한 것이었다. 특히 '주체 형성'이라는 문제를 제기함으로써 카우츠키로 대표되는 기계론적 유물론에서 벗어날 수 있는 길을 제시했다는 점은 충분히 평가되어야 한다. 토대에 환원되지 않는 '정치'의 공간이 후쿠모토의 사상을 통해서 잠시나마 모습을 드러낸 것이다. 안광천이 후쿠모토를 통해서 배운 것 또한 이 '정치' 영역에서의 활동을 위한 '방법'이었을 것이다. 그가 '정우회선언'을 통해 민족주의자들과 제휴할 것은 주장했을 때 그 겉모습은 후쿠모토와 전혀 다른 것으로 비춰지겠지만 그것은 오히려 그가 '공식'이 아니라 '방법'을, 즉 후쿠모토 사상의 핵심을 이해하고 받아들였음을 의미할 수도 있다. 거기에는 후쿠모토나 루카치와 같은 고유명사를 넘어 흐르는 맑스주의의 창조적 역사가 존재하는 것이 아닐까? 그러한 가능성에도 불구하고 코뮤니스트 그룹에 가입하고 나서 후쿠모토는 이론가라기보다

---

81) 「報告の要点」, 山辺健太郎編, 앞의 책, 74쪽.

당의 대변인 노릇을 하게 되면서 그 이론의 창조적 가능성을 스스로
매장해버렸으며 그 결과 코민테른에 제대로 저항하지도 못했다. '후쿠
모토주의'가 청산되고 나서 남은 것은 유일한 주체로서의 코민테른의
권위와 거기서 주어지는 '토대 분석'이었다. 1930년대에 전개된 '일본자
본주의 논쟁'이 생산적일 수 없었던 이유는 이미 거기에는 '정치'가 들
어설 자리가 없었기 때문이다. 이데올로기장치로서의 천황제는 바로
그 '정치'의 영역을 통해 작동했었는데 당시 코민테른과 공산당 지도자
들은 효과적으로 대응하지 못했으며 그 결과 많은 활동가들을 전향으
로 몰았다.

그런데 흥미로운 것은 '후쿠모토주의' 청산을 주도했던 다카하시가
1933년에는 옥중에서 코민테른의 "형식적 국제주의, 공식주의"를 비판
하며 "우리야말로 일본을 알고 일본의 민중과 국토를 사랑한다"며 전향
한[82] 반면에 후쿠모토는 끝끝내 전향하지 않았다는 사실이다. 후쿠모
토는 1928년에 검거되어 1942년에 석방될 때까지 14년을 감옥에서 보
내면서도 전혀 굴하지 않고 오히려 일본 근세문화나 농촌에 관한 연구
를 통해 일본사회의 역사적 발전 과정을 밝히는 작업을 구상하고 석방
된 뒤에는 실제로 그러한 작업을 추진했다. 이러한 삶을 가능하게 한
것이 맑스주의 이론이었다면 우리는 이론이 가질 수 있는 힘에 대해
다시 한 번 생각해볼 필요가 있지 않을까?

---

82) 高橋貞樹, 「共同被告同志に告げる」, 運動史研究会編, 『運動史研究』 17호, 東京:
三一書房, 1986.

이승만 정권기 '공화' 이해와 정치적 전유

—

오제연

1. 머리말

1948년 7월 17일 대한민국 정부 수립을 위한 헌법, 제헌헌법이 공포되었다. 제헌헌법 제1조의 조문은 "대한민국은 민주공화국이다"였다. 며칠 뒤인 8월 15일 이승만을 대통령으로 하는 첫 번째 '민주공화국' 정부가 수립되었다. 이승만 정권기에 헌법이 두 차례 개정되었으나 헌법 제1조는 전혀 바뀌지 않았다. 더 나아가 1948년 이후 70년이 지난 지금까지 숱한 헌법 개정에 불구하고 이 조문은 굳건하게 그 자리를 지키고 있다. 덕분에 대한민국이 민주공화국이라는 사실은 그 누구도 쉽게 거스르기 어려운 철칙이 되었다.

2000년대 이후에는 노무현 대통령 탄핵반대집회(2004), 광우병 파동(2008), 그리고 최근의 촛불항쟁(2016~2017) 등 권력에 맞선 시민들의 저항 속에서 "대한민국은 민주공화국이다"라는 말이 어느 때보다 더 강

하게 울려 퍼졌다. 그 결과 '민주주의'는 물론 '공화', '공화주의'에 대한
대중적 관심과 학문적 관심이 함께 고조되었다. 공화, 공화주의에 대한
이론적인 접근과 아울러, 대한민국 제헌헌법에 '민주공화국'이라는 규정
이 들어가게 된 배경과 과정에 대한 역사적 접근이 특히 활발해졌다.[1]

하지만 제헌헌법이 제정된 직후 이승만 정권기의 '민주공화국'이라
는 용어, 개념, 담론에 대한 연구는 거의 이루어지지 않았다. 제2공화
국 시기, 박정희 정권기, 5·18항쟁기의 '공화주의' 혹은 '민주공화주의'
에 대한 연구는 부족하나마 일부 이루어진 상황에서,[2] 대한민국의 첫
번째 공화국인 이승만 정권기의 공화, 공화주의에 대한 연구가 거의 이
루어지지 않았다는 사실은 그 자체로 문제적이다. 1987년 민주화 이후
오늘날 한국의 공화, 공화주의를 역사적 맥락 속에서 이해하기 위해서
라도, 제헌헌법에 집중된 현 공화, 공화주의 연구사의 범위를 그 이후
시기로 점차 확장할 필요가 있다.

이에 본고는 1948년 제헌헌법 제정 및 대한민국 정부 수립 전후부터
1960년 4·19혁명 때까지 한국에서 '공화'라는 용어, 개념, 담론이 어떻
게 이해되고, 또 각 주체들에 의해 어떻게 전유되었는지 살펴보고자 한

---

[1] 제헌헌법의 민주공화국 규정과 관련한 연구성과만 소개하면 다음과 같다. 서희
경·박명림, 「민주공화주의와 대한민국 헌법 이념의 형성」, 『정신문화연구』 30-1,
2007; 이영록, 「한국에서의 '민주공화국'의 개념사: 특히 '공화' 개념을 중심으로」,
『법사학연구』 42, 2010; 김동훈, 『한국 헌법과 공화주의』, 경인문화사, 2011; 김육
훈, 『민주공화국 대한민국의 탄생』, 휴머니스트, 2012; 박찬승, 『대한민국은 민주
공화국이다』, 돌베개, 2013; 이동수 편, 『공화와 민주의 나라』, 인간사랑, 2013; 정
상호, 「한국에서 공화 개념의 발전 과정에 대한 연구」, 『현대정치연구』 6-2, 2013;
전상숙, 『한국 근대 민족주의와 변혁이념, 민주공화주의』, 신서원, 2018.
[2] 오문환, 「공화주의의 시각에서 본 제2공화국의 붕괴」, 『동양정치사상사』 6-2, 2007;
박현모, 「박정희의 '민주공화주의'관 변화 연구」, 『동양정치사상사』 6-2, 2007; 정
근식, 「광주민중항쟁에서의 저항의 상징 다시 읽기: 시민적 공화주의를 중심으
로」, 『기억과 전망』 16, 2007; 신진욱, 「광주항쟁과 애국적 민주공화주의의 탄생」,
『한국사회학』 45-2, 2011.

다. 먼저 당대 가장 보편적으로 이해된 '공화'의 두 가지 의미, 즉 '군주제 배격과 국민주권 지향', 그리고 '냉전 진영론에 입각한 반공주의적 공화론'의 구체적인 내용을 각각 정리한 후, 이승만 정권(특히 이승만 대통령)과 이에 맞선 야당·언론이 각각 '공화'를 전유하여 경합하는 양상을 몇 가지 유형으로 나누어 분석하고자 한다.

2. 군주제와 공산주의에 대한 대항담론, '공화'

1) 군주제 배격과 국민주권 지향

서구의 공화(republic) 개념은 근대 초 일본을 통해 조선에 수입되었다. 일본의 식민지가 되기까지 조선에서 공화 개념은 '입헌군주제 국가'와 '군주가 없는 민주국가'를 구분하지 않고 두루 사용되었다. 하지만 1910년 대한제국의 국권 상실과 1911년 중국에서의 신해혁명은 한국인들이 '공화'를 복벽주의 청산, 즉 군주권 배격의 의미로 분명하게 받아들이는 중요한 계기가 되었다.[3] 1919년 고종의 죽음 이후 3·1운동이 일어나자 흩어져 있던 독립운동 세력들은 그해 4월 '대한민국 임시정부'를 만들고 「대한민국임시헌장」을 발표했다. 「대한민국임시헌장」은 제1조에서 새롭게 조직되는 임시정부의 형태를 '민주공화제'로 규정했다. 당시 외국의 헌법문서들 가운데 '민주공화'라는 용어를 직접 명기한 예가 없었던 것을 볼 때, 이는 매우 선구적이었다.[4]

---

[3] 정상호, 앞의 글, 12~17쪽.
[4] 이영록, 앞의 글, 57~58쪽.

「대한민국임시헌장」에서 '민주공화'라는 용어를 사용한 이래로 '공화'를 '민주'라는 용어와 결합해서 사용하는 것이 보편화되었다. 이때 민주공화의 기본적인 의미는 군주제 배격과 국민주권을 바탕으로 하는 민주정체의 지향이었다.[5] 이는 미국과 더불어 근대 공화국의 가장 대표적인 사례인 프랑스에서, 처음부터 공화국이 사실상 민주공화국을 의미했던 것과 상통한다.[6]

군주제 배격과 국민주권 지향이라는 민주공화의 의미는 1945년 해방 이후에도 크게 달라지지 않았다. 1947년 남조선과도입법의원은 제2차 미소공동위원회에 제출할 '답신안'을 만들었는데, 앞으로 수립할 임시정부의 일반적 형태 혹은 성격을 언급하면서 "조선의 주권이 조선 인민 전체"에 있기 때문에 "정권의 형태는 전 국민을 대표하는 민주 공화 정부라야 하며" "여하한 이유라도 일부 계급만의 공화정체"를 용인할 수 없음을 분명히 하였다.[7]

1948년 제헌국회에서 제헌헌법을 만들 때도 마찬가지였다. 1948년 6월 26일 국회 회의 당시 "민주공화국과 공화국이라고 하는 차별이 어디에 있느냐"라는 한 의원의 질의에 대해, 헌법기초위원회 서상일 위원장은 다음과 같이 답변하였다.

> 대개 나라에 있어서는 국체와 정체가 있는 것이올시다. 국체라고 하는 것은 군주국이냐 민주국이냐 하는 것이 국체를 말하는 것이올시다. 그 다음으로 정체라고 하는 것은 공화국이냐 군주국이냐 전제국이냐 또 입헌국이냐 하는 등등의 규정하는 정체를 구분하는

---

[5] 이영록, 위의 글, 58~59쪽.
[6] 한태연, 「한국 헌법에 있어서의 공화국의 변천과 그 순위(하) 한국 헌법사의 서설을 위하여」, 『고시연구』 9월, 2000, 132~133쪽.
[7] 「공위 답신안 보고」, 『동아일보』 1947. 6. 25, 1면.

바입니다. 그러면 오늘날에 있어서는 지금 주권이 과거 군주 1인에게 있었던 것이 삼천만 민중에게 다 같이 나눠진 것으로서 이 헌법에 규정된 바와 같이 우리나라 주권은 국민에게 있다고 규정하였습니다. 그래서 우리나라는 국체로서 민주공화국이 될 것이올시다. 또 정체로서는 공화국이라고 할 수 있겠습니다.[8]

　서상일의 답변은 제헌헌법에 명시된 민주공화의 기본적인 의미가 군주제 배격과 국민주권 지향에 있었음을 단적으로 보여준다.

　대통령 선출 전 제헌국회 의장을 맡았던 이승만 역시 1948년 7월 17일 제헌헌법 공포식에서, "우리 전 민족이 고대 전제나 압제 정치를 다 타파하고 평등 자유의 공화적 복리를 누릴 것을 이 헌법이 담보"해준다고 강조하였다.[9] 대통령 취임 이후에도 이승만은 "민주국의 법적 요소는 백성이 다스린다는 제도이므로 군주나 전제의 제도와 반대되는 것"이라거나,[10] "군주정체나 전제정치에는 다시 들어가지 말고 (…) 우리 민국의 헌법을 보호함으로써 우리 민국의 자유를 보존하여 우리 민주국가의 영원한 공화주의로 영광스러운 권위와 영원한 복락을 후세에 유전하자"[11] 등의 언설을 계속해 나갔다. 민주공화의 의미에 대한 이러한 이해는 한국 사회 전반에 뿌리를 내려, 제헌헌법 제정 후 70년이 지난 오늘날에는 하나의 상식으로 자리를 잡았다.

　하지만 이 과정에서 혼선이 발생하기도 했다. 앞서 인용한 서상일

8)「국회속기록」제1회 제18호(1948. 1. 18), 7쪽.
9)「완전한 국법임을 선포: 이승만 의장의 헌법 공포辭」,『동아일보』1948. 7. 18, 1면.
10)「임시 제도로 성안, 자치법 공포에 대하여(1949. 7. 4)」,『대통령이승만박사담화집』1, 공보처, 1953, 21쪽.
11)「제6주년 제헌절 기념식에 치사(1954. 7. 17)」,『대통령이승만박사담화집』2, 공보실, 1956, 44쪽.

위원장의 답변을 보면, 그가 민주를 '국체'로, 공화를 '정체'로 각각 구분했음을 알 수 있다. 반면 서상일과 더불어 제헌헌법 제정에서 중요한 역할을 한 유진오는 정반대로 "공화국이라 하면 세습 군주를 가지고 있지 않은 국가"라 하여 공화를 국체로 구분하고, 민주는 "권력 분립을 기본"으로 하는 정체로 구분했다. 그리고 이러한 상반된 견해 중 유진오의 주장이 통설적인 지위를 차지했다.[12]

흔히 국체는 주권의 소재에 따른 구별이고, 정체는 주권의 행사 방식에 따른 구별로 설명된다. 그러나 막상 이를 대한민국 헌법상 규정된 '민주공화국'에 적용할 때는 여전히 모호한 측면이 존재한다. 실제로 제헌헌법 제정 직후부터 헌법학 내부에서는 통설인 유진오의 주장과는 상반되게, '민주공화국'을 '민주정체'와 '공화정체'를 합한 정체 규정으로 파악하는 이설(異說)이 나온 바 있다.[13] 본고의 관심은 무엇이 국체고 무엇이 정체냐에 대한 판단에 있지 않다. 대한민국의 첫 출발부터 민주공화의 기본적인 의미에서 개념상의 혼선이 발생했다는 사실 자체가 더 중요하다. 이는 이후 한국 사회가 '공화'를 그 원리나 가치에 주목하기보다 국체와 정체 문제로 협소화시켜 인식하는 요인이 되었다.

2) 냉전 진영론에 입각한 반공주의적 공화론

군주제 배격과 국민주권 지향은, 1919년 「대한민국임시헌장」 이래 1948년 제헌헌법을 거쳐 오늘날까지 이어진 '민주공화'의 기본적인 의미였다. 그런데 이승만 정권기에는 당대 격화된 냉전의 영향으로, 이와 더

---

[12] 유진오, 『신고 헌법해의』, 탐구당, 1952, 45쪽(이영록, 앞의 글, 65쪽에서 재인용).
[13] 이영록, 앞의 글, 65쪽.

불어 진영론에 입각한 반공주의적 공화론이 함께 강조되었다. 물론 냉전이 시작되기 전 1920~30년대에도 공산주의의 유입과 확산 과정에서 '공화', '민주공화'의 정치가 공산주의와 구별되었던 사례가 있었다. 즉, 세계정치의 역사적 발전 과정을 '부락정치 → 군주전제정치 → 군주입헌정치 → 민주공화정치 → 노농공산정치'로 설명하거나, 러시아의 소비에트 체제를 민주공화국과 대비해서 설명하는 경우가 있었던 것이다.14) 하지만 당시 양자의 구별은 단계론, 발전론에 입각한 것으로 1945년 이후 냉전 진영론에 입각한 경합적·대립적 구별과는 질적으로 차이가 있다.

　냉전 시대 미국을 중심으로 한 자본주의 진영은, 스스로에게 '민주'와 '자유'의 의미를 부여하고 이 용어로 자신들을 규정했다. 특히 '민주'는 공산주의와 대립하는 개념으로 자주 쓰였다. 반공의 보루를 자임하던 남한의 이승만 정권도 마찬가지였다. 이승만 대통령은 "세계는 공산주의와 민주주의라는 상반된 두 이념주의로 나누어졌다",15) "오늘 세계는 공산과 민주 두 충돌되는 주의로 크게 투쟁하는 중간에 끼어들게 되었다",16) "지금에 우리는 (…) 세계 모든 민주국가들의 선봉이 되어 (…) 세계 모든 민주국가들의 원수인 공산주의와 싸우는 것이다",17) "공산주의와 민주주의 간의 투쟁에 있어서 중립이라는 것은 존재하지 않는다"18) 등 숱한 언설 속에서 '민주 대(對) 공산'의 이분법을 강하게 드러냈다.

　'민주'만큼 빈번하지는 않았지만 '공화' 역시 공산주의에 맞서는 개념

---

14) 이영록, 위의 글, 59~60쪽.

15) 「민주와 공산은 상반된 이념, 중국적화는 용납할 수 없다(1948. 12. 19)」, 『대통령이승만박사담화집』 1, 공보처, 1953, 11쪽.

16) 「국가민족을 수호하라: 제30회 3·1절 기념일에 際하여(1949. 3. 1)」, 『대통령이승만박사담화집』 1, 공보처, 1953, 16쪽.

17) 「3·1절 기념사(1952. 3. 1)」, 『대통령이승만박사담화집』 1, 공보처, 1953, 72쪽.

18) 이현표 옮김, 『(1954년) 이승만대통령 방미일기』, 코러스, 2011, 288쪽.

244 ▌동아시아 전환기 정치적 갈등과 사상적 모색

으로 쓰였다. 가장 적극적으로 반공주의적 공화론을 주장한 사람은 역시 이승만 대통령이었다. 이승만 대통령은 6 · 25전쟁 중이던 1952년 8 · 15 광복절 기념사를 통해 8 · 15해방의 교훈은 "공화 세계의 자유롭게 이루어진 단결로써 침략자들의 강제로 이루어진 단결과 세력에 대항할 수 있다는 것"으로서, 이에 바탕하여 "공산 제국주의자들의 계획적인 흉계에 대하여 공법과 정의로 대처"하겠다고 언명했다.[19] 1년 뒤인 1953년 8 · 15 광복절에도 이승만은 6 · 25전쟁이 "아세아 모든 민족에게 자유와 공화를 위해서 죽기를 아끼지 않는 사람들에게, 안전과 자유의 노력을 생각지 않을 수 없게 만들었다"고 주장했다.[20] 1954년 6월에는 진해에서 열린 제1회 아세아민족반공회의 연설을 통해서도 자신이 "공화주의와 자유 권리를 믿는다"고 역설했다.[21]

이승만 대통령은 반공주의적 공화론을 강조하면서, 자연스럽게 냉전의 전초 기지이자 반공의 보루인 한국에 특별한 위상을 부여했다. 특히 1950년대 중반 세계적으로 평화 공존과 비동맹 중립의 기운이 싹트며 냉전 체제에 균열이 발생할 조짐이 보이자, 이승만 대통령은 '타협적 · 중립적 평화'에 단호히 반대하면서 반공 투쟁에 투철한 한국이 "공화동맹국가들 중에 고유한 큰 능력의 근원"이며 "이 능력으로 능히 세계 모든 나라들의 장래 운명을 판단할 수 있다"고 자신했다.[22] 그리고 같은 맥락에서 '공화주의'를 앞세워 반공 노선에 투철하지 못한 미국 내 평화주의자, 공존주의자들을 다음과 같이 비판했다.

---

[19] 「8 · 15해방독립기념일에 際하여(1952. 8. 15)」, 『대통령이승만박사담화집』 1, 공보처, 1953, 98쪽.
[20] 「독립절 기념사(1953. 8. 15)」, 『대통령이승만박사담화집』 1, 공보처, 1953, 127쪽.
[21] 「자유아주단결에 신기원」, 『경향신문』 1954. 6. 16, 1면.
[22] 「제36호 3 · 1절 기념사(1955. 3. 1)」, 『대통령이승만박사담화집』 2, 공보실, 1956, 71쪽.

세계 모든 나라의 자유를 위해서 반공하는 십자군을 지지하는 남녀들이 한국을 인류의 자유와 공화주의의 선봉으로 보는 바입니다. 이것은 내가 희망하며 믿던 바를 확인하는 것입니다. 아직도 미국인 중의 어떤 사람들은 미국 공화주의가 위태한 데 빠진 것을 확실히 모르고 있어서 공산 문제를 평화적으로 해결시킬 수 있다는 것을 바라며 심지어 공존주의라는 것을 강조하는 것입니다. 그러나 내가 의심 없이 믿는 바는 미국인 전체의 간담 속에는 미국에서나 세계 다른 곳에서나 공화주의를 보전하기 위해서는 죽기로 싸울 것을 사양치 않을 것입니다.[23]

미국 내 평화주의자, 공존주의자들을 비판하면서 이승만이 굳이 '공화주의'를 언급한 것은, 이미 냉전 초기부터 미국 내 보수 세력이 자국의 진보 세력을 공격할 때 '공화주의'를 적극 활용했던 사실과 관련이 있어 보인다. 1948년 미국 대통령 선거를 앞두고 당시 야당이었던 공화당은 6월 전당대회를 통해 "미국은 공화주의자와 공산주의자의 이자(二者) 중 일(一)을 선택하여야 한다"며 '공화주의 대(對) 공산주의'의 이분법을 선거 전면에 내세웠다. 즉 "금일의 세계에는 2개의 강력한 정치 세력"이 있는데, 하나는 "입헌정체의 전통적 옹호자이며 개인 자유의 불굴한 수호자"인 미국 공화당이며, 다른 하나는 "자유정체를 파괴하려는 국제 음모단"인 공산당이라는 것이었다. 그러면서 공화당은 공산당의 "공명자들이 뉴딜 정권 성립 이래로 (미국) 정부 내의 다수 중요 지위에 잠입"했으며, "미국에 관한 한 지도권을 위한 투쟁은 이상 이대(二大) 정치 세력 간에 행하지고 있다"고 단언했다.[24] 공화당의 '공화주의 대(對) 공산주의'의 이분법과 양자택일 주장은 여당인 민주당 내

---

[23] 「제80회 타닌 경축식전에서의 인사(1955. 3. 26)」, 『대통령이승만박사담화집』 2, 공보실, 1956, 217~218쪽.

[24] 「공화냐 공산이냐」, 『동아일보』 1948. 6. 23, 1면.

진보 세력을 겨냥한 일종의 '색깔' 공세였다. 그리고 이승만 역시 미국 공화당이 그랬듯이 '공화주의'를 소환하여 '공산주의'와 대립시킴으로써, 평화 공존을 주장하는 미국 내 진보 세력을 비판하고 보수 세력의 지지를 얻어내려 했던 것이다.

　이승만의 반공주의적 공화론이 보여주는 또 하나의 특징은 '공화'라는 용어를 거의 언제나 '자유'라는 용어와 함께 사용했다는 사실이다. 냉전 진영론에서 '민주'와 '자유' 용어가 빈번하게 쓰였기 때문에, 반공주의적 공화론에 자유가 등장하는 것 역시 당연해 보인다. 하지만 이승만의 반공주의적 공화론은 지나칠 정도로 일관되게 자유와 공화를 연결시켰다. 앞서 소개한 이승만의 언설들을 다시 살펴보면 이를 쉽게 확인할 수 있다. 여기에 덧붙여 1958년 한 해 동안 이승만이 반공주의적 공화론을 언급한 사례들만 추가로 살펴보면 다음과 같다. "우리는 자유하는 모든 나라 중에서 우리가 더욱 강한 나라로 일어나서 이 공화주의에다가 우리의 목적과 주의를 공헌해야만 될 것입니다."[25] "하느님이 여러분(4대 국회의원: 인용자 주)의 양심을 지도하며 지혜로운 길을 열어주시어 책임과 애국심과 용맹스러운 공헌을 자유의 길과 공화의 길로 지도를 받아 나가시기를 바라는 바입니다."[26] "지나간 5년 동안에 우리가 우리 국방 세력을 굳건히 세우고 (…) 우리 국민의 자유와 공화국의 조직을 보호할 만치 만든 것입니다."[27] "우리나라는 완전히 통일이 되며 따라서 공화주의와 자유 정신과 세계의 정의를 확립하는

25) 「제39회 3·1절 기념사(1958. 3. 1)」, 『대통령이승만박사담화집』 3, 공보실, 1959, 57쪽.
26) 「제29회 국회 개회식에 치사(1958. 6. 7)」, 『대통령이승만박사담화집』 3, 공보실, 1959, 65쪽.
27) 「광복 13주년, 정부수립 10주년 기념일을 맞이하여(1958. 8. 15)」, 『대통령이승만박사담화집』 3, 공보실, 1959, 67~68쪽.

성공을 이루게 될 것입니다.”[28]

이렇듯 이승만의 공화 관련 언설 속에는 늘 자유가 긴밀하게 엮였다. 이는 냉전 진영론에서 공산주의를 비판하는 근거 중 하나가 자유의 억압이었고, 자유의 억압은 곧 ‘전제정치’로 규정되었다는 사실과 관련이 있다. 이와 관련하여 1956년 이관구는『경향신문』칼럼을 통해 공산주의의 ‘인민공화’를 비판하면서, “봉건전제는 이미 전시대의 지나간 제도요, 공산독재는 후진사회에 현존하고 있는 과도적인 봉건전제의 변형”이라고 주장한 바 있다.[29] 한마디로 ‘자유’는 자본주의 진영의 ‘민주공화’와 공산주의 진영의 ‘인민공화’를 가르는 기준으로 설정되어, 냉전 진영론에 입각한 반공주의적 공화론에서 ‘공화’와 친화성을 갖고 언급되었던 것이다.

3. ‘공화’ 담론의 정치적 전유와 경합

1) ‘공화’를 앞세운 이승만의 대야 공세

(1) 한민당 – 민국당에 대한 ‘특권 세력’ 규정

1945년 해방 직후 귀국한 이승만은 한국민주당(약칭 한민당)과 보조를 맞추며 단선·단정 운동을 전개하였다. 하지만 1948년 대한민국 정부가 수립되는 과정에서, 이승만은 한민당을 배제하고 권력을 독점하였다. 이때부터 한민당은 이승만 정권에 맞서 야당 역할을 수행했고,

---

28) 위의 글, 69쪽.
29) 이관구, 「반정부와 반국가」, 『경향신문』 1956. 5. 26. 2면.

신익희와 이청천 세력을 규합하여 민주국민당(약칭 민국당)으로 개편
하였다. 반면, 자신이 특정 정당이나 정파의 지도자가 아닌 모든 국민
의 지도자가 되기를 희망했던 이승만은 한동안 여당을 만들지 않았다.
그러다가 1952년 2대 대통령 선거를 앞두고 재선을 위해 본격적인 신
당 운동을 전개했다.

  신당 운동 과정에서 이승만은 한민당-민국당을 거세게 비판하며
새로운 여당인 자유당 창당의 당위성을 역설했다. 이승만에 따르면 해
방 직후 한민당원들이 자신을 전적으로 지지했기 때문에 그들을 믿었
다고 한다. 그런 중에 이승만은, 한민당이 "모든 세력자와 부호(富豪)한
사람들의 의도를 받아가지고 대다수 민중의 화복(禍福)은 돌아보지 않
는다는 말"을 듣고, 한민당 사람들에게 "한민을 개방해서 노민(勞民)과
농민(農民)을 많이 넣으라고 누차 권유"하였다. 하지만 "반대하는 분들
이 극렬해서 개혁이 못 되었다"고 한민당을 비판했다. 이승만은 반면
자유당이 "전국의 대다수 인민을 모아 (…) 이 정부가 소수 세력가나
재산가의 손에 들어가지 않고 대다수가 소수인들의 압박을 받지 말게
하자는" 목적을 갖고 있다고 주장했다.[30] 얼마 뒤에도 이승만은 "우리
대중 인민인 농민 노동자들이 이 나라의 주인이 되어가지고 우리 정부
가 소수인의 재력가와 세력가들의 손에 들어가지 않아야 한다"는 점을
강조했다.[31] 한마디로 이승만은 한민당-민국당을 소수 특권 세력의
정당으로 몰아 '공화'의 원리에서 벗어난 것으로 비난하는 한편, 자유당
을 주권자인 대다수 인민을 위한 정당으로 선전했던 것이다.

---

30) 「정당에 관한 설명(1952. 1. 14)」, 『대통령이승만박사담화집』 1, 공보처, 1953,
   65~66쪽.
31) 「3·1절 기념식 및 민족선언 학도대회에서의 훈시(1952. 3. 3)」, 『대통령이승만박
   사담화집』 1, 공보처, 1953, 274쪽.

1954년 5월 20일 총선을 앞두고, 이승만의 연임 제한을 푸는 개헌을 위해 여당인 자유당은 관권을 총동원해 부정한 방법으로 선거 운동을 벌였다. 이에 민국당은 정부와 여당을 향해 "관권이 압박을 자행한다면 총선거를 보이코트할는지도 모르겠다"고 경고했다. 그러자 이승만은 다음과 같은 내용의 반박 담화를 발표했다.

> 민국 수립 이후로 정당 제도를 시행하게 된 이후로 한국민주당이라는 명의로 정당을 조직할 적에 전국에 재벌과 지도자 자격 가진 분들은 거의 다 그 정당에 참가해서 나도 그분들과 믿고 많이 협의해온 것인데, 차차 그 내용을 알아보니 그중 어떤 사람들은 이 정당을 전국 지도자 자격으로 만들어가지고 국권을 자기들이 장악해서 명의는 민주국가라 하나 실상은 이전 이조 때 양반정치를 만들려는 의도가 보이는 고로, 내가 믿을 만한 친구들이 그 속에서 나를 그 정당 두령이 되라 할 적에 거절하고, 민주당을 개조해서 보통 평민들과 소위 하등 민중이라는 사람들을 많이 포함해서 공화 제도를 만들기 전에는 내가 그 정당에 가입을 원치 않는다고 몇몇 지도자에게 수차 충고하였으나, 필경되지 못한 까닭으로 그 정당의 좋은 친구들과 길이 갈려서 나는 자유당을 조직해서 전 민중 대표 자격을 만들어서 민주국가의 토대가 되기를 주장한 것이다.[32]

2년여 전 이승만이 한민당-민국당을 비판하며 자유당 창당을 정당화하던 그 논리가, 총선을 앞두고 야당에 대한 공세 과정에서 그대로 되풀이되었다. 한민당-민국당은 공화 제도를 갖추지 못한 양반의 특권 정당일 뿐이었고, 반면 자유당은 '보통 평민'과 '하등 민중'을 포함하여 '전 민중'을 대표하는 공화정당이었다. 이러한 이승만의 언설은 공화 담

---

32) 「"민중의 추앙받는 정당 되라": 이 대통령 민국당 성명 반박」, 『동아일보』 1954. 5. 6, 1면.

론을 정치적으로 전유하여 대야 공세에 활용한 대표적인 사례였다.

(2) 내각제 개헌 비판과 국무총리제 폐지 주장

1948년 제헌헌법은 처음엔 내각책임제로 구상되다가 이승만의 고집으로 막판에 대통령 중심제로 바뀌었다. 하지만 이승만 정권기 내내 국회에서는 내각책임제 개헌이 다양한 세력들에 의해 계속 추진되었다. 반면 이승만은 언제나 내각책임제 개헌에 단호하게 반대하면서, 오히려 제헌헌법 이래 계속 유지되어오던 국무총리 제도를 폐지하고자 하였다. 그리고 이러한 주장의 근거로 '공화'를 언급하였다.

이승만은 우선 내각책임제 개헌 시도를 "남의 나라 공화주의를 모범하려는 중 (…) 가장 좋지 못한 것을 먼저 모방"하려는 것으로 비난했다. 이승만은 민중이 대통령을 뽑아서 행정부 수반의 책임을 맡긴 뒤에는, 대통령이 자기 행정할 기관을 자기 뜻에 맞는 대로 조직해서 그것을 통하여 정령을 행사하는 것이 민주국가의 정당한 원칙이라고 주장했다. 그러면서 "군주국가에서는 군주를 신성하게 높여놓고 그 군주가 총리를 택임하여 총리가 행정부 수반으로 행정하며 국회에서 불신임안이 통과되면 그 내각이 해산되고 다시 조직하는 례도 있으나, 우리는 군주나 황제국이 아님"을 분명히 했다. 즉, 한국은 "오직 대통령이 주권 행사자로 전국 투표자에게 책임을 받고 있게 되므로, 그 임기 중에 대통령이 민의를 무시해서 국가를 위태롭게 하면 투표자들이 탄핵도 하고 파면도" 주지만, 만약 내각책임제 개헌으로 "국회에서 행정부를 조종하거나 총리가 조종하게 되면 그 권한이 두세 가지로 나누어져서 정부 안에서 집안이 분열되어 국사가 심히 위태롭게" 된다는 것이었다.[33]

  그런데 내각책임제 개헌과 국무총리제를 비판하는 과정에서 이승만
은 공화, 공화주의에 대한 독특한 이해를 보여줬다. 1952년 '발췌개헌'
당시 이승만 대통령은 군대를 동원하여 대통령 직선제를 관철시켰지
만, 그 과정에서 국회와 '타협'하는 모양새를 갖추기 위해 국회의원 다
수가 요구하는 내각책임제 중 일부 내용을 받아들였다. 그 결과 국무
총리에게 국무위원 제청권이 부여되는 등 국무총리의 지위와 권한이
강화되었다. 마치 내각책임제가 "어느 정도 실현된 듯한 감"을 줄 정도
였다.[34] 하지만 이승만은 국무총리의 지위와 권한 강화는 물론, 그 존
재 자체에 강한 거부감을 드러냈다. 자신의 권력 독점에 장애가 되었
기 때문이다.

  1954년 이승만은 자신의 연임 제한을 완전히 풀어주는 새로운 개헌
을 시도하면서, 동시에 그동안 눈에 가시 같았던 국무총리 제도를 아
예 폐지시켜버리고자 했다. 그리고 그 명분을 세우기 위해 '공화'를 소
환하였다. 이승만의 주장은 다음과 같았다. 한국의 민주정체는 대부
분이 미국의 것을 채용해왔는데, 미국의 민주정체는 유럽의 "부패한
군주정체의 압박을 피해서 미주로 건너와서 인민 자유를 보장하자는
목적으로 정부를 세울 적에 군주 제도의 구식을 말장 타파하고 모든
제도를 구식과 상반하게 만들었다." 그 결과 미국은 군주 대신 대통령
을 만들고, 대통령이 권리를 남용하는 것을 막기 위해 삼권을 분립하
여 행정부 수반은 대통령이 맡고 정부 관리가 다 내각원으로 대통령
행정기관의 모든 책임을 부담케 하였다. 이후 "차차 미국 민주주의가
'구라파' 각국의 전파"되어 여러 나라들이 "인민 자유권을 보호하는 미

33) 「부통령 추천 않겠다: 이 대통령 진해별장서 성명」, 『동아일보』 1952. 7. 29, 1면.
34) 신도성, 「개정헌법소고(小考) 하(下)」, 『동아일보』 1952. 7. 12, 1면.

국 정책을 채용해서 정체가 차차 변경"되었다. 이렇게 "군주국가 인민들이 공화 제도를 채용하게 된 바" 기존 군주나 황제는 정치 일선에서 물러나는 대신 총리를 임명해서 "총리로 하여금 행정부 책임을 맡기게" 하였다.

한마디로 이승만은 유럽의 내각책임제가 "민주정치는 행할 수 없어" "공화 제도 인민을 채용하기로 구차히 된 것"으로 규정하였다. 반면 한국은 "황제 또는 군주라고 하는 고대 유물은 다 파제하고 단순히 민주국가가 된 것이므로 민국 제도를 채용해서 삼권분립을 만들고 대통령이 내각을 조직해서 행정케 한 것이니 국무총리 제도가 불필요하다"고 주장했다.35) 이승만의 '민주'와 '공화'에 대한 차별적 구분은, 프랑스의 '공화국'이 그 원리상 처음부터 '민주공화국'을 의미했던 것과 달리 미국에 있어서는 '공화' 개념이 대의제로 한정되어 민주와 일정하게 구별되었던 사실과 관련이 있어 보인다.36) 오랜 기간 미국에서 생활한 이승만에게는 민주와 공화의 구별이 익숙했을 것이다. 실제로 이승만은 집권 기간 동안 공화 용어를 민주와 결합시키지 않고 단독으로 훨씬 많이 사용했다. 하지만 더 본질적인 사실은 이승만이 민주와 공화 개념 분리를 통해 미국식 대통령제가 유럽의 내각책임제보다 더 우월하다는 것을 입증하려 한 점이다. 결국 이승만 정권은 1954년 '사사오입 개헌'을 통해 국무총리 제도를 완전히 폐지시켜버렸다. 이렇듯 이승만의 공화 담론 전유는 지극히 정략적인 것이었다.

---

35) 「국무총리 문제에 관하여(1954. 6. 18)」, 『대통령이승만박사담화집』 2, 공보실, 1956, 37~38쪽.
36) 한태연, 앞의 글, 133쪽.

2) '공화'에 입각한 야당과 언론의 대여 비판

(1) 개헌을 통한 헌정질서 유린 비판

이승만 대통령은 '공화'라는 무기를 대야 공세에 적절하게 활용했지만, 야당과 언론들 역시 이승만 정권의 횡포와 독재를 비판할 때 공화, 더 정확하게는 헌법에 명시된 '민주공화'를 가장 강력한 명분으로 내걸었다. 공화는 이승만 대통령만의 무기가 아니었던 것이다. 1952년 5월 25일 임시수도 부산 일원에 갑작스럽게 계엄령이 선포되고 헌병들이 국회의원을 잡아들이는 '부산 정치파동'이 발생하자, 이승만 정권이 "헌법을 무시하고 국회를 위협"하면서 "공화정체를 말살시킨다"는 비난이 각처에서, 특히 우방국들 사이에서 제기되었다. 이에 이승만 대통령은 "오직 공산당의 음모만을 우리가 심상히 여길 수 없으며", "공화정체를 말살시킨다는 시비"를 듣더라도 공화정부의 "지엽"보다 "근본을 바라는" 것이 "옳은 것"이므로, "반대분자들이 아무런 선전을 할지라도" "흔들리지 아니한 것"이라고 강변하였다.[37] 이후 이승만은 무력을 앞세워 자신의 재선을 위한 소위 발췌개헌을 강행했다.

헌법상 명문화되어 있는 '대통령 연임 제한'을 오직 이승만 한 사람에게만 적용하지 않도록 한 1954년 사사오입개헌 당시에도, 이승만 정권의 개헌 시도를 '공화' 파괴로 비난하는 목소리가 높았다. 미국의 조지 워싱턴이 주변의 강력한 요청에도 불구하고 "공화정체에 있어서 일개인이 너무 오래 정권을 잡는 것은 독재의 우려를 초래하는 것이라고 인식"하고 "스스로 3선을 고사함으로써 미국의 정치 제도 운영에 한 개

---

37) 「정치음모사건에 관하여(1952. 6. 15)」, 『대통령이승만박사담화집』 1, 공보처, 1953, 88쪽.

의 선례를 남겨", "미국 헌법에 3선 금지조항이 본래 없었음에도 불구하고 그 후 프랭클린 루스벨트에 이르기까지 140년간 3선 금지는 불문법처럼 되었다"는 지적,[38] 그리고 오직 이승만 한 사람에 한해 "중임 제한을 철폐하고 종신집정을 가능케" 하는 것은 "하나의 특권적 존재를 헌법상 용인하려는 것"으로 "민주공화의 원리에 배치"된다는 지적[39] 등이 대표적이었다.

이에 이승만 대통령도 개헌 추진 초기에는 "공화정체 제도의 성공을 도모해야 한다"며 자유당에 개헌안을 유안(留案)할 것을 요청하였다. 하지만 여기에 덧붙여 "자신에 대한 종신집권은 원치 않지만 개선(改選)될 경우 봉사할 용의가 있다고 천명"함으로써 이러한 요청이 진정성이 없는 것임을 스스로 드러냈다.[40] 사사오입 개헌을 통해 결국 이승만에게 종신집권의 길이 열리자 이것이 "공화정체의 변질·타락을 의미"한다는 비난이 뒤따랐다.[41]

(2) 행정부의 삼권분립 파괴 비판

이승만 정권은 집권 기간 내내 삼권분립을 무시하고 입법부와 사법부를 겁박하는 행동을 반복했다. 특히 김병로 대법원장 시절 사법부가 경찰이나 검찰이 체포·기소한 사람들을 '불구속'하거나 '무죄방면'하는 등 인권 옹호 차원에서 독자적인 행보를 이어 나가자, 이승만 대통령은 여러 차례 사법부를 공개 비난했다. 1956년 초에는 국회 개원식에 보낸

---

38) 「대통령 연임제한 예외규정은 타당한가」, 『경향신문』 1954. 9. 12, 2면.
39) 「더 좋은 개헌 위해 제안을 철회하라(사설)」, 『경향신문』 1954. 10. 10, 1면.
40) 「공화정체의 성공을 기하라」, 『경향신문』 1954. 3. 27, 1면.
41) 「무엇을 위한 개헌운동이냐?(사설)」, 『동아일보』 1957. 6. 27, 1면.

치사(致辭)에까지 "헌법에 재판관은 마음대로 할 권리가 있고 또 재판관이 잘못된 것이 있더라도 벌을 줄 사람이 없다", "그들(재판관: 인용자 주)은 '세계에 없는 권리'를 가지고 있다"는 등 사법부를 비난하는 노골적인 언사를 쏟아내며 사법권 제한을 강조했다. 행정부의 공세에 사법부는 직접적인 대응을 자제했다. 하지만 언론은 비판의 목소리를 높였다. 즉, "삼권의 독립과 상호견제의 원칙은 민주주의 핵심"이며 이는 "대한민국이 민주공화를 그 국체로 삼고 있기 때문"이라는 것이었다. 민주공화국에서는 사법권의 제한보다 적절한 정비와 운영을 통해 그 독립의 권한을 확충하는 편이 "정당한 민주상 도리"였다.[42]

1956년 9월 야당인 민주당 소속 장면 부통령 저격 사건이 일어났다. 다행히 장면은 목숨을 건졌지만, 사건의 여파는 확산되었다. 사건 조사 과정에서 배후에 경찰 출신 이익흥 내무부장관이 있다는 의혹이 제기되었다. 민주당을 중심으로 한 국회 내 야권 세력(국민주권옹호투쟁위원회)는 내무부장관 불신임안을 제출했으나, 의석의 다수를 차지하고 있던 자유당의 반대로 이 불신임안은 부결되었다. 이에 야권 세력은 1957년 1월 25일 이승만 대통령에 대한 '경고 결의안'을 제출했다. 하지만 자유당은 이를 국가원수 모독으로 간주하고 '경고 결의안'을 제출한 장택상 의원을 국회 징계위원회에 회부하였다. 국회 밖에서도 각지에서 소위 '민의' 운동이라 하여 야당 의원들을 성토하는 집회 및 시위가 격증하였다. 소위 민의를 발동하여 입법부를 겁박하는 것은 1952년 부산 정치파동 등 이승만 정권 초기부터 빈번하게 일어났던 정치 행태였다. 이에 『동아일보』는 사설을 통해 다음과 같이 이승만 정권과 자유당을 비판했다.

---

[42] 「국회질의권과 사법권의 독립(사설)」, 『경향신문』 1956. 2. 22, 1면.

이번 민의 운동 역시 그 목적과 동기에 있어서 종전의 경우와 마
찬가지로 불순하다 함이다. 행정부 수반인 대통령이 군주국가적 개
념인 '국가원수'가 아님은 물론, 대통령의 위헌·위법 행동을 탄핵
소추할 수 있는 권한을 가지고 있는 국회의원이 대통령 경고 결의
안쯤 발의한다는 것은 그 당연한 권리에 속한다 함은 본란이 앞서
도 몇 번 지적한 바 있거니와, 이 권리를 합법적으로 행사하다가 징
계 대상이 되어 있는 장 의원이나 기타 야당계 의원을 원외에서 규
탄하는 행동이 야당의 합법적인 의회 활동에 대해 부당한 압력을
가하려는 비헌법적·반민주적 행동이라 함도 자명하다. 대한민국
의 민주공화 정치 체제를 굳건히 할 생각을 하지 아니하고 봉건적
인 국가 체제로 환원하겠다는 것이나 다름이 없는 행동이 원내외를
통해서 전개된다는 것은 분명한 시대 역행이요 사회 발전을 막으려
는 행위라 규정짓지 않을 수 없다.[43]

『동아일보』의 지적처럼 삼권분립에 따른 입법부의 고유한 권한을
무시하는 이승만 정권의 정치 행태는 '민주공화국'이 아니라 시대착오
적인 '전제적 봉건국가'에 어울리는 것이었다. 몇 달 뒤 이승만 대통령
이 공개적으로 야당을 비판하고 그들에게 투표하지 말 것을 강조하자,
다시 한번 『동아일보』는 행정부 수반임을 망각하고 입법부 구성 문제
에 관여하려는 이승만의 정치 행태를 "군주정치적 언행"으로 비판하였
다. 이는 결국 이승만 대통령이 "민주공화 정치적인 사고방식이나, 근
대적인 정치감각이 몹시 결여되어 있음을 입증하는 것"이었다.[44]

(3) 대의정치를 부정하는 정치 파행 비판

대의제는 직접민주주의가 쉽지 않은 현실에서 국민주권을 실현하는

---

[43] 「'민의' 소동(사설)」, 『동아일보』 1957. 1. 31, 1면.
[44] 「문제의 대통령담화(사설)」, 『동아일보』 1957. 6. 16, 1면.

민주주의의 한 방식이면서 동시에 국민주권을 공적인 방식으로 확인, 집약, 대표하는 공화주의의 한 방식이기도 하다. 따라서 민주와 공화의 결합으로 이루어진 민주공화국 대한민국에서 대의정치는 매우 중시될 수밖에 없었다. 하지만 이승만 정권기 대한민국의 대의정치는 그 시작인 '선거'에서부터 파행에 파행을 거듭하였다.

이승만 정권기 선거 파행의 대명사는 한국 현대사에서 '사상 최대의 부정선거'로 기록된 1960년 정부통령 선거, 즉 '3·15부정선거'이다. 3·15부정선거는 그 1년 반전인 1958년 9월에 치러진 경북 '영일을구'의 민의원 재선거부터 사실상 시작되었다고 할 수 있다. 영일을구 재선거는 야당 탄압, 선거구민 위협, 선거 운동 방해, 이중 대리 투표, 경찰권 시위, 개표 중단, 정전과 괴한 침입, 폭행, 표도둑, 항의 묵살 등 일련의 부정과 불법의 연쇄로 점철된 일종의 3·15부정선거 예행연습 또는 전초전이었다. 물론 그 이전에도 다양한 선거 부정 행위가 있었지만 영일을구 재선거의 부정과 불법은 차원을 달리했다. 이에 언론은 이 선거를 "국민주권과 민주공화주의의 헌법 원칙과 국기국초(國基國礎)를 근본적으로 파괴"한 것으로 간주하며 맹렬하게 비판했다.[45]

영일을구 재선거의 여파가 채 가시기도 전에, 이승만 정권과 자유당은 자신들에게 비판적인 언론에 재갈을 물리기 위해 국가보안법 개정을 시도했다. 골자는 국가보안법으로 '허위보도'를 단속하고, '헌법상의 기관', 즉 행정부 수반인 대통령 이승만과 입법부 수장인 국회의장 이기붕에 대한 '명예훼손'을 엄벌한다는 것이었다. 그러자 국가보안법 개정이 "경찰국가·파시즘 체제를 완성하는 책동"이자 "민주공화정의 기본 원리 그 자체를 유린"하는 것이요, "대한민국의 국가 목적을 변질"시

---

[45] 「영일폭력선거(사설)」, 『동아일보』 1958. 9. 23, 1면.

키는 "하나의 혁명적인 책동"이라는 비판이 일었다.[46] 국회 공청회에서
는 국가보안법을 개정한다면 '민주공화' 네 글자는 우리나라 헌법에서
걷어치우는 편이 낫다"는 주장까지 나왔다.[47] 그럼에도 불구하고 1958
년 12월 24일 이승만 정권과 자유당은 국회 본회의장에서 농성 중이던
야당 국회의원들을 무술경관을 동원하여 모두 끌어내고 국가보안법
개정안을 통과시켰다.

흔히 '2 · 4파동'이라고 부르는 국가보안법 개정안 통과 이후에도
1960년 정부통령 선거를 앞두고 정치적 파행이 계속되었다. 1959년 4월
30일에는 강력한 야당지로 평가받던 『경향신문』이 정부에 의해 폐간되
었다. 정부는 『경향신문』의 폐간 이유로 다섯 가지 문제를 열거했지만,
가장 결정적인 문제는 1959년 2월 4일자 조간신문에 실린 「여적」이라
는 고정 칼럼의 내용이었다. 당시 『경향신문』은 미국 노틀담대학 허멘
스(Ferdinand A. Hermens) 교수의 「다수의 폭정」이라는 논문을 번역 ·
연재 중이었다. 1959년 2월 4일자 「여적」 칼럼은 '다수의 폭정'이란 존
재할 수 없다는 허멘스 교수의 논지를 비틀어, "투표자가 어떤 권력에
눌려서 그 의사를 맘대로 행사할 수 없는 환경이라 한다면 허멘스 교
수의 다수결 원칙은 근거가 와붕(瓦崩)되고 마는 것"이며, "선거가 진정
다수결정에 무능력할 때는 결론으로 또 한 가지 폭력에 의한 진정 다
수결정"이 있을 수 있는데 그것이 바로 '혁명'이라고 설명하였다.[48]

1959년 2월 4일자 「여적」 칼럼은 게재 즉시 필화 사건을 야기했다.
필자인 주요한은 민의원이었던 관계로 당장의 구속을 면했지만 결국
기소되었다. 몇 달 뒤에는 앞서 언급한 바와 같이 이 필화 사건 등을

---

[46] 「전 국민의 자유를 수호하라(사설)」, 『동아일보』 1958. 11. 26, 조간 1면.
[47] 「횡설수설」, 『동아일보』 1958. 12. 18, 석간 1면.
[48] 「여적」, 『경향신문』 1959. 2. 4, 조간 1면.

빌미로 『경향신문』이 통째로 폐간되고 말았다. 그런데 이 일련의 사건에서 출발점이 된 허멘스 교수의 논문 「다수의 폭정」은 그의 저서 『대의 제도 공화정체』(*The Representative Republic*, 1958)의 일부로서,[49] 정당을 기반으로 하는 미국식 '대의공화제'를 옹호하는 글이었다.[50] 「여적」은 이러한 '대의공화제'에서 한참을 벗어난 이승만 정권하 한국의 정치 현실을 비판하고 '혁명'을 예견하다가 필화 사건에 휘말리고 신문 폐간까지 당했던 것이다. 하지만 「여적」의 예견은 1년 뒤 4·19혁명으로 현실이 되었다.

국가보안법 개정과 『경향신문』 폐간을 거치면서 이승만 정권과 자유당의 정치 파행은 갈수록 그 도를 더해갔다. 1960년 선거가 다가오자 자유당은 노골적으로 공무원들의 자유당 입당을 강요했다. 그 결과 많은 공무원들이 자유당에 입당하게 되었다. 법적으로 정치 활동이 금지된 공무원이 정당에 가입하는 것은 명백히 불법이었지만, 정부와 여당은 정당 가입과 정치 활동이 별개라고 주장하며 이를 강행했다. 이에 『동아일보』는 "공무원이 정당 가입을 해서는 안 된다는 것은 민주공화제의 원리에 비추어 자명"한 것이며, 특히 공무원의 여당 가입은 "공권력을 사용화(私用化)하여 일당이 집권을 영속화할 수 있는 기반을 만들어준다"고 비판했다.[51]

1960년 3월 15일 마침내 부정선거가 자행되었다. 부정선거를 통해 이승만의 종신집권을 넘어 자유당 정권의 영속화를 꾀하는 정치 행태 앞에서, "대한민국은 민주공화국이다"라고 규정한 헌법 제1조의 정신

---

49) 「비보 뒤에서 맺어진 낭보: 경향신문의 '여적' 필화 사건을 계기로」, 『동아일보』 1959. 5. 12, 조간 3면.

50) 「다수결의 원칙과 윤리(완)」, 『경향신문』 1959. 2. 5, 석간 2면.

51) 「공무원의 정당 가입 시비(사설)」, 『동아일보』 1959. 10. 9, 석간 1면.

은 완전히 파괴되고 말았다. 야당과 언론은 연일 "'민주공화'의 본질은 자유 · 공명한 선거에 의하여 정권을 존속 · 교체시킬 수 있다는 데 있다",[52] "3 · 15선거는 갈 데까지 다 간 것을 말하여주는 것이다. (…) 이는 명실공히 민주공화를 걷어치운 것을 뜻함일 것이니 입으로라도 '민주공화'를 떠드는 사람들로서는 이러한 상태를 오래 계속시킨다고 하는 것이 할 수도 없는 일이다",[53] "3 · 15 부정 · 폭력 선거를 계기로 '민주공화'의 명운이 누란지위기(累卵之危機)에서 간들거리고 있다"[54] 등의 언설을 쏟아냈다. 그런 의미에서 이승만 정권기 내내 지속된 대의정치를 부정하는 정치 파행은, 역설적으로 한국 사회에 민주공화의 의미를 끊임없이 환기하며 각인시키는 역할을 했다고 할 수 있다. 1960년 4 · 19혁명은 그 최종 결과물이었다.

4. 맺음말

1960년 3 · 15부정선거를 하루 앞둔 3월 14일 밤 서울에서 공명선거를 요구하는 고등학생들의 시위가 벌어졌다. 약 1천 명의 고등학생들은 횃불을 들고 서울의 밤거리를 누비며 "대한민국은 민주공화국이다"라는 구호를 외쳤다. 한 학생은 언론과의 인터뷰에서 '데모'의 동기를 "대한민국의 헌법을 지키기 위해서"라고 말했다.[55] 약 한 달 뒤인 4월

---

52) 「'민주공화'를 구출하는 길(사설)」, 『동아일보』 1960. 3. 16, 석간 1면.
53) 「또 민심 수습책을 말함(사설)」, 『동아일보』 1960. 3. 20, 석간 1면.
54) 「신문 주간에 吿한다(사설)」, 『동아일보』 1960. 4. 6, 석간 1면.
55) 오제연, 「4월혁명의 기억에서 사라진 사람들: 고학생과 도시하층민」, 『역사비평』 106, 2014, 141쪽.

19일 서울에서 대규모 시위가 일어났다. 시위의 시작은 대광고 학생들이 열었다. 아침 일찍 등교한 대광고 학생들은 3·15부정선거와 김주열의 죽음, 그리고 전날 벌어진 고대생 시위대에 대한 정치깡패의 습격 사건 등에 분노하며 교문을 박차고 거리에 나섰다. 이때 대광고 학생들은 결의문을 통해 "3·1정신은 결코 죽지 않았다. 우리 조국은 어디까지나 민주공화국이요, 결단코 독재국가, 경찰국가는 아니다"라고 외치며 대한민국 모든 학생들의 동참을 호소했다.[56] "대한민국은 민주공화국이다"라는 외침은 이미 1960년 4·19혁명에서 등장했던 것이다.

이승만 정권기 가장 기본적인 '공화'의 의미는 군주제 배격과 국민주권을 바탕으로 하는 '민주정체'의 지향이었다. 이는 제헌헌법 제정 후 70년이 지난 지금까지도 한국 사회에서 가장 보편적인 공화에 대한 이해 방식이다. 또한 이승만 정권기 '공화'는 '자유'와 결합하여 민주주의와 공산주의를 구분하는 기준이 되기도 했다. 이러한 상황에서 이승만 대통령은 야당을 공화주의에 벗어난 봉건적 특권 세력으로 공격하거나, 야당의 내각책임제 주장을 공화주 중 가장 나쁜 것을 모방하려는 행태로 비판하였다. 공화를 전유하여 야당을 압박하는 수단으로 활용했던 것이다. 반면 야당이나 언론들 역시 이승만 정권의 헌정 질서 유린, 삼권분립 파괴, 대의정치 부정을 비판할 때 공화, 더 구체적으로는 헌법에 명시된 '민주공화'를 가장 강력한 명분으로 내걸었다. 민주공화의 지속적인 환기 속에서 헌정주의, 삼권분립, 대의정치에 대한 문제의식은 심화되었다.

하지만 공화, 공화주의에 대한 이해와 전유가 민주공화라는 정체 혹은 국체의 틀에 갇힘으로써, 한국 사회는 공화, 공화주의에 내재된 원

---

56) 학민사 편집실 편, 『사일구의 민중사: 사월혁명 자료집』, 학민사, 1993, 162쪽.

리나 가치들을 실천적으로 모색하고 확장하는 데 일정한 한계를 보였다. 물론 "대한민국은 민주공화국"이라는 의미가 정체나 국체의 문제로 집중됨으로써, 이것이 독재에 맞선 저항에서 최후의 근거 또는 보루의 역할을 효과적으로 수행한 측면이 있다. 그러나 대한민국은 '저항의 시기'에만 민주공화국이 아니다. '민주공화'는 대한민국의 보편적 원리이자 가치이다. 특히 오늘날 민주화 국면에서는 정체나 국체 차원의 논의를 넘어, 공화, 공화주의의 원리나 가치에 주목할 필요가 있다. 정상호에 따르면 현재 대한민국은 "사상의 빈곤과 제도의 과잉"으로 인한 "공화주의 없는 공화국"이다. 이는 한국 사회의 공화, 공화주의에 대한 인식이 "국가가 추구하는 기본 원리나 가치를 뜻하는 '국가 목적으로서의 공화주의'가 아니라 반(反)군주제 또는 비(非)군주제를 일컫는 '국가 형태론으로서의 공화국'에만 매몰되었다"는 사실을 지적한 것이다.[57]

일례로 애초 제헌헌법은 그 경제 조항에서 명백하게 공동의 이익을 추구했다. 하지만 1954년 사사오입개헌과 1962년 군사정부하 개헌을 거치면서 관련 내용은 크게 약화되었다. 이에 대한 반발이나 저항은 거의 없었다. 하지만 공화국은 공동체의 이익에 복무하는 '공공선'과 '시민적 덕성'에 크게 의존한다. 김경희에 따르면 공공선은 "정치 공동체의 각 구성원들과 각 계층 간의 의견 조율을 통해 공동의 이익을 추구하는 공존의 이념이다." 또 시민적 덕성은 "개인 혹은 집단의 사적이거나 개별적인 이익 추구에 반대한다." 시민적 덕성이 사라지면 "부패가 그 자리를 차지"하고 "자신의 이익만을 추구하는 만인에 대한 만인의 투쟁 상태가 도래"하게 된다.[58]

---

57) 정상호, 「'민주공화국'을 재생시킨 사회운동과 시민참여」, 『내일을 여는 역사』 51, 2013, 71~73쪽.
58) 김경희, 『공화주의』, 책세상, 2009, 88~93쪽.

　공공선과 시민적 덕성에 대해서는 그동안 일부 추상적 논의를 제외하면 그 실천적 모색조차 제대로 이루어지지 못했다. 1987년 6월항쟁으로 개정된 현행 헌법에 '경제민주화'라는 용어가 삽입되고 이후 시민운동도 크게 활성화되었지만, 오늘날 한국 사회에서 공공선과 시민적 덕성이라는 공화, 공화주의의 원리나 가치가 얼마나 관철되고 있는지 여전히 돌아보며 앞으로 '민주공화국' 대한민국이 나아가야 할 방향을 공화, 공화주의의 원리나 가치에 입각해 다시 한번 성찰했으면 한다.

출처

이 책에 실린 글들은 저자들의 선행 연구를 일부 수정·보완하여 작성된 것이다. 출처는 다음과 같다.

제1부 조선후기 사회변동과 조선사회의 대응

- 조성산 | 인조대 조익(趙翼)과 최유해(崔有海)의 율곡학(栗谷學) 변용과 경세학

  출처: 「인조대 趙翼과 崔有海의 栗谷學 변용과 경세학」, 『역사와담론』 99, 2021.

- 천수진, | 거문도사건을 통해 본 1880년대 조선의 자국인식과 외교정책

  출처: 「거문도사건을 통해 본 1880년대 조선의 자국인식과 외교정책」, 『사림』 66, 2018.

■ 우신 ㅣ 외교사의 각도에서 다시 보는 방곡령(防穀令)사건(1889~1893)
   출처: 「外交史의 각도에서 다시 보는 防穀令사건(1889~93)」, 『명청사연구』
      45, 2016.

제2부 한국근현대 속의 갈등과 모색

■ 김영진 ㅣ 윤해 저격 사건으로 본 상해지역 민족운동 내부의 갈등
   출처: 「윤해 저격 사건으로 본 상해지역 민족운동 내부의 갈등」, 『사림』 29,
      2008.
■ 임경석 ㅣ 1927년 영남친목회 반대운동 연구
   출처: 「1927년 영남친목회 반대운동 연구」, 『인문과학』 68, 2018.

■ 후지이 다케시 ㅣ '코민테른 권위주의' 성립에 관한 한 시론: 소위 '후쿠모
                토주의'를 둘러싸고
   출처: 「'코민테른 권위주의' 성립에 관한 한 시론: 소위 '후쿠모토주의'를 둘
      러싸고」, 『역사연구』 16, 2006.

■ 오제연 ㅣ 이승만 정권기 '공화' 이해와 정치적 전유
   출처: 「이승만 정권기 '공화' 이해와 정치적 전유」, 『역사비평』 127, 2019.

찾아보기

【ㄱ】

가와세 마사타카(河瀨眞孝) 123

가와이 에쓰조(河合悦三) 233

가와카미 하지메(河上肇) 216

가지야마 게이스케(梶山鼎介) 130, 131

가타야마 센(片山潛) 229

강상희(姜相熙) 187, 190

강석자(姜石者) 187

강용(姜鎔) 187

강원청년연맹 192

개조파(改造派) 155, 172

경재소(京在所) 60

경향신문 247, 258, 259

고려공산동맹 188

고수(瞽瞍) 45

고종 73, 76, 80, 86, 99, 100, 101, 102,
　　103, 104, 105, 115, 116, 117, 118,
　　119, 120, 121, 122, 130, 133, 134,
　　136, 140, 142, 143, 239

고창일(高昌一) 153, 159, 160, 164

곤도 모토스케(近藤眞鋤) 89, 129

공안(貢案) 51

공자(孔子) 26, 53

공주목사시만언소(公州牧使時萬言疏)
　　57

곽재우(郭再祐) 34

관중(管仲) 62

광해군(光海君) 17, 36

구로키(黑木)주의 233

구염자(癯髯子)   29

국가보안법   257, 258, 259

국민대표회(國民大表會)   149, 150, 153,
　　154, 155, 156, 157, 158, 159, 162,
　　163, 164, 165, 166, 167, 168, 169,
　　170, 171, 173, 174, 175

국민대표회주비회(國民大表會籌備會)
　　155, 163, 164, 174

군위청년동맹   192

권동수(權東壽)   116

권득기(權得己)   38

권숙범(權肅範)   187

권업신문(勸業新聞)   153

권업회(勸業會)   153

권태석(權泰錫)   187, 188, 197, 201,
　　203, 204, 207

그라치아데이(Graziadei)   232

근우회   187

기타우라 센타로(北浦千太郎)   228

김가진(金嘉鎭)   119

김구(金九)   161, 163, 166, 167, 168,
　　169, 174, 175

김규식(金奎植)   167

김기태(金琪邰)   180, 197

김남수(金南洙)   187, 188, 201, 203,
　　204, 207

김동혁(金東爀)   195

김동훈   238

김립(金立)   156, 166, 167, 168

김병로   254

김병숙(金炳璹)   197, 199

김상옥(金相玉)   166, 168, 169, 174, 175

김성애(金聖愛)   187

김세연(金世淵)   205

김수준(金繡準)   187

김영만(金榮萬)   204

김영식(金泳植)   205

김용원(金鏞元)   116

김원봉(金元鳳)   164, 168

김육훈   238

김윤식(金允植)   72, 73, 79, 85, 86, 87,
　　88, 89, 90, 91, 93, 94, 95, 96, 97, 98,
　　99, 102

김정기(金正琪)   190

김정목(金鼎穆)   158

김주열   261

김준연(金俊淵)   188, 198, 199, 201,
　　202, 203, 204, 205, 206

김지환(金之煥)   185

김철수(金錣洙)   166

김학우(金鶴羽)   119

김홍집(金弘集)   72, 104, 130

【ㄴ】

나베야마 사다치카(鍋山貞親)   209, 229

남정철(南廷哲) 72

남조선과도입법의원 240

남형우(南亨祐) 164, 172

노무현 237

노백린(盧伯麟) 160, 161, 162

노자(老子) 62

노틀담대학 258

니시 마사오(西雅雄) 223

【ㄷ】

다나까 기이치(田中義一) 159

다치바나 다카시(立花隆) 212

다카하시 사다키(高橋貞樹) 229, 231

담갱요(譚鏗) 95, 96, 97

당진청년동맹 192

대구 신간지회 192

대구청년동맹 192

대동법(大同法) 19, 51, 52, 53, 64, 66

대원군(大院君) 99, 116, 117, 118, 143

대학(大學) 26

대한국민의회(大韓國民議會) 153, 154, 155, 162

대한민국임시헌장 239, 240, 242

대한제국 239

도웰(W. Dowell) 78, 79, 93

도쿄 조선인청년동맹 193

도쿠다 규이치(德田球一) 224, 231

독립신문(獨立新聞) 153, 171, 172, 173, 174

독일공산당 213, 228, 230, 231, 232

동순태(同順泰) 134

동아일보 255, 256, 259

【ㄹ】

라디젠스키(H. Ф. Ладыженский) 102

레닌(V. I. Lenin) 156, 217, 219, 225

루더시 라슬로(Rudas László) 232

루카치 죄르지(Lukács György) 213

루트 피셔(Ruth Fischer) 230

류서분(劉瑞芬) 120

【ㅁ】

마슬로프(Arkadij Maslow) 230

만국공법(萬國公法) 71, 81, 82, 87

맥클리어(J. P. Maclear) 77, 78, 79

맹자(孟子) 47

맹호단(猛虎團) 164, 165

명일산인(明一山人) 47

모문룡(毛文龍) 55, 56, 64, 66, 67

묄렌도르프(P. G. von Möllendorff) 75, 76, 77, 78, 91, 95, 96, 100, 115, 116, 119, 143

무쓰 무네미쓰(陸奧宗光) 130

묵수당집(嘿守堂集)   57

묵수자(默守子)   29

문창범(文昌範)   153

미소공동위원회   240

민국당   247, 248, 249

민상호(閔商浩)   134

민영환(閔泳煥)   118

민응식(閔應植)   118, 130

민종묵(閔種默)   117, 134

민충식(閔忠植)   160, 161, 162, 164,
    165, 174

【ㅂ】

박관해(朴觀海)   160, 161, 164

박동수(朴東秀)   187

박두영(朴斗榮)   180

박시창(朴始昌)   167

박용만(朴容萬)   154

박원희(朴元熙)   190

박윤석(朴尹錫)   187

박은식(朴殷植)   154, 167

박의양(朴儀陽)   187

박정곤(朴定坤)   187

박정양(朴定陽)   121, 122

박정희   238

박중화(朴重華)   180, 181

박지계(朴知誡)   38

박지화(朴枝華)   36

배정자(裵貞子)   180

변동조(卞東祚)   187

변원규(卞元圭)   116

북경 군사통일회   154

북인(北人)   33, 34, 36

【ㅅ】

사공학(事功學)   61

사노 마나부(佐野學)   209, 223, 228,
    229

사노 후미오(佐野文夫)   228

사리원청년동맹   192

사이토 마코토(齊藤實)   168

사창법(社倉法)   64

사카이 도시히코(堺利彦)   228

상우회(尙友會)   177, 197, 198, 200

상주 신간지회   192

상주청년회   192

상해청년회(上海靑年會)   168

상해파 고려공산당(上海派 高麗共産
    黨)   156

서경덕(徐敬德)   33, 36

서상우(徐相雨)   72

서상일   240, 241, 242

서울파 공산그룹   202, 203

서태석(徐台晳)   190

서팔(徐叭)   187

서희경   238

성왕(聖王) 25, 26, 31

성혼(成渾) 27, 32

소독단(消毒團) 163

손두환(孫斗煥) 163

숭산로(崇山路) 152

쉬뻬이예르(A. H. Шпейер) 91, 92

시사책진회(時事策進會) 158, 169

신간회 김천지회 192

신간회 178, 179, 182, 187, 190, 191,
　　192, 193, 195, 198, 207

신규식(申奎植) 161

신숙(申肅) 154

신익희(申翼熙) 248

신종(神宗) 56

신주극(申周極) 187

신진욱 238

신채호(申采浩) 154

신해혁명 239

심순택(沈舜澤) 119

【ㅇ】

아라하타 간손(荒畑寒村) 228

아세아민족반공회의 244

아오키 슈조(靑木周藏) 126, 127

안광천(安光泉) 184, 188, 190, 198,
　　199, 201, 202, 204, 205, 206, 211,
　　212, 235

안동청년동맹 192

안상길(安相吉) 187

안재홍(安在鴻) 194

안준(安浚) 187, 190

안창호(安昌浩) 154, 158, 163, 169,
　　172, 173

애스턴(W. G. Aston) 91, 93, 94, 95,
　　96

야마가타 아리토모(山縣有朋) 125,
　　126, 127, 132, 144

야마카와 히토시(山川均) 218, 220

야마카와이즘 212

얀손(Янсон) 227, 228, 229, 233

양공(良工) 29

양명(梁明) 188, 205

양무(湯武) 61

양서(兩西) 56

양의(兩儀) 21

어윤중(魚允中) 105, 116

엄세영(嚴世永) 76, 77, 78

엠엘당 199, 200, 205

연강(沿江)청년연맹 185

연봉(蓮峯) 48

영남친목회 177, 178, 179, 181, 182,
　　183, 185, 186, 187, 188, 189, 190,
　　191, 192, 193, 194, 197, 198, 200,
　　204, 206

오백(五伯) 62

오성(五星)구락부 177, 189, 192, 197,
　　200

오이시 마사미(大石正巳)　111, 131,
　132, 133, 135, 136, 144
오조유(吳兆有)　140
오태환(吳台煥)　180
와타나베 마사노스케(渡邊政之輔)　225
汪鳳藻　132
요순문왕(堯舜文王)　61
우남양(禹南陽)　33
원보령(袁保齡)　118
원산청년동맹　192, 193
원세개(袁世凱)　99, 100, 101, 102, 103
윌리엄 마틴(W. A. Martin)　71, 81
유용목(俞龍穆)　187, 190
유진오(劉進五)　162, 242
유형원(柳馨遠)　34
유희분(柳希奮)　36
윤기섭(尹琦燮)　168
윤해(尹海)　149, 150, 151, 152, 153,
　155, 156, 157, 159, 160, 162, 164,
　165, 166, 167, 168, 169, 170, 171,
　172, 173, 174, 175
의열단(義烈團)　164, 168, 169
이각종(李覺鍾)　180
이경방(李經方)　137
이관구(李寬求)　190, 247
이광수(李光洙)　153
이기붕　257
이노우에 가오루(井上馨)　122, 124

이동녕(李東寧)　172
이동수　238
이동지맹(伊東支盟)　192
이동휘(李東輝)　154, 156
이르쿠츠쿠파 고려공산당(이르쿠츠쿠
　派 高麗共産黨)　156
이리청년회　192
이명선(李鳴善)　117
이발(理發)　22
이승만(李承晚)　154, 155, 163, 237,
　238, 239, 241, 242, 243, 244, 245,
　246, 247, 248, 249, 250, 251, 252,
　253, 254, 255, 256, 257, 258, 259,
　260, 261
이시영(李始榮)　168, 169
이영(李英)　190, 204
이영록　238
이옥(李鈺)　187, 190
이원혁(李源赫)　187
이유원(李裕元)　85
이이(李珥)　21, 22, 23, 24, 25, 26, 28,
　31, 32, 37, 47, 65, 67
이익흥　255
이재면(李載冕)　117
이지호(李芝鎬)　187
이청천　248
이토 히로부미(伊藤博文)　137, 138
이필규(李弼圭)　161
이홍장(李鴻章)　75, 76, 85, 86, 99,

101, 102, 116, 117, 119, 120, 121, 124, 132, 134, 135, 138, 139, 141, 143, 144

이황(李滉) 24

이황(李晃) 24, 190

이희춘(李熙春) 187

인동철(印東哲) 187, 198, 199

인조(仁祖) 18

인조반정(仁祖反正) 20, 21, 31, 32, 33, 36, 37, 65, 67

일본공산당 209, 212, 227, 231, 233

일본노동조합평의회 222

일본노동총동맹 222

임유동(林有棟) 187, 190

임진왜란(壬辰倭亂) 31, 51

임형일(林炯日) 190

【ㅈ】

자유당 248, 249, 254, 255, 257, 258, 259

장면 255

장붕(張鵬) 161, 163

장양(張良) 62

장유(張維) 28, 29, 30, 31, 32, 33, 38, 44

장택상 255

장현광(張顯光) 34, 35

전국수평사 231

전제국 240

전주청년동맹 192

전진한(錢鎭漢) 187

절근(切近) 55

정구(鄭逑) 36

정변(精辨) 48

정병조(鄭丙朝) 180, 197

정병하(鄭秉夏) 134, 135

정사진(鄭四震) 34

정상호 238, 262

정언눌(鄭彦訥) 36

정여창(丁汝昌) 76

정우회 198

정우회선언 184, 185, 206, 211, 212, 235

정유린(鄭有麟) 160, 164

정전제(井田制) 58

정칠성(丁七星) 187, 190

정평청년동맹 192

정희찬(鄭喜燦) 187

조동호(趙東祜) 204

조병식(趙秉式) 117, 128, 129, 130, 144

조봉암(曺奉岩) 204

조선공산당 179, 184, 188, 190, 191, 195, 199, 200, 201, 202, 203, 205, 206, 207

조선노농총동맹 197, 198

조선노동총동맹 191

조선농민총동맹 191

조선일보 193

조선지광 194, 195

조선청년총동맹 191

조식(曹植) 36

조신희(趙臣熙) 122

조완구(趙琬九) 161, 168

조익(趙翼) 19, 20, 21, 22, 23, 24, 25,
  26, 27, 31, 32, 33, 34, 35, 37, 38, 39,
  40, 41, 42, 43, 44, 46, 49, 50, 51, 52,
  53, 54, 55, 56, 59, 60, 61, 64, 65, 66,
  67

조태연(趙台衍) 187

좌공림(左公琳) 190

주돈이(周敦頤) 24, 26

주희(朱熹) 28, 47, 64

증기택(曾紀澤) 75, 123, 124

지노비예프(Зиновьев) 232

진수당(陳樹棠) 89, 95

진주청년동맹 192

【ㅊ】

창조파(創造派) 155

최명길(崔鳴吉) 33

최유원(崔有源) 36

최유해(崔有海) 19, 20, 21, 24, 25, 26,
  27, 28, 29, 30, 31, 32, 33, 35, 36, 37,
  38, 39, 44, 45, 46, 47, 48, 49, 50, 51,
  57, 58, 59, 60, 61, 62, 63, 64, 65, 66,
  67

최익한(崔益翰) 205

최찬학(崔燦學) 160, 161, 164

최창익(崔昌益) 205

추병환(秋秉桓) 187

【ㅋ】

칼 코르쉬(Karl Korsch) 213, 230, 232

칼스(W. R. Carles) 79

코민테른 209, 210, 211, 213, 218,
  224, 227, 228, 229, 230, 231, 232,
  233, 234, 235, 236

코민테른 집행위원회 극동부 218

코민테른 집행위원회 서기국 227

【ㅌ】

토우회(土友會) 192

【ㅍ】

패극로(貝勒路) 152

펠릭스 바일(Felix Weil) 213

포크(George Clayton Foulk) 89, 121

프랑크푸르트 사회연구소(Institut für Sozialforschung) 213
프랭클린 루스벨트 254
프로핀테른 집행뷰로 228
프로핀테른 227, 228, 230

【ㅎ】

하라 다카시(原敬) 112, 131
하야시 후사오(林房雄) 216
하필원(河弼源) 187, 188, 189
한국민주당 247, 249
한백겸(韓百謙) 33, 34, 35
한위건(韓偉健) 188
한인사회당(韓人社會黨) 154, 156
한일청(韓一淸) 187
한준겸(韓浚謙) 34
한형권(韓馨權) 156, 157, 162, 163, 164, 166, 170, 174
허기광(許其光) 85
허멘스(Ferdinand A. Hermens) 258, 259
허목(許穆) 36
허일(許一) 187, 190, 204
헨리 휘튼(Henry Wheaton) 81
혁신공보(革新公報) 168
혁신단(革新團) 168
현덕양(玄德良) 34

호남동우회 177, 189, 192, 197, 198, 200, 206
호조 가즈오(北條一雄) 217, 218, 219, 220
호패제(號牌制) 51
홍익문(洪翼文) 33
홍재의(洪在義) 119
화담집(花潭集) 33
화요파 공산그룹 203
황극경세서(皇極經世書) 32, 33, 35, 37, 38, 42, 61, 62, 66
후쿠모토 가즈오(福本和夫) 213, 214, 219, 227
후쿠모토주의 209, 211, 212, 213, 227, 233, 236
후쿠자와 유키치(福澤諭吉) 139, 140
흥양현(興陽縣) 69

【기타】

2·4파동 258
3·15부정선거 257, 260, 261
3·1운동 153, 168, 239
4·19혁명 238, 259, 260, 261
5·18항쟁 238
6·25전쟁 244
6월항쟁 263
8·15해방 244

필자소개

(논문 게재순)

■ **조성산 | 성균관대학교 사학과 부교수**

고려대학교 사학과 대학원에서 석사 및 박사과정을 수료하고『朝鮮後期 洛論系 學風의
形成과 經世論 研究』라는 논문으로 박사학위를 받았다.
현재 성균관대학교 사학과 부교수로 재직 중이며, 조선 후기 사상사에 관한 연구를 꾸
준히 진행하고 있다.
주요 저서로는『조선후기 낙론계 학풍의 형성과 전개』(2007),『동아시아 근대, 그 중심
과 주변』(2013),『동아시아로부터 생각한다』(2017) 등이 있다.

■ **천수진 | 성균관대학교 사학과 박사수료**

성균관대학교 사학과를 졸업하고 동 대학원에서 석사 및 박사과정을 수료했다.
현재 대한제국의 외무부서 운영 체계에 대한 박사 논문을 준비 중이다. 19세기 말~20세
기 초 근대 전환기 한반도를 둘러싼 국제관계에 많은 관심을 갖고 있으며, 이와 관련된
한말 외교문서류를 꾸준히 번역·해제하고 있다.

■ 우신(于晨) ┃ 중국 화북사범학교 교원

가천대학교 국어국문학과를 졸업하고 성균관대학교 사학과에서 석사 및 박사 학위를
취득했다. 연구주제는 19세기 말~20세기 초 근대 전환기 한·중관계의 변천이다.

■ 김영진 ┃ 성균관대학교 사학과 4단계 BK21 교육연구단 연구교수

성균관대학교 사학과 일반대학원에서 석사 및 박사학위를 받고, 식민지시기 사회운동
과 사상사 등을 중심으로 연구하고 있다.
주요 논문으로는 「정우회선언의 방법과 내용」(『사림』 58, 2016), 「『현대평론』의 정치적
위상과 그 주체들」(『전북사학』 57, 2019), 「1920년대 식민지 조선에 수용된 변증법적 유
물론의 계보와 맑스주의의 정전화(正典化)」(『역사문제연구』 45, 2021) 등이 있다.

■ 임경석 ┃ 성균관대학교 사학과 교수

성균관대학교 사학과 대학원에서 석사 및 박사과정을 수료하고 『고려공산당연구』라는
논문으로 박사학위를 받았다.
현재 성균관대학교 사학과 교수로 재직 중이며, 일제 식민지시기 사회주의운동과 그 운
동에 참여한 다양한 사람들에 관한 연구를 꾸준히 진행하고 있다.
주요 저서로는 『한국사회주의 기원』(2003), 『이정 박헌영 일대기』(2004), 『잊을 수 없는
혁명가들의 기록』(2008), 『모스크바 밀사』(2012) 등이 있다.

■ 후지이 다케시(藤井たけし) ┃ 일본 도쿄외국어대학 교원

오사카대학 대학원 일본학과에서 석사학위를 받고, 성균관대학교 사학과 대학원에서
『족청·족청계의 이념과 활동』이라는 논문으로 박사학위를 받았다.
현재 도쿄 외국어대학 교원으로 재직 중이며, 해방 이후 한국 정치사와 사상사에 관한
연구를 진행하고 있다.
주요 저서로는 『죽엄으로써 나라를 지키자』(2007), 『파시즘과 제3세계주의 사이에서』
(2012), 『무명의 말들』(2018) 등이 있다.

■ 오제연 ∣ 성균관대학교 사학과 부교수

서울대학교 국사학과 대학원에서 석사 및 박사과정을 수료하고『1960~1971년 대학 학생
운동 연구』라는 논문으로 박사학위를 받았다.

현재 성균관대학교 사학과 부교수로 재직 중이며, 1960~70년대 다양한 운동과 정치사에
관한 연구를 꾸준히 진행하고 있다.

주요 저서로는『촛불의 눈으로 3 · 1운동을 보다』(2019),『분단의 역사인식과 사유를 넘
어』(2019),『구술로 본 한국현대사와 군』(2020),『4월 혁명의 주체들』(2021) 등이 있다.